Der Interessenausgleich zwischen Eigentümern und Urhebern

Schriften zum Handels- und Wirtschaftsrecht

Herausgegeben von Michael Kling, Herbert Leßmann und Ralph Backhaus

Band 24

PL ACADEMIC RESEARCH

Manuel Diller

Der Interessenausgleich zwischen Eigentümern und Urhebern

Unter besonderer Berücksichtigung von Religionsgemeinschaften als Eigentümer urheberrechtlich geschützter Werke

PL ACADEMIC RESEARCH

Bibliografische Information der Deutschen Nationalbibliothek
Die Deutsche Nationalbibliothek verzeichnet diese Publikation in der Deutschen Nationalbibliografie; detaillierte bibliografische Daten sind im Internet über http://dnb.d-nb.de abrufbar.

Zugl.: Marburg, Univ., Diss., 2012

D 4
ISSN 1439-4189
ISBN 978-3-631-62939-0

www.peterlang.de

Vorwort

Wenn viele Köche den Brei gewöhnlich verderben, so ist die vorliegende Dissertation zumindest aus meiner Sicht der Beweis für das Gegenteil. Denn vielmehr ist der Promovend zur Absolvierung eines Promotionsprojektes immer auf die Hilfe und die Unterstützung durch eine Vielzahl von Personen und Institutionen angewiesen.

In meinem Fall habe ich zunächst meinen Eltern, meinem Partner und all jenen Menschen zu danken, die mich seit jeher in meiner akademischen und persönlichen Entwicklung unterstützt und gefördert haben.

Darüber hinaus gilt besonderer Dank Prof. Dr. Ralph Backhaus, der mich seit der Zeit meines Studiums begleitet hat. Er war mir hierbei stets sowohl menschlich als auch professionell ein Vorbild, sodass ich es für mich nur als Ehre und großes Glück bezeichnen kann, dass ich ihn als Betreuer für mein Promotionsprojekt gewinnen konnte.

Abschließend ist es mir ein Bedürfnis dem Cusanuswerk und der Hanns-Seidel-Stiftung dankzusagen, die mich mit ihren Graduiertenstipendien finanziell, aber vor allem auch ideell während der Zeit meiner Promotion gefördert haben.

Manuel Diller Kassel, den 10.12.2012

Inhaltsverzeichnis

Kapitel – Einführung

Großer Bahnhof in Berlin[1]! Stuttgart 21 mit anderen Mitteln[2]. Und auch vor Kirchen im katholischen Münster wird nicht zurückgeschreckt[3]. St. Gottfried, hilf! Alt und doch aktuell ist er, der Streit zwischen Eigentümern urheberrechtlich geschützter Werke und den Urhebern. Schon zur Zeit der Weimarer Republik beschäftigte sich das damalige Reichsgericht mit der Frage, ob ein Eigentümer ein Wandfresko eines fremden Urhebers einfach verändern dürfe oder ob dieser dies verbieten könne. Er könne es nicht, lautete damals das Urteil[4]. Schon gar nicht aus ästhetischen Motiven. Und „einfach" kann er es schon gar nicht, wie uns die Rechtsgeschichte der vergangenen Jahrzehnte zu diesem Thema aufzeigte. Vielmehr entstand ein Entscheidungswald, in dem die Frage mal zugunsten, mal zuungunsten derselben Seite beantwortet wurde. All dies scheint im Ergebnis gerecht, denn im Kern ist die Frage zu beantworten, welche Rechtsposition im konkreten Einzelfall die andere überwiegt. Entweder hat das Sacheigentum gegenüber dem Urheberrecht Vorrang oder umgekehrt. Ein generelles Überwiegen einer Seite ist jedenfalls nicht festzustellen, was klare Regeln aufzustellen schwieriger erscheinen lässt.

So einfach die Fragestellung formal klingt, so kompliziert kann sie in der Praxis sein. Denn bis heute gehen Rechtsstreitigkeiten auf diesem Gebiet oft überraschend aus. Die konkreten Konfliktsituationen sind selten so eindeutig, dass eine verlässliche Prognose über den Sieg der einen oder anderen Seite anhand der vorhandenen Rechtsprechung und Literatur zu diesem Thema sicher möglich wäre. Die Ende 2008 vom BGH zu diesem Thema ergangene St.-Gottfried-Entscheidung, die den Umbau eines Sakralbaus zum Inhalt hatte, zeigte hierbei erneut das weite Feld der vorzunehmenden Abwägungsentscheidung zwischen den beiden Rechtspositionen auf. Neben die eigentliche Eigentümerposition waren zum ersten Mal beachtliche Rechte getreten, die sich nicht auf Art. 14 I GG zurückführen ließen, gleichwohl aber für die Entscheidung von erheblicher Bedeutung waren.
Der Eigentümer hatte sich auf seine Glaubensfreiheit einerseits und auf sein Recht auf kirchliche Selbstbestimmung berufen können und so seinen Interessen

1 LG Berlin in GRUR 2007, 964 – Berliner Hauptbahnhof.
2 OLG Stuttgart in GRUR-RR 2011, 56 – Stuttgart 21.
3 BGH in GRUR 2008, 984 – St. Gottfried.
4 RGZ 79, 397, 397 – Felseneiland mit Sirenen.

gegenüber der Urheberschaft ein erhebliches Gewicht verliehen. Diese im Ergebnis sehr richtige Entscheidung des BGH warf aber auch Fragen auf.

Auf welcher Grundlage steht das urheberrechtliche Änderungsverbot? Und ab wann kann man sich überhaupt darauf berufen? Welche Anforderungen sind an potenzielle Verletzungshandlungen zu stellen und wie ist ein Ausschluss einer Verletzung des Urheberrechts, etwa über eine Änderungsvereinbarung zwischen den Beteiligten, möglich? Inwieweit kontrollieren deutsche Gerichte Glaubensüberzeugungen, um sie später als beachtliche Interessen in solch wichtige Entscheidungen – bei denen es oft um viel Geld und vielerlei persönliche und ideelle Interessen geht – einfließen zu lassen? Welchen Schutz kann man überhaupt für Religionsgemeinschaften als Eigentümer aus den beiden genannten Rechtspositionen im Umgang mit ihrem Eigentum ableiten? Wie stark sind die jeweiligen Interessensituationen im Konflikt mit widerstreitenden Urheberinteressen? Wie verhalten sie sich zu den übrigen Urheber- und Eigentümerinteressen? Und wie sind diese wiederum sinnvoll, systematisch und dogmatisch miteinander in Verbindung zu bringen und wie können sie voneinander abgegrenzt werden? Wie schwer wiegen sie und wie sind sie zu gewichten? Welche Interessen sind unbeachtlich oder spielen nur für die Bewertung der möglichen Rechtsfolge eine Rolle? Inwiefern müssen die Gerichte das Verhältnismäßigkeitsprinzip bei ihren Entscheidungen beachten und hat dies Auswirkungen auf die Rechtspraxis?
Durchaus schwierig zu beantworten ist somit die einfache Frage, wo im Einzelfall die Herrschaftsmacht des Sacheigentums beginnt und mit dem Änderungsverbot des Urheberrechts das Verbietungsrecht des Urhebers endet.

Für die Kirchen in Deutschland als Institutionen im Wandel sind diese Fragen besonders von Bedeutung. Sie sind oftmals Eigentümer von Bauwerken, die in den vergangenen Jahrzehnten erst errichtet wurden, also noch urheberrechtlichen Schutz genießen, und teilweise in Anpassung an die Glaubensvorstellungen der Zeit umgebaut oder renoviert werden. Hierbei spielt auch nicht zuletzt die rückläufige Zahl der Kirchenbesucher eine Rolle, die die jeweilige Religionsgemeinschaft manchmal sogar zum Abriss der Gebäude oder wenigstens deren Veräußerung zu fremden Eigentum nach einer Profanisierung zwingt. In all diesen Fällen können urheberrechtliche Interessen akut gefährdet sein. Denn gerade nach der Veräußerung wird der neue Eigentümer Änderungen am Gebäude vornehmen wollen, um es nach seinem Belieben zu nutzen. Aber auch im Fall der Weiternutzung durch die ursprüngliche Religionsgemeinschaft und eine Umgestaltung stellt sich stets die Frage nach der Zulässigkeit ihrer konkreten Änderungswünsche am urheberrechtlichen Werk. Darüber hinaus tritt das Problem nicht nur bei Bauwerken, sondern bei sämtlichen Werkformen auf, die durch fremde Eigentümer vorgenommen werden.

Ausgehend von § 903 BGB und den Aussagen des UrhG über das urheberrechtliche Änderungsverbot, unter Würdigung und Einbeziehung der aus dem GG zu beachtenden Wertungen der Verfassung im Hinblick auf die jeweils widerstreitenden Rechte im Einzelfall sowie der Auswertung von Rechtsprechung und Literatur des einschlägigen Fachgebietes, ist es Ziel dieser Arbeit, einen verlässlichen Ansatz zur Lösung der im bezeichneten Problemfeld aufkommenden Fallgestalten zu entwickeln und in einem Abwägungsfahrplan abschließend darzustellen.

Systematisch soll daher der Analyse des urheberrechtlichen Werkbegriffs und des Änderungsverbots eine Untersuchung der Möglichkeiten der Entkräftung des Verletzungsindizes einer Werkformveränderung durch die Eigentümer folgen. Im Anschluss daran werden die beteiligten Interessen im Allgemeinen und die Abwägungsentscheidung im Speziellen untersucht. Die Arbeit schließt mit der Betrachtung der Rechtsfolgenseite – etwa bestehender Ansprüche der Urheber gegenüber den Eigentümern – und der systematischen Darstellung eines Vorschlags für einen Abwägungsfahrplan als Folge der Arbeit.

Kapitel 2 – Das urheberrechtlich schutzfähige Werk

Voraussetzung dafür, dass ein Konflikt zwischen Urheber und Eigentümer überhaupt entstehen kann, ist, dass sich der Eigentümer im Besitz eines urheberrechtlich geschützten Werkes des Urhebers befindet. Aus diesem Grund bedarf die eingangs der Arbeit gestellte Frage nach der urheberrechtlichen Schutzfähigkeit menschlichen Schaffens einer Antwort.

Nicht alles menschliche Schaffen, das eigentumsfähige Erzeugnisse zum Ergebnis hat, liegt im Schutzbereich des Art. 14 I GG im Sinne seines Urheberrechtsschutzes. Auch fällt nicht alle Kunst darunter[5]. Der Kunstbegriff des Art. 5 III GG entspricht nicht dem Begriff des urheberrechtlich schutzfähigen Werkes im Sinne des Art. 14 I GG. Aber eben nur dieser Begriff wurde im UrhG normiert. So lassen sich auch aus dem breiten Kunstbegriff des GG keine Rückschlüsse auf das ziehen, was vom Urheberrecht geschützt und erfasst ist[6]. Die Erwähnung von Kunstwerken in § 1 UrhG ändert hieran ebenfalls nichts.

Ausgangspunkt für die Betrachtung des urheberechtlich schutzfähigen Werkes ist also die in den §§ 1 und 2 UrhG enthaltene Definition desselben. Hiernach ist gem. § 2 II UrhG ein urheberrechtliches Werk nur dann gegeben, wenn es sich bei der Schaffensleistung des Urhebers um eine persönliche geistige Schöpfung handelt. Zu beachten ist, dass sich § 2 II UrhG auf den in § 2 I UrhG enthaltenen Katalog verschiedener Werkkategorien bezieht[7]. Die in § 2 I UrhG aufgezählten Werkarten sind allerdings nicht abschließend, was schon aus deren Betitelung als „insbesondere" hervorgeht. Nicht erfasste Werkarten müssen aber wenigstens dem Werkbegriff des § 2 II UrhG genügen[8]. § 1 UrhG steht mit § 2 UrhG in Verbindung. Eine Einordnung von Werken in die drei Werkgattungen des § 1 UrhG ist ebenfalls nicht konstitutives Element des Werkbegriffs des UrhG, regelmäßig aber unproblematisch[9].

Allen Werkarten liegt ein stets einheitlicher Werkbegriff zugrunde. Systemwidrige Ausnahmen gibt es aber beispielsweise im Bereich der Computerprogramme gem. § 69a III UrhG. Auch bei anderen Werkarten wendet die Rechtsprechung ihrerseits allerdings unterschiedliche Maßstäbe zur Bewertung des Werkbegriffs an[10]. Besonders relevant sind hier für die vorliegende Arbeit auch die

---

5 D/S-Schulze, § 2 UrhG, Rn 2, 149, Schricker-Loewenheim, § 2 UrhG, Rn 132; v. Gamm, S. 87.
6 v. Gamm, S. 87.
7 D/S-Schulze, § 2 UrhG, Rn 1.
8 D/S-Schulze, § 2 UrhG, Rn 3, W/B-Bullinger, § 2 UrhG, Rn 2, 4.
9 D/S-Schulze, § 2 UrhG, Rn 5.
10 D/S-Schulze, § 2 UrhG, Rn 6.

besonderen Anforderungen zur sogenannten Gestaltungshöhe im Bereich der Werke der angewandten Kunst. Dieser Problemkreis soll daher besonders beleuchtet werden.

1. Der Werkbegriff des UrhG

Das Werk, also die persönliche geistige Schöpfung des § 2 II UrhG, ist ein Immaterialgut, das im Werkstück lediglich konkretisiert ist; es hat selbst keine körperliche, sondern nur eine geistige Substanz[11]. Daher ist immer zwischen dem Werk einerseits und dem Werkstück andererseits zu unterscheiden[12]. Das Werk ist also der geistige Gehalt des Werkstücks. Das Werkstück wiederum kann als Träger des geistigen Gehalts grundsätzlich auch unkörperlich sein, etwa ein Vortrag oder eine Interpretation. Entscheidend ist die Wahrnehmbarkeit des Werkes, weswegen das urheberrechtliche Werk auch als qualifizierte menschliche Kommunikation umschrieben wird, bei der es auf den Werkgesamteindruck bezüglich seiner Aussage ankommt[13]. Für diese Arbeit kommen aber nur verkörperte Werkformen in Betracht, da nur diese sacheigentumsfähig sind.
Im Gegensatz zu anderen Gütern des Immaterialgüterschutzes wie beispielsweise dem Patent oder Marke, die teils durch Eintragung in Register entstehen, bestehen im Urheberrecht keine Formerfordernisse. Das Urheberrecht entsteht daher mit und durch den Schöpfungsakt[14].

a) Persönlich geistige Schöpfung

Voraussetzung für einen urheberrechtlichen Schutz ist also das Vorliegen einer persönlichen, geistigen Schöpfung durch den Urheber[15]. Der Werkbegriff des UrhG zerfällt demnach in drei Teilaspekte. Jeder für sich ist ein unbestimmter Rechtsbegriff, der von den Gerichten nach objektiven Maßstäben auszulegen ist[16]. Die gefundenen Auslegungsregeln sollen sodann für alle Werkarten einheitlich gelten[17].

---

11 BGH in GRUR 2002, 532, 534 – Unikatrahmen; D/S-Schulze, § 2 UrhG, Rn 11, § 39 UrhG, Rn 6, § 23 UrhG, Rn 8.
12 BGH in NJW 2003, 665, 668 – Staatsbibliothek; BGH in GRUR 1999, 230, 231 – Treppenhausgestaltung; D/S-Schulze, § 2 UrhG, Rn 11; Schricker-Loewenstein § 2 UrhG, Rn 10.
13 D/S-Schulze § 2 UrhG, Rn 11, § 39 UrhG, Rn 6; W/B-Bullinger, § 2 UrhG, Rn 19, 20.
14 D/S-Schulze, § 2 UrhG, Rn 245.
15 W/B-Bullinger, § 2 UrhG, Rn 2.
16 BGH in GRUR 2004, 941, 942 – Metallbett; W/B-Bullinger, § 2 UrhG, Rn 3.
17 Riesenkampff, S. 44.

aa) Persönliche Schöpfung

Zunächst muss also eine persönliche Schöpfung des Urhebers vorliegen. Das Merkmal der persönlichen Schöpfung fordert eine Beschränkung des Urheberrechtsschutzes auf Werke, die durch Menschenhand geschaffen worden sind. Dies bedeutet aber nicht, dass ein tatsächlich händisches Arbeiten gefordert wird. Werke, die mit Hilfsmitteln jedweder Art geschaffen worden sind, können ebenfalls persönliche Schöpfungen sein, soweit das Ergebnis des Schöpfungsaktes auf ein menschliches, schöpferisches Handeln zurückführbar ist. Der Schöpfungsakt muss also wenigstens in seiner Durchführung oder Anlage vom Urheber gestaltet worden sein. Rein technisch bedingte Gestaltungen sind daher allerdings mit Ausnahme der Darstellungsformen gem. § 2 I Nr. 7 UrhG vom Werkschutz ausgenommen[18].

Das schöpferische Handeln setzt hierbei aber kein zielgerichtetes Schaffen voraus, sodass auch reine Zufallsschöpfungen selbstverständlich persönlichen Charakter haben können[19]. Denkt man dies weiter, so wird rasch ersichtlich, dass auch etwa das Alter des Urhebers oder sein Geisteszustand zum Schöpfungszeitpunkt keine Rolle spielen. Kriterien wie die Geschäftsfähigkeit im Sinne der §§ 104 ff. BGB und ähnliche zivilrechtliche Hürden sind ebenfalls nicht relevant[20].

bb) Geistige Schöpfung

Kernvoraussetzung zur Erfüllung des Kriteriums der geistigen Schöpfung ist die potenzielle Vermittlung von Gedanken- oder Gefühlsinhalten in Bezug auf den hörenden, lesenden oder betrachtenden Werkkonsumenten und die damit verbundene geistig-anregende Wirkung des Werkes. Diese wurde bisweilen in Rechtsprechung und Literatur auch als geistig-ästhetische Wirkung oder Individualität in der Gestaltung bezeichnet[21]. Ob eine geistige Schöpfung vorliegt, hängt daher davon ab, ob die Schöpfung Individualität aufweist, die nicht an sich besteht, sondern im Verhältnis des Werkes zum Leser, Betrachter oder Hörer durch das Werkstück entsteht und wahrgenommen werden kann[22].

Für den Begriff der Individualität haben sich in den verschiedenen Stellungnahmen zum Thema mehrere Begrifflichkeiten gebildet. So wird von Individualität,

---

18 Riesenkampff, S. 45.

19 D/S-Schulze, § 2 UrhG, Rn 8; W/B-Bullinger, § 2 UrhG, Rn 15, 16, 17; Schricker-Loewenheim, § 2 UrhG, Rn 13.

20 D/S-Schulze, § 2 UrhG, Rn 10; W/B-Bullinger, § 2 UrhG, Rn 18.

21 D/S-Schulze, § 2 UrhG, Rn 12.

22 BGH in GRUR 1982, 102, 103 – Masterbänder; D/S-Schulze § 39 UrhG, Rn 6; Riesenkampff, S. 44.

schöpferischer Eigenart, schöpferischer Eigentümlichkeit und eigenschöpferischer Prägung gesprochen[23]. Insgesamt ist unter den Begriffen inhaltlich dasselbe gemeint, und zwar die Individualität von wahrnehmbarem Inhalt und wahrnehmbarer Form sowie der Gesamtgestaltung des Werkes[24].
Die Auslegung des Begriffs der Individualität eines Werkes ist rein objektiv und keinesfalls subjektiv aus Urhebersicht durchzuführen, mag dies auch teilweise schwierig sein[25]. Individualität als geistige Schöpfung und Neuheit sind hier völlig unterschiedliche und nicht zu verwechselnde Begrifflichkeiten, da Neuheit im Urheberrecht keine Rolle spielt, wenn es um die Ermittlung des urheberrechtlichen Schutzes geht[26]. Daher sind schutzfähige Werkschöpfungen im Urheberecht – anders als in den übrigen Rechten des geistigen Eigentums – etwa auch durch eigenindividuelle Nachahmung möglich[27]. Dies ist nicht zuletzt auch den §§ 23 und 3 UrhG zu entnehmen.
Bereits der Entwurf von Werken, die nach dem Entwurf in einer anderen Werkform dargebracht werden sollen, kann schutzfähig sein. Voraussetzung ist, dass die Individualität des Werkes bereits aus dem Entwurf hervorgeht. In einem solchen Fall ist die erstmalige Ausführung des Entwurfs – bspw. durch die Ausführung des entworfenen Bauwerkes – eine erste Nutzungshandlung durch Vervielfältigung und keinesfalls ein das Urheberrecht erst begründender, geistiger Schöpfungsakt[28]. Das gilt richtigerweise auch für städtebauliche Ideen, die in Plänen und Entwürfen Niederschlag und Werkqualität gefunden haben. Diese müssen konsequent schon als Werke der angewandten Kunst gesehen werden und unter § 2 I Nr. 4 UrhG fallen. Fielen sie nämlich nur unter § 2 I Nr. 7 UrhG, wären sie nach Ansicht der Rechtsprechung nicht gegen den Nachbau geschützt[29]. Auch die Anpassung eines Werkes an die Umgebung, durch die sich erst der Werkcharakter ergibt, ist möglich[30]. Allerdings muss die Anpassung

23 Riesenkampff, S. 46; BGH in GRUR 1994, 206, 209 – Alcolix; BGH in GRUR 1992, 382, 385 – Leitsätze; BGH in GRUR 1985, 1041, 1047 – Inkasso-Programm; Schricker-Loewenheim, § 2, Rn 23.

24 Riesenkampff, S. 46; Rehbinder, S. 79.

25 Riesenkampff, S. 44; W/B-Bullinger, § 2 UrhG, Rn 5.

26 Riesenkampff, S. 45; Jestaedt, S. 31; Jänecke, S. 43.

27 Riesenkampff, S. 45; Jänecke, S. 43.

28 BGH in NJW 2003, 665, 668 – Staatsbibliothek; BGH in GRUR 1999, 230, 231 – Treppenhausgestaltung; BGH in GRUR 1957, 391, 393 – Ledigenheim; BGH in GRUR 1985, 129, 130 – Elektrodenfabrik.

29 BGH in GRUR 1989, 416, 417 – Bauaußenkante; BGH in GRUR 1985, 129, 131 – Elektrodenfabrik.

30 BGH in GRUR 1989, 416, 416 – Bauaußenkante; BGH in GRUR 1957, 391, 393 – Ledigenheim.

auch hier von eigenschöpferischer, ästhetischer Wirkung sein und dem so entstehenden Werk Individualität verleihen[31].
Generell kommt es für die Bestimmung, ob ein Werk hinreichend individuell ist, auf das Urteil des durchschnittlichen für Kunst empfänglichen und mit Kunstdingen einigermaßen vertrauten Menschen an. Ästhetische Feinheiten, die ein auf dem Fachgebiet arbeitender Experte herausfühlt, oder das Urteil des Urhebers sind daher unbeachtlich. Es wird auf einen mit dem außerrechtlichen Kunstbegriff vertrauten Personenkreis abgestellt[32].

cc) Schöpfungsbegriff
Liegt ein persönliches und geistiges Handeln eines Menschen vor, so muss dennoch kein urheberrechtlich schutzfähiges Werk gegeben sein, solange das Werk nicht als Schöpfung im Sinne des § 2 II UrhG zu qualifizieren ist. Hierfür muss das Werk nicht nur irgendwelche individuellen Merkmale aufweisen, sondern eine bestimmte Gestaltungshöhe – also Individualität im Sinne eines Qualitätsgehalts – enthalten[33]. Diese ist nicht wertend festzustellen, da subjektive Aspekte bei der Bewertung des Schöpfungscharakters ebenso wie bei der Bewertung der Geistigkeit keine Rolle spielen sollen[34]. Allerdings sei zugestanden, dass den Begriffen Individualität und Gestaltungshöhe beim einzelnen Menschen durchaus unterschiedliche Vorstellungen zugrunde liegen, weshalb ein völliges Fernhalten von subjektiven Beurteilungsmaßstäben in diesem Bereich in der Realität fast unmöglich ist[35]. Im Zweifel wird aber auch hier auf das Urteil eines Durchschnittsbetrachters als Indiz abzustellen sein[36].
Auf die Art der Herstellung des Werkes kommt es hingegen beim Begriff der Schöpfung nicht an. Ergebnisse menschlichen Schaffens werden nicht dadurch im Sinne des Urheberrechts schutzfähig, dass sie besonders schwierig, teuer oder einzigartig hergestellt wurden[37]. Auch die Zwecke der Werkwidmung oder der Dienlichkeit spielen richtigerweise grundsätzlich keine Rolle bei der Fest-

---

31 BGH in GRUR 1989, 416, 417 – Bauaußenkante.
32 BGH in GRUR 1974, 675, 676 – Schulerweiterung; BGH in GRUR 1957, 391, 393 – Ledigenheim; BGH in GRUR 1981, 267, 268 – Dirlada; W/B-Bullinger, § 2 UrhG, Rn 6, 8, 11.
33 D/S-Schulze, § 2 UrhG, Rn 16, 20.
34 BGH in GRUR 1968, 321, 325 – Haselnuss.
35 So auch: Levin in GRUR Int. 1985, 713, 716; Schulze in GRUR 1984, 400, 404; D/S-Schulze, § 2 UrhG, Rn 19, 150; Schricker-Loewenheim, § 2 UrhG, Rn 44.
36 BGH in GRUR 2008, 984, 986 – St. Gottfried; BHG in GRUR 1982, 107, 110 – Kircheninnenraumgestaltung; BGH in GRUR 1974, 675, Schulerweiterung; OLG München in GRUR 1987, 290, 290 – Wohnanlage; D/S-Schulze, § 2 UrhG, Rn 150.
37 D/S-Schulze, § 2 UrhG, Rn 152.

stellung der für den Schöpfungsbegriff nötigen Gestaltungshöhe. Der Werkbegriff ist zweckneutral[38].
Voraussetzung ist allein Individualität in besonderem Maße. Daher fallen handwerkliche Gebrauchsgegenstände und Ähnliches, wenn sie nicht durch künstlerische, ästhetische und individuelle Gestaltung Werke der angewandten Kunst sind, nicht unter den Werkbegriff des UrhG[39]. Eine reine handwerkliche Leistung, mag sie auch fachmännisch erbracht worden sein, trägt regelmäßig – mangels Gestaltungsspielraums und reinem Rückgriff auf Vorbekanntes – keine eigene Individualität in sich und ist daher keine Schöpfung im Sinne des UrhG[40]. Individualität setzt aber gerade Gestaltungsspielraum voraus[41]. Der reine Rückgriff auf Vorbekanntes schließt Individualität und so den Schöpfungscharakter aus, was aber nicht bedeutet, dass der Urheber etwas völlig Neues schaffen müsse[42]. Das Werk muss aus dem vorher bekannten Formenschatz herausragen und hinreichend individuell erscheinen[43]. Hieraus kann man auch erkennen, dass es nicht auf die Qualität der Arbeit und des menschlichen Schaffens und sogar nicht auf die Qualität der in einem potenziellen Werkstück zum Ausdruck kommenden Individualität ankommt[44]. Die den Schöpfungscharakter begründende Gestaltungshöhe ist vielmehr nur durch Individualität in einem besonderen quantitativen Maß erreichbar[45].
Bei der Beurteilung der Individualität allerdings ist auf die einzelnen Elemente der Gestaltung sowie auf die Gesamtgestaltung abzustellen. Die einzelnen Gestaltungselemente können sich hierbei je nach Werkart unterscheiden[46]. Weiter ist zur Beurteilung auf den Schöpfungszeitpunkt abzustellen. Sich später ergebende andere Sichtweisen auf das Werk sind unerheblich[47].

---

38 Riesenkampff, S. 44; BGH in GRUR 1959, 251 – Einheitsfahrschein.
39 Schack, Rn 202 ff.
40 Schricker-Loewenheim, § 2 UrhG, Rn 26; BGH in GRUR 1993, 34, 36 – Bedienungsanweisung; OLG Hamburg in GRUR-RR 2003, 33, 34 – Maschinenmensch; Erdmann in FS v. Gamm, 389, 401; Bruchhausen in FS Schricker, 353, 358; W/B-Bullinger, § 2 UrhG, Rn 21.
41 Schricker-Loewenheim, § 2 UrhG, Rn 28.
42 BGH in GRUR 2008, 984, 985 – St. Gottfried; BGH in GRUR 1981, 820, 822 – Stahlrohr II; BGH in GRUR 2002, 958, 959, 960 – Technische Lieferbedingungen.
43 D/S-Schulze, § 2 UrhG, Rn 150; Schricker-Loewenheim, § 2 UrhG, Rn 135.
44 Schricker-Loewenheim, § 2 UrhG, Rn 26.
45 Schricker-Loewenheim, § 2 UrhG, Rn 24.
46 Schricker-Loewenheim, § 2 UrhG, Rn 27; Möhring/Nicolini-Ahlberg, § 2 UrhG, Rn 83.
47 BGH in GRUR 1987, 903, 905 – Le Corbusier Möbel; OLG Frankfurt in GRUR 1988, 302, 303 – Le Corbusier Sessel; OLG Köln in GRUR 1990, 356, 356 – Freischwinger; W/B-Bullinger, § 2, Rn 12.

Von Gestaltungshöhe als Zugangsvoraussetzung zum urheberrechtlichen Schutz spricht man also dann, wenn die Individualität des Werkes einen bestimmten quantitativen Grad erreicht hat. Anders formuliert: Man kann auch von einem hinreichenden schöpferischen Eigentümlichkeitsgrad sprechen[48].

Zu beachten ist aber, dass im Urheberrecht grundsätzlich nicht nur solche Werke erfasst werden, die ganz offensichtlich diesen Eigentümlichkeitsgrad erreichen. In einem solchen Fall spricht man auch davon, dass der Urheber dem Werk seinen unverkennbaren Stempel aufdrücke[49]. Vielmehr schützt das deutsche UrhG auch die Werke der sogenannten kleinen Münze, die gerade noch über der Grenze zwischen Urheberschutz und Nichtschutz durch das UrhG liegen. Bei diesen Werken ist die nötige Gestaltungshöhe als quantitativer Aspekt der Individualität des Werkes gerade nicht offensichtlich erreicht, sondern muss im Einzelfall herausgearbeitet werden[50].

Indizien für die Schutzfähigkeit können hier unter anderem das Urteil der Fachwelt über das Werk[51] oder der kommerzielle Erfolg des Werkes sein[52]. Weiter können dessen Komplexität, seine Erstmaligkeit, seine soziale Funktion oder der Gestaltungswille des Urhebers eine Rolle spielen[53].

dd) Unbeachtliche Kriterien zur Beurteilung der Schutzfähigkeit

Immer wieder werden sachfremde Erwägungen in die Beurteilung der Schutzfähigkeit eines urheberrechtlichen Werkes eingeführt. Ursache hierfür scheint oftmals eine Vermischung von Kriterien des Urheberrechts mit anderen Schutzformen des Immaterialgüterrechts wie etwa dem Geschmacksmuster, dem Patent oder der Marke zu sein. Teilweise wird daher angeführt, eine Schöpfung sei etwas vorher noch nicht Dagewesenes[54]. Dies ist eine unnötige Vermengung des Schöpfungsbegriffs mit dem Merkmal der Neuheit, das im Urheberrecht gerade keine Rolle spielt. Neuheit ist ein Indiz für eine Schöpfung, keinesfalls aber ein konstitutives Kriterium. Vielmehr kennt das Urheberrecht auch die Doppelschöpfung, wodurch ersichtlich wird, dass es auf Neuheit gerade nicht an-

---

48 BGH in GRUR 1988, 533, 535 – Vorentwurf II; BGH in GRUR 1983, 377, 378 – Brombeer-Muster; D/S-Schulze, § 2 UrhG, Rn 20.

49 Ulmer, S. 124.

50 D/S-Schulze, § 2 UrhG, Rn 4.

51 OLG Hamburg in ZUM-RD 2002, 181, 192 – Kinderhochstuhl; OLG München in ZUM 1992, 305, 306 – Le Corbusier Möbel.

52 OLG München in ZUM 1992, 202, 204 – Sadness/Madness.

53 D/S-Schulze, § 2 UrhG, Rn 64, 65.

54 D/S-Schulze, § 2 UrhG, Rn 16.

kommt[55]. Die Individualität tragende subjektive Neuheit ist daher natürlich schutzfähig[56]. Objektive Neuheit ist vielmehr ein Begriff des Geschmacksmuster- und Patentrechts. Das Urheberrecht hingegen schützt das individuelle, nicht das neue Schaffen[57].
Auf den Zweck des Werkes oder seine Zweckbestimmung kommt es im Urheberrecht ebenfalls nicht an, wenn es um die Beurteilung der Schutzfähigkeit des Werkes geht[58]. Nach richtiger Ansicht kommt es daher auch nicht auf den Gebrauchszweck an, was schon aus dem Einbezug der angewandten Kunst in § 2 I Nr. 4 UrhG ersichtlich wird, sodass auch Gebrauchszwecken dienende Werke urheberrechtlichen Schutz nicht minder genießen[59].
Auch die reine künstlerische, literarische oder wissenschaftliche Qualität eines Werkes ist kein Kriterium zur Ermittlung seiner Schutzfähigkeit[60]. Auch der quantitative Umfang des Werkes sowie der Aufwand und die Kosten, die mit ihm verbunden sind, sind unbeachtlich. Dies gilt für besonders kleine und ggf. unaufwendige Werke genauso wie für besonders große und komplizierte. Alleiniges Maß ist die Individualität, die aus dem Werk sichtbar wird[61]. Abschließend ist es auch unerheblich, ob das Werk auf rechtswidrige oder gar sittenwidrige Weise, etwa im Wege eines Eigentumsdeliktes, entstanden ist[62]. Normen außerhalb des UrhG können den Werkbegriff desselben nicht beeinflussen[63].

b) Werkteile
Werkteile wie etwa Fassaden und ihre Gestaltung können schutzfähig sein, wenn sie alle Schutzvoraussetzungen selbst erfüllen[64]. Der Urheberschutz erfasst näm-

55 OLG Köln in GRUR 1986, 889, 890 – ARD 1; KG Berlin in ZUM 2001, 503, 505 – Flaggen-Collage.
56 W/B-Bullinger, § 2 UrhG, Rn 22; Schricker-Loewenheim, § 2 UrhG, Rn 41.
57 BGH in GRUR 1982, 305, 307 – Büromöbelprogramm; BGH in GRUR 1985, 1041, 1047 – Inkasso-Programm; Schack 189; Schricker-Loewenheim, § 2 UrhG, Rn 41; Rehbinder, Rn 57; W/B-Bullinger, § 2 UrhG, Rn 22.
58 Schricker-Loewenheim, § 2 UrhG, Rn 43; F/N-Vinck, § 2 UrhG, Rn 4; W/B-Bullinger, § 2 UrhG, Rn 29.
59 BGH in GRUR 1957, 291, 291 – Europapost; BGH in GRUR 1987, 903, 904 – Le Corbusier Möbel; OLG F in GRUR 1988, 302, 303 – Le Corbusier Sessel; Schricker-Loewenheim, § 2 UrhG, Rn 43; W/B-Bullinger, § 2 UrhG, Rn 29.
60 Schricker-Loewenheim, § 2 UrhG, Rn 44; OLG M in GRUR-RR 2002, 281 – Conti.
61 Schricker-Loewenheim, § 2 UrhG, Rn 45, 46.
62 W/B-Bullinger, § 14 UrhG, Rn 47.
63 BGH in GRUR 1995, 673, 675 – Mauerbilder; Schricker-Loewenheim, § 2 UrhG, Rn 47; W/B-Bullinger, § 2 UrhG, Rn 31.
64 BGH in GRUR 1989, 416, 416 – Bauaußenkante; BGH in GRUR 1973, 663, 664 – Wählamt; Schricker-Loewenheim, § 2 UrhG, Rn 66; W/B-Bullinger, § 2 UrhG, Rn 42.

lich nicht nur das Werk als Ganzes, sondern beinhaltet auch all seine individuellen Elemente, insofern diese ihrerseits so individuell sind, dass sie eigenen Werkcharakter besitzen[65]. Dies gilt auch für Lichtführung, Baukörperform oder die generelle Werkteilformgebung, die Raumzuordnung, eine etwaige Tür- und Fensteranordnung sowie die Anordnung von Blickachsen und Blickrichtungen[66]. Auch die reine Innenraumgestaltung eines Bauwerkes kann schutzfähig sein[67]. Für mehrere selbstständige Teile kann ein Ensembleschutz mit Bezug auf die „kompositorische Zuordnung" der Werkteile bestehen[68]. Unbeachtlich ist hier jedenfalls die Verwendung von gemeinfreien Elementen. Schutzfähigkeit kommt dieser aber zu, wenn sich aus der Verwendung selbst Individualität in einem Gesamtbild ergibt[69]. Wird die Schwelle zur eigenständigen Schutzfähigkeit allerdings nicht erreicht, ist die urheberrechtliche Nutzung der Werkteile frei[70].

c) Bauwerke und andere Werke der angewandten Kunst

Wie bereits in der Einleitung erwähnt, stellen im alltäglichen Rechtsverkehr vor allem solche Fälle Eigentümer und Urheber vor Probleme, bei denen Werke der angewandten Kunst – und hier insbesondere Bauwerke – betroffen sind. Dies mag mehrere Gründe haben. Zunächst sind die genannten Werkarten regelmäßig überhaupt eigentumsfähig, da sie immer ihre Werkform in einer Verkörperung, also einer Sache, finden. Weiter sind besonders Veränderungen an und bei Bauwerken für den Urheber schnell ersichtlich, da diese regelmäßig der Öffentlichkeit zugänglich sind und so der Urheber von einer etwaigen Verletzung viel leichter und unmittelbarer erfahren kann als etwa ein Autor, dessen Buch verändert wurde. Weiter ist das Interesse gerade der Eigentümer bei Bauwerken besonders groß, mit ihrem Eigentum verfahren zu können, wie es ihnen beliebt, da sie regelmäßig für den Erwerb oder die Erstellung des Bauwerkes und insbesondere den Baugrund hohe Kosten zu tragen haben. Abschließend vertieft die besondere Rechtsprechung im Bereich der nötigen Gestaltungshöhe im gesamten Bereich der angewandten Kunst, zu der richtiger Weise die Werke der Baukunst

65 W/B-Bullinger, § 2 UrhG, Rn 43.

66 BGH in GRUR 1988, 533, 534 – Vorentwurf II; BGH in GRUR 1989, 416, 416 – Bauaußenkante.

67 BGH in GRUR 1982, 107, 107 – Kircheninnenraumgestaltung; F/N-Dustmann, § 14, Rn 66; BGH in GRUR 1999, 230 – Treppenhausgestaltung.

68 Riesenkampff, S. 43; OLG München in ZUM 2001, 339, 344 – Kirchenschiff.

69 BGH in GRUR 1989, 416, 417 – Bauaußenkante; BGH in GRUR 1988, 690, 692 – Kristallfiguren.

70 BGH in GRUR 1981, 267, 268 – Dirlada; Schricker-Loewenheim, § 2 UrhG, Rn 66.

ebenfalls zu zählen sind, das Problem für die Urheberseite zusätzlich, sodass diese Rechtsprechung ihrerseits der Erörterung und Diskussion bedarf.
Auch bei den in § 2 I Nr. 4 UrhG erwähnten Werkarten erfolgt die Ermittlung des Werkcharakters vornehmlich über die Formgebung und den Gesamtcharakter der Gestaltung, also über den objektiv zu ermittelnden Eindruck der Individualität des Werkes in seiner wahrnehmbaren Werkform[71]. Von den Werken der sogenannten reinen Kunst unterscheidet sich die Werkform der angewandten Kunst – unter die auch die Bauwerke fallen – insbesondere über den Gebrauchszweck[72] und ihre oftmals industrielle und serienmäßige Herstellungsart[73]. Weiter kann die Bestimmung zur Verwendung im Gewerbe Abgrenzungsmerkmal sein[74]. Bei Bauwerken kann zwischen Gesamtgestaltungen, Teilgestaltungen und schützenswerten Ensembles unterschieden werden[75]. Bei Werken im Bereich der landschafts- und gartenarchitektonischen Gestaltung steht nicht die Individualität in der Formgebung, sondern die Individualität des zugrunde liegenden ikonografischen Programms im Vordergrund der Betrachtung und Bewertung der Schöpfung und ihrer Gestaltungshöhe[76]. Denn nur das einzigartige ikonografische Programm einer Anlage in seiner Symbolkraft erlaubt den Dialog des Betrachters mit der Gestaltung des Werkes und ist daher Ausdruck seiner Individualität[77].
Reine Kunst andererseits sind solche Werke, die keinem Gebrauchszweck dienen und einen anschaulichen, ästhetischen Gehalt durch die Gestaltung von Flächen, Körpern und Räumen ausdrücken[78]. Als Grund für die Differenzierung wird der größere Spielraum des Urhebers bei der Gestaltung der eigenpersönlichen Züge am Werk angeführt, der bei Werken der reinen Kunst im Gegensatz zur Gebrauchskunst bestünde[79]. Als einziges Kriterium soll dann die Bezeichnungsfähigkeit als Kunst zu betrachten sein, um dem Werk der reinen Kunst urheberrechtlichen Schutz zu gewähren. Hierzu bedienen sich die Gerichte der allgemeinen Definitionsmöglichkeiten zum Kunstbegriff des Art. 5 GG. Vor allem

71 Riesenkampff, S. 44.
72 OLG Düsseldorf in ZUM 2008, 140, 142 – Bronzeengel
73 D/S-Schulze, § 2 UrhG, Rn 158; Riesenkampff, S. 47; Schricker-Loewenheim, § 2 UrhG, Rn 32; W/B-Bullinger, § 2 UrhG, Rn 96.
74 v. Gamm, S. 89; Heydt in GRUR 1968, 530, 532, 533.
75 Riesenkampff, S. 42; BGH in GRUR 1982, 107, 109 – Kircheninnenraumgestaltung.
76 Riesenkampff, S. 44; Schaefer, S. 65, 66; einschränkend und auf die Werkgestaltung in ihrer Form Bezug nehmend: KG Berlin in NJW-RR 2001, 1201, 1202 – Rohwedder Haus; Schricker-Loewenheim, § 2 UrhG, Rn 145.
77 Riesenkampff, S. 44; Jayme, Wiener Vorträge, S. 250, 255.
78 Riesenkampff, S. 47; F/N-Nordemann/Vink, § 2 UrhG, Rn 51.
79 Riesenkampff, S. 47; W/B-Bullinger, § 2 UrhG, Rn 86.

kommt es auf die Anschauung der einigermaßen mit Kunstdingen vertrauten Verkehrskreise an[80]. Hieraus ist aber auch zu folgern, dass es auf Individualität und tatsächliche Gestaltungshöhe bei solchen Kunstwerken nach der Rechtsprechung kaum ankommt, sondern vor allem auf eine Eignung als Kunstobjekt. Kunst und urheberrechtliches Werk sind aber zwei unterschiedliche Begriffe, die oft zusammenfallen, sich jedoch nicht gegenseitig bedingen.
Die Übergänge zwischen den Werken reiner Kunst und der angewandten Kunst sind zudem oft fließend. Die Abgrenzung dieser Werkarten gegeneinander ist zum Teil schwierig[81]. Als Beispiel soll hier eine Statue als Plastik der reinen oder, wenn eine Funktion besteht, der angewandten Kunst oder Baukunst genannt werden. Trägt die Plastik etwa auch nur eine Fahne, so hat sie eine Funktion und wäre somit angewandte Kunst[82]. Prinzipiell ist aber festzustellen, dass eine genaue Zuordnung der Werkkategorie nicht entscheidend sein kann. § 2 II UrhG beinhaltet nämlich eine einheitliche Werkdefinition, die für alle Werkarten gleichermaßen Gültigkeit hat[83].

aa) Das Problem der Gestaltungshöhe
Bei Werken der angewandten Kunst fordert die Rechtsprechung ein besonderes Maß an Gestaltungshöhe, um die urheberrechtliche Schutzfähigkeit eines Werkes anzunehmen[84]. Für die Bauwerke fordert die Rechtsprechung gar das Herausragen des Bauwerkes aus dem alltäglichen Bauschaffen[85] und stellt somit nur noch indirekt auf die tatsächliche und objektive Individualität des Werkes ab. Denn wenn ein Werk aus dem alltäglichen Bauschaffen herausragen muss, um urheberrechtlichen Schutz zu erhalten, dann hängt die Schutzfähigkeit nicht mehr von der Individualität des zu beurteilenden Werkes, sondern vielmehr vom allgemeinen architektonischen und schöpferischen Niveau des Bauschaffens in einer Gesellschaft ab. Anders formuliert: In einer Gesellschaft, die es zu einer architektonischen Blüte gebracht hat, wird nach der erwähnten Regel der Rechtsprechung ein Urheberrecht für Architekten weniger leicht gewährt als in einer

80 Riesenkampff, S. 48.
81 D/S-Schulze, § 2, Rn 153; v. Gamm, S. 88ff., 104; Riesenkampff, S. 50; Schack, Rn 202 ff.
82 Riesenkampff, S. 43; W/B-Bullinger, § 2 UrhG, Rn 96.
83 Riesenkampff, S. 43.
84 BGH in GRUR 2004, 941; 942 – Metallbett; BGH in GRUR 1995, 581, 582 – Silberdistel; W/B-Bullinger, §, 2 UrhG, Rn 97.
85 BGH in GRUR 2008, 984, 985 – St. Gottfried; BGH in GRUR 1982, 107, 109; BGH in GRUR 1989, 107, 109 – Kircheninnenraumgestaltung, 416, 417 – Bauaußenkante; Riesenkampff, S. 19.

Gesellschaft, die architektonisch als unterentwickelt oder durchschnittlich zu bezeichnen wäre.
Im Einzelfall führt diese Rechtsprechung zu folgenden, teilweise problematischen Ergebnissen: Reine Zweckbauten wie Mietshäuser – sogenannte Mietskasernen – können hiernach nur schutzfähig sein, wenn sie überhaupt Individualität aufweisen[86]. Reine Alltagsbauten, die nur bekannte Formelemente wiedergeben, bei denen also eine planerische Routineleistung vorliegt, sind in der Folge der Forderung nach höherer Gestaltung nicht schutzfähig[87]. Ist die Gestaltung vollständig durch den Gebrauchszweck vorgegeben, liegt mangels Individualität auch keine Schutzfähigkeit vor[88]. Allerdings sollen Verwaltungsgebäude bei vorliegender Individualität wiederum – anders als reine Zweck- und Funktionsbauten – urheberrechtlichen Schutz genießen können[89]. Reine Zweck- und Funktionsbauten genießen wiederum keinen Schutz[90].
Diese Rechtsprechung trifft auch etwa Designgegenstände, die aufgrund der höheren Gestaltungshöheanforderungen schon wegen ihrer Funktionalität selten Schutz erhalten sollen[91]. Die besondere Gestaltungshöhe, die mit dem Werkschutz erlangt werden kann, wendet die Rechtsprechung insbesondere für all die Werkarten an, für die potenziell auch Geschmacksmusterschutz erreicht werden kann, sowie für Schrift- und Sprachwerke, was dazu geführt hat, dass sie insgesamt in der Literatur stark umstritten ist[92]. Große Probleme bereitet hierbei die Vereinbarkeit der besonderen Rechtsprechung in diesem Bereich mit den Grundsätzen des Urheberrechts[93]. Der Gesetzgeber hat nämlich den Werkbegriff der §§ 1 und 2 UrhG als einheitlichen Begriff ausgeformt[94]. Auch ist die – durch die unterschiedlichen Anforderungen der Rechtsprechung an die Gestaltungshöhe – entstehende Rechtsunsicherheit aufseiten der Beteiligten ein Argument gegen die angesprochene Sonderbehandlung[95]. Dieses Problem wird auch teilweise wiederum von den Gerichten aufgegriffen, wenn beispielsweise der BGH ausführt, dass die Urheberrechtsschutzfähigkeit nicht von der Einordnung eines

---

86 LG Hamburg in BauR 1991, 645.
87 W/B-Bullinger, § 2 UrhG, Rn 109.
88 W/B-Bullinger, § 2 UrhG, Rn 109; Goldmann in GRUR 2005, 639, 640; Binder/Kosterhon, Rn 54.
89 OLG Frankfurt in BauR 1986, 466, 466.
90 Im Ergebnis so wohl auch: OLG Schleswig in GRUR 1980, 1072, 1073 – Luisenlund; OLG Frankfurt in BauR 1986, 466, 466.
91 W/B-Bullinger, § 2 UrhG, Rn 97.
92 Rehbinder, S. 79; Riesenkampff, S. 44, 46; Schricker-Loewenheim, § 2 UrhG, Rn 23, 31.
93 Riesenkampff, S. 19.
94 v. Gamm, S. 104.
95 v. Gamm, S. 106.

Werkes in eine Werkkategorie abhängig sein kann[96], womit sich das Gericht in Widerspruch zur eigenen Rechtsprechung setzt, da es bezüglich der Gestaltungshöhe eben gerade zwischen den Werkarten differenziert und ein unterschiedliches Maß an Individualität fordert[97].
Der Anforderung der besonderen Gestaltungshöhe wird einerseits entgegengehalten, dass das Urheberrecht nicht nur solche Werke schütze, die derart individuelle Züge tragen, dass man davon sprechen könne, dass der Schöpfer ihm seinen unverwechselbaren Stempel aufgedrückt hat, der Betrachter also vom Werk direkt auf den Schöpfer oder seine Identität schließen kann[98]. Im Gegenteil schütze das UrhG traditionell und nach dem ausdrücklichen Willen des Gesetzgebers auch Werke der „kleinen Münze", die die Schwelle der Schutzfähigkeit gerade noch überschreiten[99]. Der Wille des Gesetzgebers hierzu sei klar aus der Begründung zum UrhG zu erblicken[100]. Aus dem UrhG ergebe sich für die besondere Gestaltungshöhe kein Anhaltspunkt[101]. Sie führe auch zu Rechtschutzlücken für die Schöpfer von Werken der „kleinen Münze".
Dem Argument der Rechtsprechung, dass eine Ungleichbehandlung von Werken der reinen Kunst gegenüber den oben angesprochenen Werkarten, insbesondere den Werken der angewandten Kunst, gerechtfertigt sei, weil bei Letzteren wegen des Gebrauchszwecks weniger Gestaltungsmöglichkeiten bestünden, wird ebenfalls entgegengetreten. Richtig ist wohl, dass der Gebrauchszweck den Gestaltungsspielraum des Schöpfers begrenzt, jedoch diese Begrenzung regelmäßig nicht so weit geht, dass keinerlei Platz für individuelles Schaffen vorliegt. Der fundamentale Unterschied zwischen den beiden Werkarten besteht vielmehr im Schöpfungszweck. Der Urheber eines Werkes der reinen Kunst hat nicht mehr Gestaltungskraft, sondern mehr Ausdruckswillen, da dies der Hauptzweck seiner Schöpfung ist. Denn selbst, wenn der Zweck des Werkes der reinen Kunst eine Nichtaussage ist, so findet das Werk gerade hierin seinen Ausdruck. Daher besteht auch bei reiner Kunst ein Zweck aus Sicht des Urhebers, wenn er auch nur in der möglichen kommunikativen und interpretationsfähigen Aussage des Werkes liegt. Wohl aber ist dies nicht mit dem Gebrauchszweck bei Werken der angewandten Kunst gleichzusetzen. Ein Gebrauchszweck kann neben dem ästhetischen Zweck aber nicht für die Schutzfähigkeit des Werkes ausschlaggebend

---

96 BGH in GRUR 1985, 529, 529 – Happening.
97 D/S-Schulze, § 2 UrhG, Rn 24; Riesenkampff, S. 47;Schricker-Loewenheim, § 2 UrhG, Rn 32.
98 Riesenkampff, S. 46.
99 Riesenkampff, S. 46; W/B-Wandtke, Einleitung, Rn 4.
100 Haertel/Schiefler, S. 129; Riesenkampff, S. 47.
101 W/B-Bullinger, § 2 UrhG, Rn 97.

sein. Das Urheberrecht ist nämlich gerade zweckneutral[102]. Richtiger wäre es, nicht nach dem Gebrauchszweck zu differenzieren und so verschiedene Anforderungen an die zum Urheberschutz nötige Gestaltungshöhe zu stellen, sondern vielmehr konsequent nach der Individualität des Werkes zu fragen, die zweifelsfrei dann oft niedriger sein wird, wenn der Schöpfer bei der Schöpfung aufgrund eines zu berücksichtigenden Gebrauchszwecks sein Schaffen in bestimmten Grenzen halten musste und dies am Werk in seiner Formgebung im Werkstück ersichtlich wird. Es muss also vor allem die über die Funktion hinausgehende, künstlerische Gestaltung berücksichtigt werden[103]. Weiter sind keine rechtfertigenden Gründe ersichtlich, warum einfachste Kunst schutzwürdiger als etwa wissenschaftliche oder funktionale Werke der angewandten Kunst erscheinen sollten und diese daher einer das Durchschnittskönnen deutlich überragenden Individualität bedürften[104].

Kritisch gesehen wird auch der Verweis, dass für die Werke der angewandten Kunst Geschmacksmusterschutz bestehe und insofern für den Urheber durch das sogenannte kleine Urheberrecht des Geschmacksmusters keine Schutzlücken entstünden. Das Urheberrecht sei in diesem Bereich gegenüber dem Geschmacksmuster subsidiär. Begründet wird diese Auffassung der Gerichte auch damit, dass sonst das Geschmacksmuster völlig überflüssig wäre[105].

Zunächst ist festzustellen, dass dieses Argument ohnehin nur für Werke der angewandten Kunst zulässig sein kann, denn bei Werken, bei denen ein Geschmacksmusterschutz unmöglich ist – etwa bei Sprachwerken ohne literarischen Charakter, die also nur dem Gebrauch dienen –, verweigerte die Rechtsprechung mit Verweis auf den Gebrauchszweck bei nicht hohem Gestaltungsgrad und hoher Individualität lange Zeit ebenfalls den urheberrechtlichen Schutz[106], sodass das Problem um die besondere Gestaltungshöhe bei einigen Werkarten hierdurch nur unzureichend beantwortet wird. Allerdings hat der BGH seine Rechtsprechung zu Computerprogrammen als Untergruppe der Sprachwerke bereits aufgegeben. Grund hierfür ist das in diese Bereiche vor-

102 BGH in GRUR 1972, 38, 39 – Vasenleuchter; D/S-Schulze, § 2, Rn 159; Schricker-Loewenheim, § 2 UrhG, Rn 42.

103 BGH in GRUR 1982, 305, 307 – Büromöbelprogramm; D/S-Schulze, § 2 UrhG, Rn 159.

104 So auch: Riesenkampff, S. 50.

105 BGH in GRUR 1995, 581, 582 – Silberdistel; D/S-Schulze, § 2 UrhG, Rn 29; Schricker-Loewenheim, § 2 UrhG, Rn 31.

106 BGH in GRUR 2000, 144, 145 – Comic-Übersetzungen II; BGH in GRUR 1986, 739, 741 – Anwaltsschriftsatz; Riesenkampff, S. 49, 54.

dringende EU-Recht, das einen einheitlichen Werkbegriff fordert und daher der besonderen Gestaltungshöhe ablehnend gegenübersteht[107].
Das Postulat der Subsidiarität des Urheberrechts gegenüber dem Geschmacksmuster scheint grundsätzlich angreifbar. Hierfür müsste nämlich das Urheberrecht die gleichen Regeln wie das Geschmacksmuster haben, Letzteres aber in den beschriebenen Fällen spezieller sein. Voraussetzung für den Geschmacksmusterschutz ist, dass der Schutzgegenstand neu und eigentümlich ist[108]. Hieran lässt sich bereits erkennen, dass das Geschmacksmuster nicht die gleiche Definition hat wie das Urheberecht, das gerade nicht auf die Neuheit des Werkes abstellt[109]. Nach dem Geschmacksmuster kann es auch keine Doppelschöpfungen geben, da der hier verwendete Neuheitsbegriff rein objektiv zu verstehen ist. Für den Urheber hingegen muss es sich bei seinem Schaffen nur subjektiv um etwas neues handeln, da die bewusste Übernahme fremder Geisteswerke keinen Schöpfungsakt darstellt[110]. Dieser Grundsatz findet seine Beschränkung nur in der Verwendung von absolutem Gemeingut[111]. Schon aus diesem Grund ist der Verweis auf die Subsidiarität des UrhG unpassend. Die Frage nach Doppelschöpfung und Individualität wird von den Merkmalen der Neuheit und der Eigentümlichkeit nicht abschließend beantwortet. Vielmehr sollte ein Doppelschutz durch Geschmacksmuster und Urheberrecht möglich sein. Diesen Doppelschutz lehnt die Rechtsprechung aber größtenteils ab und sieht nur eine mögliche Schnittmenge zwischen Geschmacksmuster und Urheberrecht, wenn der dem Geschmacksmusterschutz zugängliche Schöpfungsgegenstand gleichzeitig die Anforderungen der besonderen Gestaltungshöhe des Urheberrechts erfüllt[112]. Diese Differenzierung widerspricht nicht nur dem Willen des Gesetzgebers, sie ist auch unnötig, da ein Doppelschutz nicht schädlich ist und auch der Systematik der Rechte des geistigen Eigentums nicht zuwiderläuft, da das Geschmacksmuster schon in seiner Definition schlicht etwas anderes ist als das Urheberrecht[113]. Das Geschmacksmusterrecht dient gerade nicht dazu, den Schutz durch

---

107 BGH in GRUR 1994, 39, 39 – Buchhaltungsprogramm mit Bezug auf ABl. EG Nr. L 122 S. 42 aus dem Jahr 1991; Schricker-Loewenheim, § 2 UrhG, Rn 32.

108 Riesenkampff, S. 48.

109 BGH in GRUR 1985, 1041, 1047 – Inkasso-Programm; BGH in GRUR 1982, 305, 307 – Büromöbelprogramm; Schack 189; Schricker-Loewenheim, § 2 UrhG, Rn 41; Rehbinder, Rn 57.

110 BGH in GRUR 2002, 958, 960 – Technische Lieferbedingungen; Schricker-Loewenheim, § 2 UrhG, Rn 41.

111 Schricker-Loewenheim, § 2 UrhG, Rn 42.

112 BGH in GRUR 2004, 941, 942 – Metallbett; Schack, S. 202; Rehbinder, S. 101; W/B-Bullinger, § 2 UrhG, Rn 96.

113 So auch: W/B-Bullinger, § 2 UrhG, Rn 97; und wohl auch v. Gamm, S. 91.

das UrhG zu erschweren[114]. Weiter würde das Geschmacksmusterrecht auch ohne die Forderung einer besonderen Gestaltungshöhe im Urheberrecht für die beschriebenen Fälle nicht überflüssig, weil es immer noch für den Anwender Prioritätswirkung und Beweiserleichterung bewirkt[115]. Auch bezüglich des Schutzzwecks unterscheiden sich Urheberrecht und Geschmacksmuster. Denn seinem Ruf als „kleines Urheberrecht“ wird es spätestens seit der Geschmacksmusterrichtlinie 98/71/EG nicht mehr gerecht, aus der folgt, dass nicht die schöpferische Leistung geschützt wird, sondern die „Marketing-Funktion des Designs“[116]. Daher bleibt festzuhalten, dass auch eine rechtliche Gleichwertigkeit zwischen Urheberrecht und Geschmacksmuster nicht besteht[117].

Besonders vor diesem Hintergrund verstärken sich auch verfassungsmäßige Bedenken gegen die Anwendung der besonderen Gestaltungshöhe durch die Rechtsprechung. Denn anders als bisher vertreten ist das Geschmacksmuster – wie eben festgestellt – nicht in der Lage, für die Fälle der fehlenden besonderen Gestaltungshöhe die Garantiefunktion des Art. 14 I GG für die Urheber zu gewährleisten, da gerade nicht die schöpferische Leistung geschützt wird[118]. Die Erlangung des geschmacksmusterrechtlichen Schutzes, dessen Schutzdauer deutlich geringer ist als die des Urheberrechts[119], setzt vielmehr auch einen Kosten- und Zeitaufwand voraus. Die Notwendigkeit, für die Schutzerlangung zu bezahlen, steht im Widerspruch zu Art. 14 I GG in Bezug auf das Urheberrecht. Die damit im Einzelfall verbundene Versagung des Urheberrechts durch die Forderung einer besonderen Gestaltungshöhe stellt somit als Form des Entzugs bzw. Versagung der Eigentumsposition den schwerstmöglichen Eingriff in das Grundrecht dar, für den eine Rechtfertigung nicht ersichtlich ist[120]. Zwar kann der Gesetzgeber den Eigentumsbegriff des Art. 14 I GG mittels der Gesetze ausfüllen und so nur schöpferische Leistungen unter den Urheber- und somit Eigentumsschutz des Art. 14 I GG stellen[121], allerdings hat er dies mit dem UrhG getan, dem ein einheitlicher Werkbegriff zugrunde liegt[122], weswegen kein Raum für eine unter-

---

114 v. Gamm, S. 91.

115 v. Gamm, S. 91.

116 v. Gamm, S. 92; Kur in GRUR Int. 1998, 353, 358.

117 Eck, S. 61; v. Gamm, S. 119.

118 So aber: BVerfG in GRUR 2005, 410, 411 – Laufendes Auge; D/S-Schulze, § 2 UrhG, Rn 29.

119 W/B-Bullinger, § 2 UrhG, Rn 97.

120 v. Gamm, S. 214 ff.

121 v. Gamm, S. 215.

122 Kuhmann, S. 50.

schiedliche rechtliche Behandlung der einzelnen Werkarten im Hinblick auf die Anforderungen an eine Schutzgewährung bleibt.
Ein gutes Beispiel für das Versagen der Argumentation der Rechtsprechung, dass durch die Anwendung des Geschmacksmusters keine Rechtschutzlücken entstünden ist auch, dass, wenn eine Doppelschöpfung vorliegt, keine objektive Neuheit mehr vorliegen kann. In solchen Fällen scheidet ein Geschmacksmusterschutz aus. Liegt aber ebenfalls keine überdurchschnittliche besondere Gestaltung vor, so greift nach Ansicht der Rechtsprechung auch der Urheberschutz nicht. Daher ergeben sich durch die uneinheitliche Handhabung der nötigen Gestaltungshöhe[123] ganz offensichtlich Rechtsschutzlücken[124]. Dies ist auch Teilen der Rechtsprechung wiederum nicht entgangen. Daher soll das UrhG unabhängig von einer vorliegenden besonderen Gestaltungshöhe auf die aufgezeigten Fälle doch anwendbar sein, wenn das Geschmacksmusterrecht unanwendbar ist[125]. Dem ist aber keinesfalls zuzustimmen, denn dann bestimmt das Geschmacksmusterrecht den Anwendungsbereich des Urheberrechts und dessen Werkbegriff konstitutiv.
Insgesamt ist daher festzuhalten: Die Ungleichbehandlung von Werkarten wird zu Recht vonseiten der Literatur kritisiert. Die besondere Gestaltungshöhe verstößt gegen die Prinzipien des UrhG und gegen Art. 14 I GG. Sie ist auch mit dem europäischen Werkbegriff, der Eingang in das deutsche UrhG gefunden hat, unvereinbar[126]. Das Geschmacksmusterrecht ist keinesfalls ein spezielles Urheberrecht, sondern stellt ein Schutzrecht eigener Art dem Urheberrecht gegenüber dar. Ein Doppelschutz ist daher möglich und teilweise auch geboten. Im Sinne eines einheitlichen urheberrechtlichen Werkbegriffs und zur Wahrung des Schutzes der Werke der „kleinen Münze" ist auch für die Werke der angewandten Kunst und insbesondere der Baukunst keine besondere, über das üblicherweise nötige Maß an Individualität hinausgehende Gestaltungshöhe zu fordern.

bb) Pläne, Entwürfe und Skizzen

Fraglich ist aber, ob auch Pläne, Entwürfe und Skizzen schon Werke im Sinne des UrhG sind. Denn stellen die Pläne nur eine immaterielle Idee des späteren

---

123 Katzenberger in GRUR 1990, 94, 99.
124 Schricker-Loewenheim, § 2 UrhG, Rn 35; F/N-Vinck, § 2 UrhG, Rn 19.
125 OLG Jena in GRUR-RR 2002, 379 – Rudolstädter Vogelschießen.
126 Dagegen wohl: Möhring/Nicolini-Ahlberg, § 2 UrhG, Rn 156; W/B-Bullinger, § 2 UrhG, Rn 14 – der die im EU-Recht geregelten Fälle nur als Ausnahmen sieht und somit eine Auswirkung auf den Werkbegriff des UrhG als solches ablehnt.

Werkes und noch keinen Entwurf dar, so besteht noch kein Urheberschutz[127]. Ob dies aber der Fall ist, ist umstritten.
Für die Annahme eines schutzfähigen Werkes in Form der Pläne des Urhebers spricht hier schon der einheitliche Werkbegriff des UrhG. Für den Fall der Schriftwerke würde wohl niemand bezweifeln, dass dieses als Sprachwerk mit seiner Niederschrift eine Verkörperung der zuvor rein immateriellen Werkidee ist. Warum dies bei in Plänen und Skizzen niedergelegten Bauwerken, Plastiken oder anderen Werken im Sinne des § 2 UrhG nicht so sein soll, erscheint daher vor dem Hintergrund des Postulats gleicher Schutzwürdigkeit aller in § 2 UrhG genannten Werkarten höchst zweifelhaft. Für eine Überlagerung der gesetzlichen Regelungen des UrhG während der Bau- oder Konstruktionsphase eines Werkstücks durch das etwa im Architektenvertrag zur Anwendung kommende Werkvertragsrecht[128], das eine Anwendbarkeit des Änderungsverbots ausschließt, lässt sich richtigerweise keine dogmatisch belastbare Argumentation finden[129]. Gleiches gilt für die Annahme, dass erst mit der Abnahme eines Werkstücks i. S. d. § 640 BGB durch den bestellenden Eigentümer ein schutzfähiges Werk entstehe[130]. Der Architektenvertrag und das gesamte Werkvertragsrecht sind nicht in der Lage, Voraussetzungen für das Vorliegen der Schutzfähigkeit im urheberrechtlichen Sinne zu setzen. Der Werkbegriff des BGB ist nicht der des UrhG. Weiterhin schuldet der Urheber aus dem Werkvertragsrecht – wenn er die Bauaufsicht oder Konstruktionspflicht hat – den Erfolg der plangerechten Ausführung, sodass es in diesen Fällen nicht zu Änderungen in Bezug auf seine Pläne kommen kann. Solche kommen viel mehr nur dann in Betracht, wenn der Eigentümer selbst oder ein Dritter nach den Plänen des Urhebers baut oder konstruiert.
Eine Antwort auf die Frage nach der Schutzfähigkeit der Urheberpläne ist vielmehr aus § 649 BGB i. V. m. § 8 Nr. 1 VOB ableitbar. Wird dem Urheber nämlich vor oder während der Bauausführung, jedoch nach einem Vertragsschluss über die Bauausführung gekündigt, so kommt es darauf an, ob im Bauausführungsvertrag vereinbart wurde, dass der Bauherr ein Nutzungsrecht an den Plänen hat, da sonst der Urheber einen Weiterbau verhindern kann[131]. Gerade hieran sieht man, dass schon die Pläne Werkcharakter haben, da sonst kein Nutzungs-

---

127 Riesenkampff, S. 81.
128 BGH in NJW 1982, 438, 439 – Architektenvertrag II.
129 So aber: BGH in NJW 1960, 431, 431 – Architektenvertrag I, der eine Begründung für den Einbezug des urheberrechtlichen Werkbegriffs in den Werkbegriff des BGB vermissen lässt; Riesenkampff, S. 68, 79, 80.
130 So aber: Riesenkampff, S. 80.
131 Riesenkampff, S. 81.

recht bestellt werden kann. Denn ein urheberrechtliches Nutzungsrecht setzt schon denklogischerweise ein urheberrechtlich nutzbares Werk voraus. Bereits der Entwurf von Werken ist daher schutzfähig, wenn er die Anforderungen an eine persönlich-geistige Schöpfung erfüllt. Die erstmalige Ausführung des Entwurfs eines Werkstücks ist daher eine urheberrechtliche Nutzungshandlung im Sinne einer Vervielfältigung und/oder Bearbeitung und gerade nicht ein Schöpfungsakt[132]. Hieraus wird auch ersichtlich, dass der Bauherr – ist er nicht der Urheber – niemals Mit- oder Neuschöpfer wird, solange er nicht während der Bauausführung selbst schöpfend tätig wird. Ein solches Vorgehen könnte seinerseits vielmehr gegenüber dem Urheber eine Rechtsverletzung darstellen.
Teilweise wird angeführt, Pläne für Bauwerke seien nur dann schutzfähig, wenn von ihnen wenigstens teilweise Gebrauch gemacht wurde[133]. Dem ist entgegenzuhalten, dass auch etwa ein Plan eines Bauwerkes schon ein verkörpertes Werk darstellt. Daher bedarf es des Zwischenschritts der rechtskonstitutiven Plangebrauchsmachung auch im Sinne eines einheitlichen Werkbegriffs des Urheberrechts nicht[134]. Trotzdem kann von einem Bauherrn seitens des Urhebers nicht die Fertigstellung oder Errichtung des Bauwerkes gefordert werden, selbst, wenn die Pläne bereits schutzfähig sind[135].

cc) Technische oder wissenschaftliche Darstellungen

Entwürfe, Pläne und Skizzen sind von rein technischen oder wissenschaftlichen Darstellungen zu unterscheiden. Bei Letzteren ist lediglich die Art der Darstellung über § 2 I Nr. 7 UrhG geschützt[136]. Nicht geschützt ist deren wissenschaftlicher oder technischer Inhalt[137].

---

132 BGH in GRUR 1999, 230, 231 – Treppenhausgestaltung; BGH in GRUR 1988, 533, 534, 535 – Vorentwurf II; BGH in GRUR 1985, 129, 131 – Elektrodenfabrik; BGH in GRUR 1982, 369, 370, 371 – Allwetterbad; BGH in GRUR 1980, 853, 854 – Architektenwechsel; BGH in GRUR 1979, 464, 465 – Flughafenpläne explizit für die Fälle des § 2 I Nr. 7 UrhG; BGH in GRUR 1957, 391, 393 – Ledigenheim; Riesenkampff, S. 43; Schulze in NZBau 2007, 611, 614.

133 Binder/Kosterhohn 104 ff.; F/N-Dustmann, § 14 UrhG, Rn 65.

134 So auch: W/B-Bullinger, § 14 UrhG, Rn 27.

135 F/N-Dustmann, § 14 UrhG, Rn 65; HK-UrhR-Dreyer, § 14 UrhG, Rn 59.

136 BGH in GRUR 1989, 416, 417 – Bauaußenkante; BGH in GRUR 1979, 464, 465 – Flughafenpläne; Riesenkampff, S. 43.

137 BGH in GRUR 1979, 464, 465 – Flughafenpläne; Riesenkampff, S. 44.

2. Urheberschaft

Grundsätzlich ist derjenige der Urheber, der das Werk unmittelbar schöpft[138]. Es genügt hierfür aber auch die Kontrolle des Urhebers über den Schöpfungsprozess durch die Hände Dritter[139]. Voraussetzung für eine Alleinurheberschaft ist, dass Dritte dem Werk keine eigenen individuellen Züge geben – also keinen künstlerischen Spielraum haben –, da sonst deren Miturheberschaft in Betracht kommt[140]. Zu beachten ist hier, dass selbst geringfügige eigenschöpferische Beiträge eine Miturheberschaft gem. § 8 I UrhG begründen auch wenn sich der Beitrag nicht gesondert verwerten lässt[141].

Allerdings sehen der Kunstmarkt oder die Verkehrskreise eine Person bereits als Urheber an, wenn sie auch nur die wichtigsten, entscheidenden Handgriffe am Werkstück vorgenommen hat[142]. Dies widerspricht aber den Feststellungen des UrhG. Der Kunstmarkt und das Urheberrecht sind hier zu trennen. Nicht der Kunstmarkt konkretisiert das Urheberrecht, sondern das Recht den Markt. Vielmehr liegt in den vom Kunstmarkt angedachten Fällen juristisch Miturheberschaft vor, da hier die dritten Hilfspersonen nicht umhinkommen, dem Werk auch eigene individuelle Züge zu geben.

Wie bereits oben angesprochen, wird daher auch der werkausführende Bauherr und Eigentümer regelmäßig nicht Allein-, aber möglicherweise Miturheber[143]!

3. Fazit

Der dem UrhG zugrunde liegende Werkbegriff ist zweckneutral und einheitlich. Aus diesem Grund scheidet eine unterschiedliche Behandlung von Werkarten mit Bezug auf die Frage nach der Schutzfähigkeit eines Werkes im Einzelfall aus. Eine besondere Gestaltungshöhe etwa für Werke der angewandten Kunst aufgrund ihres Gebrauchszwecks ist dogmatisch nicht begründbar und wirft schwere verfassungsrechtliche Bedenken auf.

---

138 Riesenkampff, S. 57.

139 Riesenkampff, S. 57; Ulmer, S. 186.

140 BGH in GRUR 1999, 230, 231 – Treppenhausgestaltung; Riesenkampff, S. 57; v. Waasen, S. 4; W/B-Bullinger, § 26 UrhG, Rn 4.

141 BGH in GRUR 2009, 1046, 1046 - Kranhäuser.

142 Riesenkampff, S. 57.

143 Siehe auch S. 22.

Kapitel 3 – Das Änderungsverbot

Da alle Befugnisse des Urhebers, dem Eigentümer Veränderungen an Werken und Vervielfältigungsstücken zu verbieten, auf dem urheberrechtlichen Änderungsverbot fußen, und erst eine Verletzung eben dieses Änderungsverbots Abwehransprüche des Urhebers gegen den Eigentümer seines Werkes oder von dessen Vervielfältigungsstücken möglich macht, ist die zentrale Frage dieser Arbeit, in welchen Fällen das urheberrechtliche Änderungsverbot verletzt werden kann. Hierbei ist grundsätzlich festzustellen, dass durch das Änderungsverbot alle Werke in Form ihrer Werkstücke und Vervielfältigungen erfasst werden[144]. Nachdem das vorangegangene Kapitel den Werkbegriff als Voraussetzung für die Eröffnung des urheberrechtlichen Schutz- und Wirkungsbereichs erläutert und problematisiert hat, soll sich die Arbeit nun mit der Frage der Reichweite des Änderungsverbots, seinen Ausprägungen im Urhebergesetz sowie, abschließend, seiner Rechtsnatur und gesetzlichen Grundlage befassen. Hierzu ist es zunächst nötig, sich die Begrifflichkeiten der änderungsrechtlichen Normen des UrhG näher anzusehen. Ausgangspunkt der Untersuchung ist hierbei die Bestimmung des Beurteilungsmaßstabs sowie der Bezugspunkt für die Beurteilung des Inhalts der gesetzlichen Begrifflichkeiten, bevor auf deren inhaltliche Qualität eingegangen wird. Eine zentrale Rolle spielen hierbei die Begriffe der §§ 14 und 39 UrhG.

1. Die Werkveränderung und ihre Behandlung durch die §§ 14 und 39 UrhG

Veränderungen am Werkstück sowie seiner Vervielfältigungsstücke werden in der Regel dem Urheber als die von ihm gewählte Werkform zugerechnet[145]. Veränderungen sind daher grundsätzlich unzulässig, wenn sie nicht vom Urheber stammen oder wenigstens seine Zustimmung gefunden haben[146]. Die Möglichkeit der Zustimmung des Urhebers und der Vereinbarung von Änderungsbefugnissen für den Eigentümer soll allerdings später in Kapitel 4 behandelt werden.
Das UrhG erfasst Veränderungen am Werk in verschiedenen Begrifflichkeiten. Einerseits spricht § 14 UrhG von Beeinträchtigungen, die geeignet sind, die berechtigten Interessen der Urheber zu gefährden, und nennt als Beispiel hier den Fall der Werkentstellung. Andererseits führt § 39 II UrhG den Begriff der Ände-

144 F/N-Dustmann § 14 UrhG, Rn 5.

145 BGH in GRUR 1989, 106, 108 – Oberammergauer Passionsspiele II; BGH in GRUR 1971 – Petit Jaqueline; F/N-Dustmann § 14 UrhG, Rn 1.

146 D/S-Schulze, § 14 UrhG, Rn 2.

rung abstrakt ein und setzt ihn – lediglich über ein Abwägungsgebot mit Bezug zum Grundsatz von Treu und Glauben – in Verbindung mit der urheberechtlichen Interessensphäre. Es ist daher für den Fortgang der Untersuchung zunächst nötig, die drei änderungsrechtlich relevanten genannten Rechtsbegriffe näher zu qualifizieren und voneinander abzugrenzen.

a) Beurteilungsmaßstab

Zunächst ist der Maßstab für die Beurteilung von Veränderungen an Werkstücken und ihren Vervielfältigungsstücken durch den Eigentümer von Belang. Die zentrale Frage hierbei ist, inwieweit Anschauungen des Urhebers Einfluss auf den Beurteilungsmaßstab von Veränderungen und deren Qualifizierung nehmen können. Es bleibt festzuhalten, dass es sich bei den Begriffen der Beeinträchtigung, Entstellung sowie Änderung in den §§ 14 und 39 UrhG um unbestimmte Rechtsbegriffe handelt, deren Ausfüllung stets den Gerichten obliegt, die in ihrer Beurteilung an rein objektive Kriterien gebunden sind[147]. Auf die Anschauungen des Urhebers kommt es daher gerade nicht an[148]. Auch die Änderungsmotive des Eigentümers sind für die Beurteilung, ob eine Beeinträchtigung, Entstellung oder Änderung vorliegt, aus diesem Grunde unbeachtlich[149]. Vielmehr spielt die Frage nach den Interessen der beiden streitbeteiligten Parteien eine Rolle bei der Abwägung der widerstreitenden Interessen. Diese ist aber erst durchzuführen, wenn wenigstens eine Beeinträchtigung, Entstellung oder Änderung objektiv festgestellt wurde, denn nicht jede objektive Werkveränderung verletzt den Urheber in seinem Urheberrecht, wie bereits eingangs dargelegt wurde.
Ausgangspunkt für die Auslegung der genannten unbestimmten Rechtsbegriffe ist daher ein rein begriffliches Verständnis[150]. Dieses wird sodann der Betrachtung des Werkes in seiner vom Urheber objektiv bestimmten Form zugrunde gelegt und mit der durch den Eigentümer beeinflussten Werkform verglichen[151]. Die hierdurch gefundenen Merkmale der Veränderung der Werkform werden dann in ihrer Intensität bewertet und in Bezug zu der zuvor vorgenommenen in-

147 OLG Frankfurt in NJW 1976, 678, 679 – Götterdämmerung; W/B-Bullinger, § 14 UrhG, Rn 5.

148 BGH in GRUR 1982, 107, 110 – Kircheninnenraumgestaltung; LG München in ZUM-RD 2000, 308, 310 – Rundfunkmäßige Nutzung; D/S-Schulze, § 14 UrhG, Rn 10; Schricker-Dietz, § 14 UrhG, Rn 29.

149 W/B-Bullinger, § 14 UrhG, Rn 37.

150 F/N-Dustmann, § 14 UrhG, Rn 9.

151 LG Mannheim in GRUR 1997, 364 – Freiburger Hohlbeinpferd; F/N-Dustmann § 14 UrhG, Rn 11; Schricker-Dietz, § 14 UrhG, Rn 21; W/B-Bullinger, § 14 UrhG, Rn 6.

haltlichen Qualifizierung der Begrifflichkeiten von Beeinträchtigung, Entstellung und Änderung gesetzt.

b) Bezugspunkt der Beurteilung

Bezugspunkt der Beurteilung von Veränderungen am Werk ist daher das Werk in seiner durch den Urheber geschaffenen Form[152]. Grundsätzlich kommt es schon deswegen nicht darauf an, ob das Werk durch die Veränderung verbessert oder verschlechtert wird. Denn der Urheber allein bestimmt die Form sowie den gewünschten Gesamteindruck seines Werkes und muss sich nichts aufdrängen lassen. In beiden Fällen wird der Bestand des Werkes in der Form des Werkstücks verletzt[153]. Hieraus wird auch ersichtlich, dass der Bezugspunkt für die Beurteilung nicht etwa die Materie des Werkstücks ist, sondern mit dem Urheberpersönlichkeitsrecht (im Folgenden: UPR) als Schutzgegenstand des Änderungsverbots vielmehr das geistige persönliche Interesse des Urhebers, dass die Öffentlichkeit das Werk so zu sehen bekommt, wie er es zur Veröffentlichung vorgesehen hat[154].

Daher spielt auch die künstlerische Qualität des Werkes einerseits sowie die künstlerische Qualität des durch den Eigentümer veränderten Werkes andererseits für die Beurteilung, ob eine objektive Beeinträchtigung, Entstellung oder Änderung des Werkes in der Veränderung durch den Eigentümer zu sehen ist, keine Rolle[155]. Es bleibt festzuhalten, dass weder eine künstlerische Auf- noch eine solche Abwertung zwingend eine Beeinträchtigung, Entstellung oder Änderung des Werkes darstellen muss[156]. Im Gegenteil: Das Anknüpfen an die künstlerische Qualität stünde im Widerspruch zum persönlichkeitsrechtlichen Charakter des Änderungsverbots[157]. Gleiches gilt für die Korrektur von vermeintlichen Fehlern durch den Eigentümer, die in der Werkausführung durch den Urheber liegen mögen. Relevant bleibt auch hier die vom Urheber gewählte Form und deren Veränderung[158]. Der Urheber allein bestimmt die Form seines Werkes[159].

---

152 LG Mannheim in GRUR 1997, 364, 365 – Freiburger Hohlbeinpferd; W/B-Bullinger, § 14 UrhG, Rn 6.
153 OLG München in ZUM 1992, 307, 310 – Chr. Columbus; D/S-Schulze, § 14 UrhG, Rn 7.
154 F/N-Dustmann § 14 UrhG, Rn 1; Schack, Rn 341.
155 BGH in GRUR 1999, 230, 232 – Treppenhausgestaltung; Honscheck in GRUR 2007, 944, 946; F/N-Dustmann, § 14 UrhG, Rn 27; v. Gamm, § 14 UrhG, Rn 8; W/B-Bullinger, § 14 UrhG, Rn 6.
156 BGH in GRUR 1989, 106, 107 – Oberammergauer Passionsspiele II; W/B-Bullinger, § 14 UrhG, Rn 6.
157 W/B-Bullinger, § 14 UrhG, Rn 6.
158 W/B-Bullinger, § 14 UrhG, Rn 37.
159 D/S-Schulze, § 14 UrhG, Rn 7

Ausgangspunkt für die Betrachtung ist somit stets der ursprüngliche konkrete Gesamteindruck des Werkes in seiner Vollständigkeit[160].

c) Beeinträchtigung

Der Gesamteindruck des Werkes in seiner Vollständigkeit darf nach dem urheberrechtlichen Änderungsverbot also weder beeinträchtigt, noch geändert oder entstellt werden. Unter Beeinträchtigung versteht man dem Wortsinn nach Hemmen, Schmälern, Verringern oder Schädigen des Gesamteindrucks[161]. Eine Beeinträchtigung ist daher jeder objektiv nachweisbare Eingriff, der die Gestaltung und den Ausdruck des Werkes verfälscht[162].

Die Beeinträchtigung stellt hierbei den änderungsrechtlichen Oberbegriff dar[163]. Schon Art. 6 bis RBÜ, der in seinem Geist dem heutigen Änderungsverbot des UrhG zugrunde liegt, behandelt die Änderung und die Entstellung als Unterfälle der Beeinträchtigung[164].

Zu klären ist aber, ob als Voraussetzung für eine Beeinträchtigung ein Substanzeingriff am veränderten Werkstück zu fordern ist. Die Heranziehung eines solchen Kriteriums würde dazu führen, dass Eingriffe, die die Werkstücksubstanz nicht verletzten und die Voraussetzungen von Änderung oder Entstellung ihrerseits nicht erfüllten, für den Eigentümer sanktionslos und schrankenlos möglich würden. Dann könnten aber unkörperliche Werke, wie etwa Werke der Musik, außer möglicherweise durch Umfeldeinwirkungen nicht beeinträchtigt werden. Schon hieraus wird klar, dass es bei der Beeinträchtigung nicht auf eine Substanzverletzung ankommen kann. Auch steht die Funktion der Beeinträchtigung als änderungsrechtlicher Oberbegriff dieser Annahme entgegen, denn die Begriffe *Entstellung* und *Änderung* fallen hiernach in den Begriff der *Beeinträchtigung*. Dies bedeutet aber auch, dass – forderte man eine Substanzverletzung am Werkstück für die Annahme einer Beeinträchtigung – nicht substanzverletzende Eingriffe nicht unter die Begriffe *Änderung* und *Entstellung* fallen könnten.

160 D/S-Schulze, § 14 UrhG, Rn 10; F/N-Dustmann, § 14 UrhG, Rn 12.

161 Jänecke, S 76; Riesenkampff, S. 76; W/B-Bullinger, § 14 UrhG, Rn 3.

162 BGH in GRUR 1999, 230, 231 – Treppenhausgestaltung; Riesenkampff, S. 104; Schack, Rn 343; Schricker Dietz, § 14 UrhG, Rn 23.

163 D/S-Schulze, § 14 UrhG, Rn 5; F/N-Dustmann, § 14 UrhG, Rn 12; Grohmann, S. 24; Honscheck in GRUR 2007, 944, 945; Schricker-Dietz, 3. Auflage, § 14, Rn 5, Rn 19; Steinbeck in Anmerkungen zu BGH in GRUR 2008, 984, 988; W/B-Bullinger, § 14 UrhG, Rn 3.

164 Jänecke, S. 79.

Weiter schützt das Änderungsverbot mit dem UPR vornehmlich das „geistige Band“ zwischen dem Urheber und seinem Werk[165]. Für die Integrität dieses Bandes ist die reine Integrität des Werkes – an dem keine Substanzverletzung vorgenommen wird – aber nicht ausreichendes Kriterium[166]. Denn wie oben beschrieben kommt es ja gerade auf den Gesamteindruck des Werkes in der Öffentlichkeit an, der die Beziehung des Urhebers zu seinem Werk mitbestimmt[167]. Maßgebend ist hier der Gesamteindruck des Werkes, der durch das Werkstück vermittelt wird, nämlich der geistige Gehalt in seiner konkreten Form, wie er wahrgenommen werden kann[168].

Der Gesamteindruck kann aber jederzeit auch schon dadurch verändert werden, dass das Werk in einen neuen Zusammenhang gebracht wird. Dies kann räumlich geschehen, ist aber auch durch andere Maßnahmen wie das Hinzustellen oder Anbringen von werkfremden Elementen und Objekten möglich, die die Tendenz des Werkes völlig verändern können. Daher ist vielmehr zwischen direkten und indirekten Eingriffen, den sogenannten Umfeldeinwirkungen zu unterscheiden. Für Erstere kann eine Beeinträchtigung richtigerweise nur vorliegen, wenn eine Substanzverletzung vorliegt[169]. Eine Substanzverletzung wie sie vonseiten der Rechtsprechung als konstitutives Element für eine Verletzung des Beeinträchtigungsverbots teilweise gefordert wurde[170], ist abzulehnen.

Eine Beeinträchtigung ist jedenfalls in der Verbindung des Werkes mit anderen Werken oder Gegenständen zu sehen[171]. Kürzungen, Ausschnitte und Ergänzungen auch bei einzelnen Werkteilen sind Beeinträchtigungen, wenn der vorgegebene Umfang des Werkes verlassen wird[172]. Gleiches gilt für Unterbrechungen und Aufteilungen des Werkes in Teile[173]. Zwar wird dies mehr auf die Werkwiedergabe durch einen Werknutzer zutreffen, jedoch sind auch Fälle denkbar, in denen der Eigentümer Werkstücke derart umgestaltet, dass sie für den Betrachter nur in Aspekten und Teilen wahrnehmbar sind und so der Gesamteindruck des Werkes ebenfalls beeinträchtigt wird.

---

165 Honscheck in GRUR 2007, 944, 944.
166 Honscheck in GRUR 2007, 944, 945.
167 Siehe S. 26.
168 D/S-Schulze, § 39 UrhG, Rn 6.
169 Riesenkampff, S. 108.
170 BGH in GRUR 1982, 107, 109 – Kircheninnenraumgestaltung.
171 D/S-Schulze, § 14 UrhG, Rn 8.
172 BGH in GRUR 1971, 525 – Petit Jaqueline; OLG Hamburg in ZUM 2002, 480, 483 – Handy-Klingelton; D/S-Schulze, § 14 UrhG, Rn 12.
173 D/S-Schulze, § 14 UrhG, Rn 12; Schricker-Dietz, § 14 UrhG, Rn 25.

Eine solche Beeinträchtigung kann hierbei auch in der geänderten Umsetzung der Pläne des Urhebers für das Werk liegen. Denn eine Beeinträchtigung liegt nicht nur in der Veränderung des Originalwerkstücks, sondern auch in der Veränderung einzelner Vervielfältigungsstücke, sodass es stets auf die konkrete Verletzungshandlung ankommt[174]. Eine Veränderung einer bereits in einer bestimmten Form bestehenden Gestaltung ist ebenfalls nicht notwendig, sodass selbst eine objektiv abgeänderte Vervielfältigung eines Werkes, die im Wege der Plannichtbefolgung hergestellt wurde, eine Beeinträchtigung sein kann[175]. Auch fällt hiermit das Anbringen von zusätzlichen Elementen etwa zu Werbezwecken an ansonsten unverändertes Werkstück unter den Beeinträchtigungsbegriff[176], da sie die Wirkung des Werkes in einen neuen Sachzusammenhang stellt und so den Gesamteindruck beeinflusst.

Der Schutz des ursprünglich entworfenen Werkes wird ebenfalls nicht dadurch geschwächt, dass das Werkstück nach seiner Veränderung ein neues schutzfähiges Werk darstellt[177]. Es liegt trotzdem eine Beeinträchtigung des Ursprungswerkes vor. Hieraus wird ersichtlich, dass es bei der Beurteilung, ob eine Beeinträchtigung vorliegt, nie auf den schöpferischen Wert des Eingriffs in das Werk ankommt[178]. Es ist also egal, ob der Eingriff selbst Werkcharakter hat oder durch ihn ein gänzlich neues Werk entsteht.

Die Veränderung der äußeren Form eines Werkstücks ist regelmäßig eine objektive Beeinträchtigung. Dies gilt auch für Änderungen der Farbigkeit, Oberflächenstruktur und der vom Urheber verwendeten Materialien[179].

aa) Umfeldeinwirkungen als Beeinträchtigungen

Liegt kein direkter Eingriff in die Werksubstanz vor, so kommen nur indirekte Eingriffe durch das Eigentümerhandeln in Betracht, wenn durch sie der Gesamteindruck des Werkes gehemmt oder geschmälert wird[180]. Dies kann vor allem der Fall sein, wenn der Eingriff des Eigentümers oder jedes Dritten derart erfolgt, dass das Werkstück in einen fremden Sachzusammenhang verbracht

---

174 D/S-Schulze, § 14 UrhG, Rn 14.

175 BGH in GRUR 1999, 230, 231 – Treppenhausgestaltung; F/N-Dustmann, § 14 UrhG, Rn 67.

176 F/N-Dustmann, § 14 UrhG, Rn 67; W/B-Bullinger, § 14 UrhG, Rn 30.

177 BGH in GRUR 1999, 230, 230 – Treppenhausgestaltung; F/N-Dustmann, § 14 UrhG, Rn 68.

178 BGH in GRUR 1999, 230, 230 – Treppenhausgestaltung; W/B-Bullinger, § 14 UrhG, Rn 37.

179 W/B-Bullinger, § 14 UrhG, Rn 29, 30.

180 Jänecke, S. 78.

wird[181], das neue Umfeld also den Gesamteindruck des Werkes in der Vorher-/Nachherbetrachtung verändert[182]. Hierbei ist aber zu beachten, dass der Urheber vom Eigentümer nie eine optimale Präsentation seines Werkes verlangen kann. Neben der oben schon angeführten Unbeachtlichkeit von subjektiven Aspekten[183], also der reinen Interessen der Beteiligten bei der Bestimmung, ob eine Beeinträchtigung vorliegt, führen auch solche Eingriffe nie zu einer Beeinträchtigung, die lediglich als lieblos zu betrachten sind und somit noch unterhalb der Schwelle zur Urheberpersönlichkeitsverletzung liegen[184]. Dies ist insbesondere auch dann der Fall, wenn für den Werkbetrachter jederzeit sichtbar und erkennbar ist, dass das neue Umfeld – oder auch generell die Veränderung am Werk – nicht vom Urheber selbst stammt[185]. Daher liegt eine Umfeldeinwirkung vor, wenn der Eigentümer ein Werk mit solcherlei Schmuck umgibt, dass der Betrachter diesen als Teil des Werkes des Urhebers erkennen muss[186] – weswegen auch Kunst am Bau vom Beeinträchtigungsbegriff klar umfasst sein kann[187].
Es bleibt festzuhalten, dass Voraussetzung für eine Umfeldeinwirkung nicht nur das Einstellen des Werkstücks in einen fremden Sachzusammenhang ist, sondern die vom Urheber konzipierte Werkwahrnehmung hierdurch in ihrer Wirkung auf den Betrachter gehemmt, behindert, eingeschränkt oder geschmälert werden muss[188]. Daher laufen etwa Werkpräsentationen, die als Umfeldeinwirkungen eine Beeinträchtigung darstellen, immer dem Grundcharakter des Werkes durch Ort oder Darstellung zuwider[189]. Speziell bei Werken, die bzgl. ihrer Form, Farbe, Größe, Gestalt oder ähnlicher Merkmale für einen bestimmten Ort erschaffen worden sind, ist ein Verbringen an einen anderen Ort daher oft eine Beeinträchtigung, da der Urheber die Gestaltung für einen speziellen Ort regelmäßig mit Bedacht auch mit Bezug auf die Umgebung gewählt hat und sich aus einer

---

181 F/N-Dustmann, § 14 UrhG, Rn 12

182 BGH in GRUR 2002, 532, 534 – Unikatrahmen; OLG Frankfurt in GRUR 1995, 215, 216 – Springtoifel; KG Berlin in ZUM 1989, 246, 247 – Neues Deutschland; D/S-Schulze, § 14 UrhG, Rn 6, Rn 11; F/N-Dustmann, § 14 UrhG, Rn 12; W/B-Bullinger, § 14 UrhG, Rn 3, 49.

183 Siehe S. 26.

184 W/B-Bullinger, § 14 UrhG, Rn 49.

185 LG München in ZUM-RD 2000, 308, 311 – Rundfunkmäßig Nutzung.

186 BGH in GRUR 2002, 532, 534 – Unikatrahmen; W/B-Bullinger, § 14, Rn 51; So wohl auch D/S-Schulze, § 14 UrhG, Rn 13, der eine Beeinträchtigung verneint, wenn der Betrachter die verschiedenen vermittelten Eindrücke noch trennen kann ohne sie dem gleichen Urheber zuzuweisen.

187 W/B-Bullinger, § 14 UrhG, Rn 31.

188 F/N-Dustmann, § 14 UrhG, Rn 12; W/B-Bullinger, § 14 UrhG, Rn 3.

189 OLG Frankfurt in GRUR 1996, 97, 99 – René Magritte; VG Berlin in NJW 1995, 2650 – Verhüllter Reichstag; Russ in ZUM 1995, 32, 34; F/N-Dustmann, § 14 UrhG, Rn 12.

Verbringung somit ein neuer Gesamteindruck ergibt[190]. Gleiches gilt für das Einbringen eines Werkstücks in ein anderes Werk, wenn beispielsweise eine Plastik in eine speziell konzipierte Garten- oder Innengestaltung – bei sich ergebender Veränderung des spezifischen Gesamteindrucks der Ursprungsgestaltung – eingebracht wird[191]. Hieraus wird ersichtlich, dass es noch mehr als bei den substanzverletzenden, direkten Eingriffen bei Beeinträchtigungen durch Umfeldeinwirkung auf die genaue Betrachtung des Grundcharakters und Gesamteindrucks des Werkes im Einzelfall ankommt.

bb) Beeinträchtigung durch abweichende Planumsetzung

Speziell im Bereich der Bauwerke ergeben sich oft Probleme zwischen Eigentümern und Urhebern. Eine besondere Problemlage ergibt sich, wenn der Eigentümer nicht erst das durch den Urheber geschaffene Werkstück verändert, sondern schon während der Bauphase verändernd eingreift und so die Pläne des Urhebers abweichend umgesetzt werden. Inwiefern eine solche abweichende Planumsetzung eine änderungsrechtlich relevante Beeinträchtigung sein kann, hängt allerdings in diesen Fällen zunächst davon ab, ob die Pläne des Urhebers ein verkörpertes, also schutzfähiges Werk im Sinne des § 2 I Nr. 4 UrhG als Entwurf darstellen. Dies wurde oben bereits bejaht[192]. Der Bau oder die Konstruktion nach den Plänen des Urhebers ist daher richtigerweise als Vervielfältigung des Werkes des Urhebers in Form seiner verkörperten Pläne zu sehen. Für diese Vervielfältigungshandlung erteilt der Urheber – hat er nicht selbst die Bauaufsicht oder Konstruktionspflicht – dem Eigentümer ein einfaches Nutzungsrecht nach § 31 I und II UrhG. Liegt aber ein Nutzungsrecht vor, so greift immer noch der Beeinträchtigungsschutz und somit das Änderungsverbot des UrhG[193]. Somit kann der Urheber eine herabsetzende Umsetzung seiner Planung jedenfalls verbieten[194].

cc) Restaurierung und Renovierung als Beeinträchtigung

Einen besonderen Komplex der verändernden Eigentümermaßnahmen stellt die Restaurierung von Werkstücken dar. Hierbei meint Restaurierung die umfassende Wiederherstellung in Bezug auf das Werkstück und beinhaltet bei Werken der

190 KG Berlin in ZUM 2001, 590, 591, 592 – Gartenanlage; OLG Hamm in ZUM-RD 2001, 443, 444 – Stahlplastik; W/B-Bullinger, § 14 UrhG, Rn 48.

191 KG Berlin in ZUM 2001, 590, 591 – Gartenanlage; W/B-Bullinger, § 14 UrhG, Rn 52.

192 Siehe S. 20 ff.

193 Riesenkampff, S. 81 mit Verweis auf Urteil des LG Berlin in GRUR 2007, 964, 964 – Berliner Hauptbahnhof.

194 Goldmann in GRUR 2005, 639, 645; W/B-Bullinger, § 14, Rn 27.

bildenden Kunst regelmäßig eine umfassende Instandsetzung[195]. Auch das reine Einfügen neuer Gestaltungselemente ist hierbei noch vom Begriff der Restaurierung erfasst[196].
Grundsätzlich ist hier von zwei Möglichkeiten der Restaurierung auszugehen. Einerseits sind Restaurierungen an Werkstücken denkbar, bei denen noch urheberrechtlicher Schutz besteht, andererseits kann der Eigentümer auch an solchen Werkstücken tätig werden, bei denen der Schutz des UrhG bereits erloschen, das Werk mithin gemeinfrei geworden ist.
In letzterem Fall besteht das Änderungsverbot des UrhG nicht mehr für das gemeinfrei gewordene Werk, sodass sich hier die Frage stellt, ob durch eine Restaurierung des in dem behandelten Werkstück beinhalteten gemeinfreien Werkes ein neues Urheberrecht für den Restaurateur in Bezug auf das Ausgangswerk entstehen kann. Davon unabhängig ist die Entstehung eines Bearbeiterurheberrechts ist zweifelsfrei nach § 3 Satz 2 UrhG möglich. Es bleibt festzuhalten, dass Voraussetzung für ein solches neues Urheberrecht zunächst ein geistiges Aufbauen auf dem Originalwerk, also ein Übernehmen von Gestaltungselementen zur Schöpfung eines eigenen, selbstständigen Werkes ist. Ein rein physisches, mechanisches Aufbauen reicht nicht. Das gesamte restaurierte Werk wird aber erst dann für den Restaurateur urheberechtsfähig, wenn die eigenschöpferischen Elemente des Restaurators das Ursprungswerk individuell stark überlagern. Es kann also, wenn die ursprünglichen Züge hinter der Bearbeitung völlig verblassen, durchaus zu einem neuen Urheberecht in Bezug auf die Gesamtgestaltung kommen. Das Ursprungswerk bleibt deshalb trotzdem gemeinfrei[197].
Diese Überlegung ist auch sachgerecht. Zwar soll es dem Eigentümer oder dem Restaurateur nicht möglich sein, quasi durch die Hintertür ein neues Urheberrecht an einem bereits gemeinfreien Werk zu begründen, jedoch erschiene es andererseits auch falsch, während der Schutzdauer des Urheberrechts an einem Werk dem Eigentümer oder Restaurateur über die §§ 23 und 24 UrhG die Möglichkeit der Erlangung eines Urheberrechts zu gestatten, ihnen dies aber nach Ablauf der Schutzdauer zu verwehren. Richtig alleine bleibt, dass ein neues Urheberrecht an dem gemeinfrei gewordenen Werk nicht in Betracht kommen kann.
Änderungsrechtlich relevant allein ist aber der Fall der Restauration bei noch bestehendem Urheberschutz und Änderungsverbot. Unbestritten gilt, dass eine Wiederherstellung des Originalzustands nicht möglich ist, sodass nur eine An-

195 Riesenkampff, S. 60.
196 Riesenkampff, S. 62.
197 So im Ergebnis wohl aber auch: Riesenkampff, S. 67.

näherung an den Originalzustand von Restaurateuren angestrebt wird[198]. Dies ist schon deswegen der Fall, weil eine Wiederherstellung des Werkes selbst bei originalgetreuer Wiederherstellung schon begrifflich nicht möglich ist, da ein künstlerischer und schöpferischer Prozess nicht wiederholt werden kann, weswegen Restaurierungen grundsätzlich zu Beeinträchtigungen führen können[199]. Dies gilt erst recht, wenn der Urheber den natürlichen Verfallsprozess oder die Alterung des Werkstücks in sein Werk mit einbezieht, weswegen eine Stabilisierung und Haltbarmachung ebenso wie eine Rekonstruktion des Werkstücks oder von Werkteilen eine Beeinträchtigung sein können, da sie den vom Urheber angedachten Gesamteindruck verändern, der sich gerade durch den Verfall ergibt[200]. Bei der Beurteilung, ob eine Beeinträchtigung objektiv vorliegt, kann hier durchaus restriktiv vorgegangen werden, da die Restauration grundsätzlich den konkreten Befund des Werkes zu berücksichtigen hat[201].
Festzuhalten bleibt abschließend, dass ein Recht der Urheber auf Einbezug in die Restaurierung nicht besteht[202], sie also gehalten sind, die Restaurierung abzuwarten und danach oder im Wege der Klage oder des einstweiligen Rechtsschutzes gegen sie vorzugehen.

d) Entstellung

Die Beeinträchtigung bildet den Oberbegriff der änderungsrechtlichen Begrifflichkeiten. Ihr gegenüber steht die Entstellung des Werkes. Auch der Entstellungsschutz schützt daher den Bestand der konkreten Form des Werkes und den im Werkstück zum Ausdruck gelangenden, konkreten, geistig-ästhetischen Gesamteindruck des Werkes[203]. Hierbei entspricht die Entstellung begrifflich einem tiefgreifenden Zustand der Verfälschung[204], weswegen die Entstellung ein besonders schwerwiegender Fall der Beeinträchtigung ist[205], sodass zwischen Beeinträchtigung und Entstellung ein gradueller Unterschied besteht[206]. Ein Werk zu entstellen heißt daher, es inhaltlich und somit in seiner Aussage und Wirkung

198 Bullinger, S. 101 ff.; Riesenkampff, S. 60.
199 W/B-Bullinger, § 14 UrhG, Rn 43.
200 Bullinger, S. 103; W/B-Bullinger, § 14, Rn 44.
201 Riesenkampff, S. 61.
202 W/B-Bullinger, § 14 UrhG, Rn 45.
203 D/S-Schulze, § 14 UrhG, Rn 1; v. Gamm, § 14 UrhG, Rn 7.
204 Wandtke in FS Schricker, 609, 611; W/B-Bullinger, § 14 UrhG, Rn 3; Schricker-Dietz, § 14 UrhG, Rn 19.
205 Steinbeck in Anmerkungen zu BGH in GRUR 2008, 984, 988 – St. Gottfried; BGH in GRUR 1982, 107, 109 – Kircheninnenraumgestaltung; KG in GRUR 2004, 497, 498 – Schlacht um Berlin; F/N-Dustmann § 14 UrhG, Rn 9.
206 D/S-Schulze, § 14 UrhG, Rn 5.

zu verstümmeln oder es in seinen Wesenszügen zu verzerren[207]. Wie schon bei der Beeinträchtigung ist hierfür der Eindruck entscheidend, den das Werk einem für Kunst empfänglichen und mit Kunstdingen einigermaßen vertrauten Menschen durchschnittlich vermittelt[208].

Nach herkömmlichem Verständnis soll eine Entstellung nur bei einer Verschlechterung des Werkes gegeben sein[209]. Allerdings widerspräche dies den zur Beeinträchtigung entwickelten Grundsätzen, dass subjektive Aspekte wie die künstlerische Qualität bei der rein objektiv durchzuführenden Vorher-/ Nachherbetrachtung keine Rolle spielen. Das erkennende Gericht kann nicht darüber urteilen müssen, wann Veränderungen nach Maßstäben der Kunst hinnehmbar und wann sie hingegen inadäquat sein sollen. Schon weil es sich hierbei um höchst individuelle Fragen nach dem Empfinden von Ästhetik handelt, können sie gar nicht einer objektiven Antwort zugeführt werden. Es kann somit nicht Aufgabe des Gerichts sein, die Frage einer Herabsetzung des Werkes zu beurteilen[210]. Daher ist die Voraussetzung der Verschlechterung als definitionswidrig abzulehnen. Eine künstlerische Abwertung ist daher nicht erforderlich[211].

Demgegenüber kann auch durch Aufstellung und Gestaltung von Gegenständen eine Entstellung entstehen, wenn diese das Raumbild etwa einer baulichen Innenraumgestaltung architektonisch entscheidend mitprägen[212]. Daran kann man sehen, dass die Entstellung grundsätzlich keinen Substanzeingriff voraussetzt und somit auch durch Umfeldeinwirkungen hervorgerufen werden kann[213]. Denn schon bei der Betrachtung der Formulierung des § 14 UrhG fällt ins Auge, dass für die Begriffe der Beeinträchtigung wie auch der Entstellung bewusst auf das Merkmal der Werkänderung verzichtet wurde, um gerade Umfeldeinwirkungen auf das Werk zu erfassen[214]. Ein Substanzeingriff kann daher allenfalls für ändernde Eingriffe ein konstitutives Kriterium sein, die das UrhG in § 39 erwähnt.

---

207 KG Berlin in GRUR 2004, 497, 498 – Schlacht um Berlin; LG München in GRUR-RR 2007, 226, 228 – Fantasiefigur; D/S-Schulze, § 14 UrhG, Rn 7; W/B-Bullinger, § 14 UrhG, Rn 2, 3.

208 BGH in GRUR 1982, 107, 109 – Kircheninnenraumgestaltung; F/N-Dustmann, § 14 UrhG, Rn 10.

209 BGH in GRUR 1989, 106, 107 – Oberammergauer Passionsspiele II; D/S-Schulze, § 14 UrhG, Rn 7.

210 Honscheck in GRUR 2007, 944, 946.

211 OLG München in GRUR 1986, 460, 461 – Unendlichen Geschichte; Schöfer, S. 47; F/N-Dustmann, § 14 UrhG, Rn 11.

212 BGH in GRUR 1982, 107, 107 – Kircheninnenraumgestaltung.

213 BGH in GRUR 1982, 107, 109 – Kircheninnenraumgestaltung; Riesenkampff, S. 72; dagegen KG Berlin in ZUM 2001, 590, 591 – Gartenanlange.

214 W/B-Bullinger, § 14 UrhG, Rn 8; BT-Drs. IV/270 zu § 14 UrhG.

Zusammengefasst lässt sich also hier schon feststellen, dass der in § 39 UrhG angeführte Änderungsbegriff die reine Unversehrtheit des Werkes schützt, der Entstellungsbegriff, der in § 14 UrhG zu finden ist, jedoch die geistigen Interessen des Urhebers schützt, die auch durch die Werkwiedergabe oder das Einstellen in einen fremden Kontext gefährdet sein können[215]. Damit haben Änderung und Entstellung zwar eine Anwendungsschnittmenge, nicht jede Entstellung ist aber eine Änderung. Eine Entstellung liegt bei Substanzverletzungen richtigerweise erst dann vor, wenn nicht alleine eine einfache Änderung mehr vorliegt. Insoweit besteht Spezialität[216].

Die Trennung von Werkteilen, die nicht notwendigerweise körperlich, aber doch räumlich miteinander verbunden sind oder in Beziehung stehen, kann ebenfalls eine Entstellung sein. Gleiches gilt für eine Wegnahme einzelner Werkteile[217], insofern dies nicht ein Fall der vollständigen Werkvernichtung ist[218].

Das Streichen und Entfernen wesentlicher Werkteile ist immer eine Entstellung. Dies gilt auch für das Einbringen wesentlicher werkfremder Werke oder Leistungen[219]. Hierbei bedarf der Begriff der Wesentlichkeit der Betrachtung. Ein Definitionsversuch hierzu soll sein, dass ein Werkteil immer dann wesentlich ist, wenn rein durch sein Nichtvorhandensein der ästhetische Gehalt und Gesamteindruck des Werkes völlig neu erscheint und objektiv mit dem ursprünglichen Gesamteindruck in einem inneren Konflikt steht.

Provisorien sind demgegenüber stets keine Entstellung[220]. Sie werden dem Urheber nicht zugerechnet und sind somit nicht in der Lage, den erkennbaren Gesamteindruck des Werkes zu beeinträchtigen. Sie greifen nicht in das UPR ein und verstoßen daher keinesfalls gegen das Änderungsverbot des UrhG. Dies gilt, insoweit für jedermann erkennbar ist, dass der eingebrachte Teil als Provisorium nicht auf den Urheber des Gesamtwerkes zurückgeht; insofern ist eine Entstellung durch Urheberbenennung des eingebrachten klar umgrenzten und abzugrenzenden Werkes oder Werkteils vermeidbar[221].

Es kann festgehalten werden, dass es zur Feststellung einer Entstellung ebenfalls wie schon bei der Beeinträchtigung innerhalb der oben beschriebenen Grundsätze stets einer Betrachtung des Einzelfalls bedarf[222]. So können Anpassungen der

---

215 BGH in GRUR 1982, 107, 109 – Kircheninnenraumgestaltung; Riesenkampff, S. 73.
216 Riesenkampf, S. 73.
217 LG M in FuR 1982, 510 – ADAC-Hauptverwaltung; W/B-Bullinger, § 14 UrhG, Rn 41.
218 Hierzu mehr unten ab S. 41.
219 BGH in GRUR 1971, 35, 37 – Maske in Blau.
220 BGH in GRUR 1982, 107, 110 – Kircheninnenraumgestaltung.
221 BGH in GRUR 1971, 35, 37 – Maske in Blau.
222 Siehe S. 27.

Farbgestaltung, der Materialien und der Oberflächenstrukturen bereits entstellend wirken[223]. Dies gilt bezüglich der Farbgestaltung allerdings nur, soweit dieser selbst schöpferischer Charakter zukommt[224]. Hingegen soll das bei der Eindeckung eines Daches mit Kupfer noch nicht der Fall sein, auch wenn dieses entgegen dem Urheberwillen anstatt flach mit einer Neigung gebaut wird[225]. Ebenfalls ist das Einlegen eines Stein- anstatt eines Holzbodens keine Entstellung, wenn die verwendeten Materialien wenigstens optisch verwandt sind[226]. Weiter kann eine Entstellung bei Werken der bildenden Kunst auch durch Übermalung entstehen[227]. Auch eine Bearbeitung im Sinne des § 23 UrhG kann eine Entstellung sein, nicht aber die freie Benutzung gemäß § 24 UrhG[228]. Dies entspricht auch dem aktuellen Meinungsstand zu Parodien. Verändert der Eigentümer ein Werkstück derart, dass dieses einen parodistischen Charakter erhält, also zum Ausgangswerk in einem inneren Abstand steht, so sind die Voraussetzungen des § 24 UrhG erfüllt, was eine Entstellung ausschließt[229].

e) Änderung

Die Änderung eines Werkes setzt schon begrifflich einen Substanzeingriff voraus[230]. Dies wird bereits bei einer einfachen Wortlautauslegung des Begriffs der Änderung, der in § 39 UrhG seine Normierung gefunden hat, ersichtlich[231]. Liegt also kein Substanzeingriff vor, sondern wird das Werk etwa nur fortgesetzt, scheidet eine Änderung aus, nicht aber eine Beeinträchtigung oder Entstellung des Werkes, für die der Substanzeingriff kein konstitutives Kriterium ist[232]. Eine Änderung ist daher auch durch das substanzeingreifende Einfügen, Entfernen oder Ersetzen von Werk(stück)teilen möglich, die den Charakter und Wesensgehalt des Werkes verändern[233]. Als Beispiele können hier An- und Umbauten in neuem Baustil oder andere den Gesamteindruck des Werkes verändernde

223 F/N-Dustmann, § 14 UrhG, Rn 66.
224 BGH in NJW 1971, 556, 557 – Farbanstrich.
225 OLG Frankfurt in GRUR 1986, 244, 245 – Verwaltungsgebäude.
226 LG Leipzig in ZUM 2005, 487, 493.
227 RGZ 79, 397, 397 – Felseneiland mit Sirenen; W/B-Bullinger, § 14, Rn 37.
228 F/N-Nordemann, § 39 UrhG, Rn 2.
229 W/B-Bullinger, § 14 UrhG, Rn 39.
230 BGH in GRUR 2008, 984, 986 – St. Gottfried; BGH in GRUR 1982, 107, 109 – Kircheninnenraumgestaltung; Steinbeck in Anmerkungen zu BGH in GRUR 2008, 984, 988 – St. Gottfried; Honscheck in GRUR 2007, 944, 944; Riesenkampff, S. 72; D/S-Schulze, § 14 UrhG, Rn 5; F/N-Nordemann, § 39 UrhG, Rn 9.
231 Honscheck in GRUR 2007, 944, 944.
232 F/N-Nordemann, § 39 UrhG, Rn 9; W/B-Bullinger, § 14 UrhG, Rn 2.
233 BGH in GRUR 1971, 35, 38 – Maske in Blau.

Maßnahmen angeführt werden. Umbauten sind jedenfalls regelmäßig Änderungen[234].

Teilweise wird vertreten, dass wenigstens in den Fällen einer Bearbeitung im Sinne des § 23 UrhG der Substanzeingriff kein konstitutives Merkmal der Änderung sei[235]. Dem ist aber entgegenzutreten. Liegt kein Substanzeingriff vor, eine Beeinträchtigung oder sogar eine Entstellung vorliegen, sodass ein Abweichen von den Ergebnissen der Auslegung des in § 39 UrhG erfassten Änderungsbegriffs nicht notwendig ist. Denkbare Lücken im Rechtsschutz für die Urheber entstehen dadurch nicht. Mit dem gleichen Argument ist der Annahme entgegenzutreten, dass die Änderung generell keinen Substanzeingriff voraussetze, da das Werk ein Immaterialgut sei und der Änderungsbegriff daher nicht seine Werksubstanz, sondern das UPR schütze[236]. Die Annahme ist zwar in Bezug auf das Änderungsverbot korrekt, nicht aber in Bezug auf den Änderungsbegriff als Untergruppe der Beeinträchtigung, denn nicht jede Werkveränderung ist eine Werkänderung im Sinne des in § 39 UrhG aufgezeigten Änderungsbegriffs.

Aus diesem Grund handelt es sich bei der Änderung auch nicht um eine Qualifizierung, sondern um eine Untergruppe der Beeinträchtigung[237]. Der Substanzeingriff an sich stellt nämlich kein besonderes Qualifizierungsmerkmal dar. Dies wird schon durch die Überlegung klar, dass ein einfacher Eingriff in die Substanz nicht zwingend schwerer wiegen muss als eine Umfeldeinwirkung, die durchaus viel intensiver auf den Gesamteindruck des Werkes ausstrahlen kann, ohne es sofort zu entstellen[238].

f) Sonderfall: Unterlassen der Werkerhaltung

Nimmt der Eigentümer selbst keinerlei aktive Veränderungen am Werkstück vor, so ist es dennoch möglich, dass sich im Lauf der Zeit das Werkstück verändert. Denkbar sind etwa Veränderungen durch Abnutzung oder Witterung oder andere Arten des altersbedingten Verfalls der Sachstruktur und des Gesamteindrucks des Werkes. Veränderungen durch Dritte hingegen fallen nicht nur stets unter das urheberrechtliche Änderungsverbot, sondern verstoßen auch gegen das Sacheigentum des Werkeigentümers.

---

234 BGH in GRUR 2008, 984, 985, 986 – St. Gottfried.

235 BGH in GRUR 2002, 532, 534 – Unikatrahmen.

236 So aber: Steinbeck in Anmerkungen zu BGH in GRUR 2008, 984, 988 – St. Gottfried; Schack, Rn 351.

237 Honscheck in GRUR 2007, 944, 945.

238 Für eine Qualifizierung aber: Steinbeck in Anmerkungen zu BGH in GRUR 2008, 984, 988 – St. Gottfried.

Durch den entstehenden neuen Gesamteindruck könnte das UPR des Urhebers in ähnlicher Weise betroffen sein wie durch Veränderungen, die der Eigentümer selbst vorgenommen hat. Fraglich ist, ob man die durch eigentümerfremde, nicht unmittelbar menschliche Einflüsse eingetretene Veränderung dem Eigentümer anlasten kann. Hierfür müsste aber eine Pflicht des Eigentümers bestehen, das UPR des Urhebers – durch den Erhalt des Werkes in seiner vom Urheber geschaffenen Form – zu schützen. Eine solche Pflicht besteht aber grundsätzlich nicht, weshalb ein Verstoß gegen das Änderungsverbot durch Unterlassung der Werkstückerhaltung nicht besteht. Denn das Urheberrecht schützt den Urheber in der Form eines Abwehrrechts. Es verpflichtet hingegen Dritte nie zur Vornahme von Handlungen zugunsten des Urhebers, die nicht in Verbindung mit der Verwertung des Werkes stehen. Solche sind beim Eigentümer, dem regelmäßig kein Nutzungsrecht zukommt, aber nicht gegeben. Weiter muss der einen Gebrauchsgegenstand schaffende Urheber die Abnutzung von vornherein einkalkulieren, wenn er das Sacheigentum an seinem Werkstück aus der Hand gibt. Eine Beeinträchtigung, Änderung oder Entstellung liegt daher nicht vor, wenn die Substanz durch Gebrauch oder anderweitig im Laufe der Zeit verfällt[239]. Der Urheber hat daher nicht das Recht, von einem fremden Eigentümer Instandsetzungsarbeiten am Werkstück zu verlangen[240]. Der Eigentümer kann vielmehr auch kraft seiner Position aus § 903 BGB sein Eigentum verfallen lassen[241]. Das Unterlassen der Werkerhaltung ist somit änderungsrechtlich nicht relevant.

g) Sonderfall: Werkvernichtung

Besonders im Bereich der Bauwerke kommt es häufig vor, dass ein Werkstück in fremdem Eigentum noch vor Ablauf des Schutzes des Änderungsverbots vernichtet wird – nämlich, wenn der Eigentümer sich dazu entschließt, sein Grundstück neu oder anders zu nutzen und hierfür das sich darauf befindliche Gebäude abreißt. Da das Änderungsverbot des Urheberrechts aber auch für alle anderen Werkarten gilt, ist die Problematik der Werkvernichtung auch für die anderen Werkarten relevant.

Hierbei sind grundsätzlich zwei Fälle denkbar: Der Eigentümer nimmt eine vollständige oder eine teilweise Werkvernichtung vor. Diese beiden Fälle sind grundsätzlich strikt zu unterscheiden[242]. Festzuhalten bleibt, dass das UrhG die

---

239 F/N-Dustmann, § 14 UrhG, Rn 13.
240 Schack in GRUR 1983, 56, 57; F/N-Dustmann, § 14 UrhG, Rn 13.
241 Schack in GRUR 1983, 56, 57; W/B-Bullinger, § 14 UrhG, Rn 23.
242 W/B-Bullinger, § 14 UrhG, Rn 26.

Werkvernichtung in keinem der beiden Fälle ausdrücklich behandelt[243], sodass die zur Beeinträchtigung, Änderung und Entstellung entwickelten Grundsätze auf die Frage der Werkvernichtung angewandt werden müssen.

aa) Teilvernichtung

Die Teilvernichtung erhält Teile des Werkstücks. Daher ist es hier unproblematisch, auf die oben entwickelten und dargelegten Grundsätze zur Veränderung von Werkstücken zu verweisen[244], da die Teilvernichtung nur eine besonders weitgehende Werkveränderung darstellt.

Ein Teilabriss des Werkstücks kann aber auch schon eine vollständige Vernichtung des Werkcharakters des Werkstücks sein, wenn das Werk selbst durch die Handlungen des Eigentümers nicht mehr erkennbar ist[245]. Richtigerweise dürfen dafür aber keinerlei schutzfähige Merkmale des Ursprungswerks erkennbar geblieben sein[246].

bb) Vollständige Vernichtung

Wie die vollständige Vernichtung des Werkes in der Form eines Werkstücks zu behandeln ist, aufgrund der fehlenden ausdrücklichen Regelung des UrhG zu diesem Bereich problematisch. Auch wurde diese Frage noch nicht höchstrichterlich behandelt[247]. Die Begriffe der Beeinträchtigung, Änderung und Entstellung scheinen nur teilweise auf eine solche Eigentümerhandlung zu passen, da sie alle begrifflich das Vorhandensein des Werkes in einer körperlichen Form voraussetzen. Das Problem der sich ggf. hierdurch eröffnenden Rechtsschutzlücke für den Urheber verschärft sich noch, wenn man zwischen Werkoriginalen, Unikaten und sonstigen Vervielfältigungen als Vernichtungsgegenstand differenziert. Allerdings ist schon fraglich, ob eine solche Differenzierung überhaupt zulässig ist, da das UrhG sie bei keiner anderen Einwirkung auf ein Werk vornimmt.

---

243 Jänecke, S. 74.

244 Siehe S. 24 ff..

245 LG Hamburg in GRUR 2005, 672, 674 – Astra-Hochhaus; Schulze in FS Dietz 2001, 177, 188; D/S-Schulze, § 14 UrhG, Rn 29.

246 Dagegen: OLG München in ZUM 2001, 339, 341 – Kirchenschiff; OLG München in ZUM-RD 1998, 87, 89 – Pfarrkirche in Baierbrunn, die Unbedenklichkeit nur annehmen wenn keinerlei Merkmale des Ursprungswerkes mehr erkennbar sind, insofern nicht auf die Schutzfähigkeit der noch ersichtlichen Merkmale des Ursprungswerkes abstellen und ansonsten von einer Entstellung ausgehen.

247 Riesenkampff, S. 21; F/N-Dustmann, § 14 UrhG, Rn 31.

(1) Vollständige Vernichtung als Fall der Beeinträchtigung

Man könnte annehmen, dass im Urheberrecht ein allgemeines Vernichtungsverbot bestünde, das sich ggf. in den §§ 14 und 39 UrhG wiederfände[248]. Dann müsste die Werkvernichtung – insbesondere des Originals oder gar eines Unikats – die stärkste Form der Beeinträchtigung, also eine Entstellung sein[249]. Dies setzte wiederum voraus, dass die vollständige Werkvernichtung das Werk in seinem Gesamteindruck verzerre oder verstümmele, es aber wenigstens auf sonstige Weise beeinträchtige. Rechtspolitisch hätte eine solche Annahme den Vorteil eines verbesserten Schutzes der Integrität insbesondere von Originalwerken und Unikaten[250]. Dies würde umso mehr gelten, wenn bei der Vernichtung das geistige Werk selbst verloren gehen würde, da eine Reproduktion die in einem Originalwerk der bildenden Kunst liegende Information nur unzureichend wiedergeben kann[251].

Allerdings ist dem entgegenzuhalten, dass die Vernichtung schon begrifflich in Bezug auf die Beeinträchtigung ein deutliches Aliud darstellt. Ein vernichtetes Werkstück kann korrekterweise gar nicht mehr in seinem ästhetischen Gesamteindruck beeinträchtigt sein, da es durch die Vernichtung zu einem Nullum geworden ist[252]. Ihm wurde die Substanz völlig entzogen. Nach den Grundsätzen der Logik kann daher der Begriff der Vernichtung nicht im Begriff der Beeinträchtigung enthalten sein[253]. Dies entspricht auch dem Willen des Gesetzgebers, der ein urheberrechtliches Vernichtungsverbot seinerzeit nicht festschreiben wollte. Der Gesetzgeber vertrat vielmehr die Meinung, dass die Erhaltung kulturell wertvoller Kunstwerke nicht Aufgabe des privatrechtlichen Urheberrechts, sondern des zum Gebiet des öffentlichen Rechts gehörenden Denkmalschutzes sei[254]. Insgesamt lässt sich daher festhalten, dass sich auch nicht durch eine weite Interpretation des Begriffs der Beeinträchtigung als änderungsrechtlicher Oberbegriff ein Vernichtungsverbot für den Eigentümer oder Dritte aus dem Urheberrecht ableiten lässt.

---

248 Jänecke, 73; Schack, Rn 358; Schöfer, S. 144; Schack in GRUR 1983, 56, 57; vermittelnd: Nahme in GRUR 1966, 474, 478.

249 Möhring/Nicolini-Spautz, § 39 UrhG, Rn 16; Schricker-Dietz. § 14 UrhG, Rn 38; W/B-Wandtke/Grunert, § 39 UrhG, Rn 38.

250 v. Waasen, S. 141; W/B-Bullinger, § 14 UrhG, Rn 25.

251 W/B-Bullinger, § 14 UrhG, Rn 22.

252 Jänecke, S. 86.

253 Schmelz in GRUR 2007, 565, 569.

254 BT-Drs. 1/62, 45 zu § 14; so auch: Schmelz in GRUR 2007, 565, 569; W/B-Bullinger, § 14 UrhG, Rn 23.

(2) Vollständige Vernichtung als Fall des § 11 UrhG

Trotzdem könnte sich ein Vernichtungsverbot ganz allgemein aus dem UPR ergeben, wie es in der Generalklausel des § 11 UrhG formuliert ist[255]. Denn immer wenn in die geistigen oder persönlichen Interessen des Urhebers eingegriffen werde, dieser Eingriff von den ausdrücklich geregelten Einzelbefugnissen – hier dem in den §§ 14 und 39 UrhG zur Geltung kommenden Änderungsverbot – aber nicht erfasst werde, könne auf das UPR als solches rekurriert werden[256]. Die vollständige Werkvernichtung sei nämlich sehr wohl in der Lage, die geistigen Interessen des Urhebers zu beeinträchtigen. Wohingegen die persönlichen Interessen des Urhebers schon deshalb nicht beeinträchtigt seien, weil sich diese auf das Werk und die mit ihm verbundene Wahrnehmung des Urhebers als Person in der Öffentlichkeit bezögen, diese Wahrnehmung aber aufgrund der vollständigen Vernichtung nicht mehr möglich sei[257].

Die geistigen Interessen seien hingegen nicht auf die Person des Urhebers bezogen, sondern lediglich auf das Werk als Immaterialgut[258]. Wenigstens dieser Aspekt der Urheber-Werk-Beziehung, die das UPR schützen will, sei durch die Werkvernichtung betroffen. Der Urheber könne nämlich durch die Werkvernichtung sein Immaterialgut „Werk" nicht mehr in die Öffentlichkeit einfließen lassen. Die Interessen an der Informationsvermittlung durch das Werk des Urhebers gehörten aber zu den geschützten geistigen Interessen des UPRs[259]. Der Schutz dieser geistigen Interessen des Urhebers könne aber nur durch einen konsequenten Bestandschutz für den Urheber gewährleistet werden[260]. Bei der Abwägung der Zulässigkeit der Werkvernichtung sei anschließend wieder auf die für das allgemeine Änderungsverbot entwickelten Grundsätze im Einzelfall zurückzugreifen.

Dieser Ansicht ist entgegenzutreten. Zum einen sah der Gesetzgeber ein Vernichtungsverbot im Urheberrecht nicht vor, und so könnte die Anwendung der Generalklausel eine Umgehung des Willens des Gesetzgebers bedeuten, obwohl eine ausfüllungsbedürftige Regelungslücke für die vollständige Werkvernichtung gerade nicht besteht. Weiter ist nicht jede Störung des UPRs in der Form der Urheber-Werk-Beziehung eine Verletzung desselben oder des ihm entspringenden Änderungsverbots[261]. Voraussetzung ist vielmehr die Gefährdung von In-

255 So nämlich: Schmelz in GRUR 2007, 565, 571.
256 Jänecke, S. 92, 93.
257 Jänecke, S. 97; Schmelz in GRUR 2007, 565, 570.
258 Schmelz in GRUR 2007, 565, 570.
259 Jänecke, S. 98; Grunert, S. 208.
260 Schöfer, S. 144; Schmelz in GRUR 2007, 565, 570.
261 Jänecke, S. 86; W/B-Bullinger, § 14 UrhG, Rn 23, 24.

teressen des Urhebers durch die Beeinträchtigung am Werk und nicht die Beeinträchtigung der Interessen selbst. Der Schutz des Änderungsverbots knüpft an eine Beeinträchtigung des Werkes an, für die die Existenz des Werkstücks wiederum Voraussetzung ist. Die Vernichtung des Werkexemplars beseitigt die Verfälschung des Werkes. Daher ist lediglich das Erhaltungs- bzw. Bestandsinteresse des Urhebers betroffen – nicht aber das Integritätsinteresse, das Schutzgegenstand des Änderungsverbots und richtigerweise auch ganz allgemein des UPRs ist[262]. Für eine Aufnahme des Bestandsinteresses in den Schutzbereich des Änderungsverbots oder des UPRs im weiteren Sinne besteht hier kein Raum. Geschützt ist nur das Integritätsinteresse in Bezüg auf die unveränderte Werkform[263]. Das reine Bestandsinteresse hingegen ist ein typisches Interesse des Sacheigentümers, das der Urheber spätestens mit der Veräußerung seines Werkstücks oder der Einräumung eines Vervielfältigungsrechts – ggf. gegen Entgelt – zu fremden Sacheigentum freiwillig aus der Hand gegeben hat[264], sodass auch teleologisch § 11 UrhG gerade nicht den Zweck hat, den Bestand von Werkstücken zu gewährleisten.
Abschließend ist auch der Einwand, dass der Schutz der Urheber-Werk-Beziehung nur durch den Bestand des Werkes zu schützen und daher unter § 11 UrhG zu subsumieren sei[265], nicht schlüssig. Denn dann schützte das Werk seinen eigenen Bestand qua seiner puren Existenz. Voraussetzung für den Schutz des UPRs wäre dann ein Teil des Schutzgegenstandes selbst, was einem argumentativen Zirkelschluss darstellt. Kurz gesagt: Das Werkstück kann nicht dadurch vor der Vernichtung geschützt sein, weil es ein Werkstück ist. Es müssen weitere Gründe hinzutreten, die im UPR im weiteren Sinne – wie in § 11 UrhG dargestellt – aber nicht ersichtlich sind.

(3) Vollständige Vernichtung als änderungsrechtlich irrelevantes Verhalten
Der überwiegende Teil der Literatur und Rechtsprechung spricht sich richtigerweise gegen ein Vernichtungsverbot im Urheberrecht aus und behandelt ein solches Vorgehen durch den Eigentümer als änderungsrechtlich irrelevantes Verhalten[266]. Richtigerweise kann der Urheber als Minus zur Vernichtung auch nicht

262 W/B-Bullinger, § 14 UrhG, Rn 24.
263 Schöfer, S. 43; W/B-Bullinger, § 14 UrhG, Rn 24.
264 RGZ 39, 397, 400 – Felseneiland mit Sirenen; LG München in FuR 1982, 513, 514 – ADAC-Hauptverwaltung.
265 Jänecke, S. 98; Schöfer, S. 148.
266 RGZ 79, 397, 401 – Felseneiland mit Sirenen; KG Berlin in GRUR 1981, 742, 743 – Totenmaske; LG HH in GRUR 1005, 672, 674 – Astra-Hochhaus; LG München in FuR

verhindern, dass der Eigentümer das Werk, statt es zu vernichten, der Öffentlichkeit vollständig entzieht, was von der Wirkung her der Vernichtung aus Sicht des Urhebers gleichkommen dürfte[267].

Unterstützung findet diese These von der änderungsrechtlichen Unbeachtlichkeit der vollständigen Vernichtung durch die Tatsache, dass etwa durch ein Eigentumsdelikt entstandene Werke wie Graffitis vernichtet, nicht aber entstellt werden dürfen[268]. Weiter steht der Ansicht auch das historische Argument mit Bezug auf den Willen des Gesetzgebers zur Verfügung. Auch wäre es unlogisch, dem Eigentümer wie oben beschrieben keinerlei Pflicht zum Werkerhalt aufzubürden[269], ihm aber die Vernichtung nicht zu gestatten[270]. Darüber hinaus stünde ein Vernichtungsverbot auch im Widerspruch dazu, dass durch die Vernichtung urheberrechtliche Beseitigungsansprüche wegen einer Entstellung erfüllt werden können[271]. Nur eine beeinträchtigte Formgebung des Werkes verstößt gegen das Änderungsverbot[272]. Nach einem Abriss kann eine solche Form des Werkes aber nicht mehr von der Öffentlichkeit wahrgenommen werden, sodass selbst, wenn man gegen den Wortlaut eine Beeinträchtigung annähme, diese nicht geeignet wäre, die Interessen des Urhebers zu gefährden. Weiter besteht auch aus oben genannten Gründen kein Grund, auf die Generalklausel des § 11 UrhG abzustellen[273].

Auch ist das Werk selbst als Immaterialgut unvernichtbar[274]. Das in seinem Werkstück vernichtete Werk hat weiter Bestand auf Bildern oder, falls solche nicht vorhanden sind, in der Erinnerung der Zeitgenossen, die das Werkstück gesehen haben[275]. Insofern wird auch hierdurch deutlich, dass Werk und Urheberrecht von der vollständigen Vernichtung des Werkstücks selbst nicht betroffen sind. Hierfür ist auch Beweis, dass eine Neuerrichtung ohne die Gestattung des

---

1982, 510, 513 – ADAC-Hauptverwaltung; Goldmann in GRUR 2005, 639; 643; W/B-Bullinger, § 14 UrhG, Rn 22.

267 So auch: OLG Schleswig in ZUM 2006, 426, 427 – Kubus Balance; W/B-Bullinger, § 14 UrhG, Rn 23.

268 BGH in GRUR 1995, 673, 675 – Mauerbilder; D/S-Schulze, § 14 UrhG, Rn 30; Schack, Rn 360; W/B-Bullinger, § 14 UrhG, Rn 47.

269 Siehe S. 37.

270 W/B-Bullinger, § 14 UrhG, Rn 23; so aber wohl: Schack in GRUR 1983, 56, 57.

271 Riesenkampff, S. 21; LG München in FuR 1982, 510, 513 – ADAC-Hauptverwaltung; W/B-Bullinger, § 14 UrhG, Rn 24; Riesenkampff, S. 21.

272 Jänecke, S. 86.

273 Siehe S. 40 ff..

274 Für die Vernichtung des Werkes durch die Vernichtung des letzten existierenden Werkstücks aber: Jänecke, S. 85.

275 D/S-Schulze, § 14 UrhG, Rn 27.

Urhebers eine unzulässige Vervielfältigung ist und sein Urheberrecht verletzt[276]. Warum dies nicht mehr möglich sein sollte, wie teilweise behauptet wird[277], ist nicht ersichtlich, denn das Zugangsrecht, das der Urheber nun nicht mehr wahrnehmen kann, ist nicht Voraussetzung für eine Vervielfältigung durch den Urheber. Vielmehr kann er eine Vervielfältigung auch ohne Wahrnehmung seines Zugangsrechts anfertigen.

Insgesamt scheint dieses Ergebnis auch trotz des möglicherweise rechtspolitisch wünschenswerten Bestandschutzes für urheberrechtlich geschützte Werke sinnvoll, denn gerade bei Bauwerken muss es dem Eigentümer vorbehalten bleiben, wenigstens mit seinem Grundstückseigentum nach Belieben zu verfahren[278]. Nimmt man dies als richtig an, dann ist nicht ersichtlich, warum in der Folge bei beweglichen Sachen das Urheberrecht stärker sein sollte als bei unbeweglichen Sachen. Dies lässt sich über urheberpersönlichkeitsrechtliche Aspekte nicht erklären. Vielmehr wäre in dieser Wertung eine unzulässige kulturkonservatorische Bestrebung zu erblicken, die mit der rechtlichen Tragweite des Urheberrechts nicht vereinbar ist und das UPR zugunsten der Urheber überdehnen würde, sodass nunmehr nicht nur das geistige Band zwischen Urheber und Werk, sondern auch ein vermeintliches Band zwischen Urheber und Werksubstanz geschützt würde. Letzteres hat der Urheber aber gerade nicht mehr zu seiner Verfügung, sodass er kein rechtliches Interesse am faktischen Sachbestand des Werkstücks haben kann. Wenn man dem folgt, dann ist eine Interessenabwägung in den Fällen der vollständigen Vernichtung entbehrlich, da eine Interessengefährdung schon nicht in Betracht kommt.

Eine Ausnahme hierzu stellt allerdings das Schikaneverbot dar, sodass eine Vernichtung zur bewussten Schädigung des Urhebers – etwa zur Vereitelung der Wahrnehmung des urheberechtlichen Zugangsrechts gem. § 25 UrhG – verboten ist, was sich aber nicht aus dem Änderungsverbot des UrhG, sondern aus § 226 BGB ergibt. Ein Vernichtungsverbot aufgrund § 25 UrhG selbst ist hingegen nicht gegeben, was auch nicht Sinn und Zweck dieses Rechts wäre[279]. Weiter stellt auch die öffentliche, möglicherweise inszenierte Vernichtung ein änderungsrechtlich relevantes Verhalten dar. Etwa dann, wenn sich in dem öffentlichen Vernichtungsprozess durch Herabsetzung Beeinträchtigungen des Werkes

---

276 Schulze in FS Dietz 2001, 177, 187; D/S-Schulze, § 14 UrhG, Rn 27.

277 Jänecke, S. 97; v. Waasen, S. 148.

278 LG Hamburg in GRUR 2005, 672, 674 – Astra-Hochhaus; Schulze in FS Dietz, 177, 182; D/S-Schulze, § 14 UrhG, Rn 28.

279 Jänecke, S. 89.

ergeben, wie dies beispielsweise bei den nationalsozialistischen Bücherverbrennungen der Fall war[280].

h) Sonderfall Werktitel- oder Urheberbezeichnungsänderung

Nimmt der Eigentümer keinerlei Änderungen am eigentlichen Werkstück vor, so ist es trotzdem möglich, dass er aus verschiedensten Motiven wenigstens den Werktitel anpassen, abändern oder entfernen möchte. Der Werktitel selbst genießt laut § 39 UrhG – auch wenn er selbst kein Werk darstellt – Schutz. Er hat somit an der geschützten Werkintegrität teil[281], sodass die oben ausgeführten Grundsätze zur Beeinträchtigung, Änderung und Entstellung auf ihn Anwendung finden[282].

Etwas anderes gilt für Veränderung der Urheberbezeichnung. Voraussetzung hierfür ist natürlich, dass diese aus der vom Urheber geschaffenen Werkform hervorgeht oder anderweitig mit Bezug zum Werkstück angezeigt wird. Es gilt hier, dass die Urheberbezeichnung weder geändert noch bei anonymen Werken hinzugefügt werden darf[283]. Das Hinzufügen weiterer Urheberbezeichnungen wie die eines Bearbeiters ist aber zulässig, da sonst auch beispielsweise eine Übersetzung mit dem Ursprungsurheber im positiven und negativen Sinne in Verbindung gebracht werden könnte[284]. Die weiteren Urheber am Werk haben darüber hinaus ein eigenes Namensnennungsrecht gem. §§ 3 und 13 S. 2 UrhG.

Die Änderung der Urheberbezeichnung kann niemals durch eine Interessenabwägung gerechtfertigt sein und setzt mindestens eine zwischen den Parteien geschlossene Vereinbarung hierzu voraus[285]. Aus § 39 UrhG wird ersichtlich, dass die Urheberbezeichnung näher am unabdingbaren Kern des UPRs liegt als die übliche Urheber-Werk-Beziehung. Denn die nach § 39 II UrhG durchzuführende Abwägung nach den Grundsätzen von Treu und Glauben bezieht sich ausdrücklich nur auf Änderungen des Werkes oder seines Titels – nicht aber auf die Veränderung der Urheberbezeichnung. Diese aus § 39 II UrhG zu lesenden Begebenheiten gelten daher für das allgemeine Änderungsverbot des UrhG.

---

280 Jänecke, S. 85.

281 F/N-Nordemann, § 39 UrhG, Rn 12; § 2 UrhG, Rn 53.

282 Siehe S. 24 ff..

283 F/N-Nordemann, § 39 UrhG, Rn 13; W/B-Wandtke/Grunert, § 39 UrhG, Rn 22.

284 F/N-Nordemann, § 39 UrhG, Rn 14.

285 F/N-Nordemann, § 39 UrhG, Rn 21; W/B-Wandtke/Grunert, § 39 UrhG, Rn 22; D/S-Schulze, § 39 UrhG, Rn 8.

2. Rechtsquellen des Änderungsverbots

Nachdem das Änderungsverbot des UrhG in seinen änderungsrechtlichen Begrifflichkeiten und Problemstellungen, wie sie insbesondere die §§ 14 und 39 UrhG aufzeigen, in den Mittelpunkt der Betrachtung gerückt ist, stellt sich die Frage, welchen Charakter dieses Änderungsverbot hat. Hierbei ist nicht vom Begriff der Änderung auszugehen, sondern von dem Prinzip, dass Veränderungen am Werk für Dritte grundsätzlich unzulässig sind. Man könnte also auch von einem Änderungsverbot im weiteren Sinne sprechen. Zwar ist die Zulässigkeit von Veränderungen, Restaurierungen oder (Teil-)Zerstörungen anhand der Begriffe der änderungsrechtlichen Vorschriften des UrhG zu beurteilen, jedoch findet, wie bereits aufgezeigt, der änderungsrechtliche Schutz an verschiedenen Stellen des UrhG Ausdruck[286], sodass es fraglich erscheint, auf welcher Norm das urheberrechtliche Änderungsverbot begründet steht.

Hierzu ist insbesondere umstritten, ob sich das Änderungsverbot aus den einzelnen Normen des Gesetzes ableiten lässt, diese es also zusammen oder einzeln begründen. Abweichend hiervon könnte das Änderungsverbot auch ein dem UrhG innewohnender Grundsatz sein, der nur in den Normen des UrhG von 1965 Ausdruck gefunden hat und ein allgemeines Prinzip des deutschen Urheberrechts ist.

Zentrale Bedeutung kommt dieser Thematik deshalb zu, weil sich durch ihre Klärung unterschiedliche Antworten auf die Fragen um die Tragweite des Änderungsverbots ergeben. Die Frage ist also, ob man dem Änderungsverbot über die Normenwelt des UrhG hinaus Grundsatzcharakter zubilligt – und so seinen Schutzumfang weit zieht – oder es in das Korsett der Normen des UrhG presst, es demnach für abschließend geregelt hält. Umgangssprachlich gesagt kann das Änderungsverbot je nach Beantwortung dieser Frage durchaus umfangreicher sein als eine änderungsrechtliche, im UrhG enthaltene Norm oder auch die Gesamtschau dieser Normen, was wiederum Auswirkungen auf die später durchzuführenden Interessenabwägungen zwischen den Parteien haben kann.

a) Das Änderungsverbot als urheberrechtlicher Grundsatz

Das Änderungsverbot schützt vor Eingriffen in die geistige Substanz des Werkes[287]. Hingegen ist nicht die reine Sachsubstanz des Werkstücks Gegenstand

---

286 Riesenkampff, S. 68.

287 BGH in GRUR 1971, 35, 38 – Maske in Blau; OLG M in GRUR-RR 2001, 177, 180 – Kirchenschiff; Steinbeck in Anmerkungen zu BGH in GRUR 2008, 984, 988 – St. Gottfried; Schack, Rn 351; D/S-Schulze, § 39 UrhG, Rn 6; W/B-Wandtke/Grunert, § 39 UrhG, Rn 8.

des Schutzes durch das Änderungsverbot. Dies wird schon dadurch deutlich, dass, wie oben festgestellt[288], auch Umfeldeinwirkungen ohne Substanzeingriff in den änderungsrechtlichen Begriff der Werkbeeinträchtigung fallen. Insofern lösen Substanzeingriffe zwar erst recht den Schutz des Änderungsverbots aus, jedoch sind sie hierfür nicht notwendige Bedingung. Der Integritätsschutz des allgemeinen urheberrechtlichen Änderungsverbots erstreckt sich somit auf die geistig-ästhetische Werkintegrität in der vom Urheber geschaffenen Form des Immaterialguts. Er dient somit nicht zuletzt dem Schutz der geistigen und persönlichen Interessen des Urhebers, selbst über die Gestalt seines „geistigen Kindes" in der Öffentlichkeit zu bestimmen[289].

Schon das Reichsgericht erkannte die Notwendigkeit, den Urheber gegenüber dem Eigentümer, der Veränderungen an Werkstücken in seinem Eigentum vornehmen wollte, auf diese Weise zu schützen. Wie es schon das LUG und das KUG aus der Zeit des Reichsgerichts voraussetzten[290], wurde das Änderungsverbot des UrhG von den §§ 11 ff. und 15 ff. UrhG ebenfalls stillschweigend vorausgesetzt[291]. Obwohl sich die hier entwickelten Grundsätze gleichermaßen auf Eigentümer, Besitzer und Dritte beziehen, besteht auch heute ihr Hauptanwendungsgebiet im Urheber-Eigentümer-Verhältnis[292]. Auch auf das Verhältnis zum Nutzungsberechtigten erstreckt sich hiernach das allgemeine und grundsätzliche urheberrechtliche Änderungsverbot[293]. Der Großteil der Rechtsprechung, insbesondere des BGH, und weite Teile der Literatur gehen seitdem davon aus, dass im Urheberrecht ein allgemeines Änderungsverbot bestehe, das das gesamte Urheberrecht als Grundsatz überspanne[294]. Aus dem Urheberrecht ergebe sich daher das Recht des Urhebers auf Zugänglichmachung in unveränderter Gestalt[295].

---

288 Siehe S. 29 ff..

289 BGH in GRUR 1971, 35, 37 – Maske in Blau.

290 RGZ 102, 134, 141 – Strindberg-Übersetzung.

291 BGH in GRUR 1974, 675, 676 – Schulerweiterung; in Bezug auf § 39 UrhG: F/N-Nordemann, § 39 UrhG, Rn 33.

292 Riesenkampff, S. 71.

293 BGH in GRUR 1982, 107, 109 – Kircheninnenraumgestaltung; F/N-Nordemann, § 39 UrhG, Rn 2, 33.

294 BGH in GRUR 2008, 984, 986; BGH in GRUR 1974, 675, 676 – Schulerweiterung; BGH in GRUR 1982, 107, 109 – Kircheninnenraumgestaltung; BGH in GRUR 1971, 35, 37 – Maske in Blau; OLG Hamm in BauR 1984, 298, 299; D/S-Schulze, § 14, Rn 2, § 39, Rn 4; F/N-Nordemann, § 39, Rn 2, 33.

295 RGZ 79, 397, 399 – Felseneiland mit Sirenen; BGH in GRUR 2008, 984, 986 – St. Gottfried; BGH in GRUR 1974, 675 – Schulerweiterung; BGH in GRUR 1982, 107, 109 Kircheninnenraumgestaltung; BGH in GRUR 1999, 230, 231 – Treppenhausgestaltung.

Das Änderungsverbot sei deshalb dem Urheberrecht als einer Herrschaftsmacht des schöpferischen Menschen immanent[296], weshalb die änderungsspezifischen Normen des UrhG, insbesondere § 14 UrhG, nach Ansicht des BGH in Koexistenz zum allgemeinen Grundsatz des Änderungsverbots stehen, es also nicht selbst kreieren[297]. In der Literatur aber wurde teilweise versucht, den Anwendungsbereich dieses allgemeinen Änderungsverbots gegenüber den seit 1965 kodifizierten Normen des UrhG zu beschneiden. So sollte § 14 UrhG nicht mehr Ausdruck eines allgemein bestehenden und vollumfänglichen Änderungsverbots im Urheberrecht sein. Vielmehr sollte er die geistig-persönlichen Interessen des Urhebers in Bezug auf die Werkwiedergabe und Nutzung schützen. Das allgemeine als Grundsatz bestehende Änderungsverbot aber sollte fortan das geistige Band zwischen Urheber und Werk in Bezug auf dessen Werkintegrität schützen und somit mit einem eigenen Anwendungsbereich selbstständig neben § 14 UrhG bestehen[298].

Dem ist aber zu widersprechen, denn das UPR als geistiges Band zwischen dem Urheber und seinem Werk enthält nicht nur den Schutz der Werkintegrität in Bezug auf die körperliche Form wie oben bereits dargelegt[299]. Es umfasst vielmehr schon über die monistische Konstruktion des deutschen Urheberrechts auch alle mit der Nutzung und Werkwiedergabe in Verbindung stehenden Aspekte bis hin zur Verwertungsseite des Urheberrechts. Nicht zuletzt schützt das Urheberrecht nämlich auch die Zuordnung des wirtschaftlichen Nutzens der schöpferischen Leistung[300]. Wenn das UPR aber so weitgreifend ausgestaltet ist, erscheint eine Aufteilung desselben in verschiedene Aspekte, die dann nur einzelne Bereiche abdecken, nicht sinnvoll und auch dogmatisch fehlerhaft. Es bleibt vielmehr nach dieser Auffassung richtig, dass die änderungsrechtlichen Normen des UrhG eine klarstellende, den Umfang des Änderungsverbots belegende Funktion haben[301], das Änderungsverbot im UrhG aber allgemein als einheitlicher Grundsatz mit einem die gesamte Materie überspannenden Regelungsgehalt besteht. Dies wird nicht zuletzt aus Normen wie in § 62 UrhG ersichtlich. Diese Normen gewähren dem Urheber selbst keinen Änderungsschutz, sondern zeigen nur auf, dass sich das urheberrechtliche Änderungsverbot auch auf die hier angeführten Fälle erstreckt.

---

296 BGH in GRUR 1971, 35, 37 – Maske in Blau; Schöfer, S. 48.
297 Riesenkampff, S. 71.
298 So wohl: v. Gamm, § 14 UrhG, Rn 4.
299 Siehe S. 27 ff..
300 BVerfG in GRUR 1980, 44, 48 – Kirchenmusik; F/N-Nordemann, § 39, UrhG Rn 33.
301 BGH in GRUR 1974, 675, 676 – Schulerweiterung.

b) § 14 UrhG als allgemeines urheberrechtliches Änderungsverbot

Eine besonders in der Literatur im Vordringen befindliche Meinung lehnt ein allgemeines urheberrechtliches Änderungsverbot, das das UrhG als Grundsatz überspannt, allerdings ab. Vielmehr sei diese Ansicht überholt, da seit 1965 der Gesetzgeber in § 14 UrhG das Änderungsverbot normiert habe und somit kein Bedarf mehr für ein als Grundsatz bestehendes Änderungsverbot im Urheberrecht sei[302]. § 14 UrhG sei hierbei Ausfluss von Art. 6 bis der RBÜ, der ein Entstellungs- und Änderungsverbot vorsehe, sodass § 14 UrhG nicht nur den Schutz von Ruf und Ehre des Urhebers, sondern das gesamte geistige Band zwischen Urheber und Werk vollständig erfasse[303].

Auch der BGH soll sich in seiner Entscheidung Treppenhausgestaltung dem angeschlossen haben[304]. § 39 UrhG, der ebenfalls von Änderungen am Werk spreche, sei nach dieser Auffassung nur eine Klarstellung für den Nutzungsberechtigten und insofern gegenüber § 14 UrhG rein deklaratorisch[305]. In seiner Entscheidung führt der BGH hierzu aus:

„Der Urheber hat grundsätzlich ein Recht darauf, dass das von ihm geschaffene Werk, in dem seine individuelle künstlerische Schöpfungskraft seinen Ausdruck gefunden hat, der Mit- und Nachwelt in seiner unveränderten individuellen Gestaltung zugänglich gemacht wird (§§ 11, 14 UrhG) Auch im vorliegenden Fall geht es um die Anwendung des daraus folgenden allgemeinen urheberrechtlichen Änderungsverbots. Die nur der Klarstellung dienende Regelung des § 39 UrhG greift hier (...) nicht ein, (...).“

§ 14 UrhG sei daher die zentrale Vorschrift des urheberrechtlichen Werkschutzes[306] und wirke – wie das vom Reichsgericht für die Zeit vor Erlass des UrhG im Jahre 1965 noch grundsätzliche Änderungsverbot – auch gegenüber jedem Dritten[307].

Da sich die angeführte Passage aber gut vertretbar so lesen lässt, dass das Gericht von einem allgemein als Grundsatz bestehenden Änderungsverbot im

302 Grohmann, S. 30; Grunert, S. 165; Jänecke, S. 79; Riesenkampff, S. 75; Schricker-Dietz, § 14 UrhG, Rn 2; W/B-Wandtke/Grunert, § 39 UrhG, Rn 3.

303 Riesenkampff, S. 68, 69, 76.

304 Riesenkampff, S. 76 zu BGH in GRUR 1999, 230, 231 – Treppenhausgestaltung: wegen eines Verweises auf die §§ 11, 14 UrhG.

305 BGH in GRUR 1999, 230, 231 – Treppenhausgestaltung; Schricker-Dietz, § 14, Rn 2; Riesenkampff, S. 71, 77; dagegen: Jestaedt, S. 84; OLG Frankfurt in BauR 1984, 466 – Verwaltungsgebäude, die den §§ 14 und 39 jeweils eigene Regelungsbereiche zuordnen und so das urheberrechtliche Änderungsverbot in verschiedene Schutzrichtungen aufteilen wollen.

306 W/B-Bullinger, § 14 UrhG, Rn 1.

307 Riesenkampff, S. 71.

UrhG ausgeht und die in Klammern genannten §§ 11 und 14 UrhG nur als inhaltlichen Beleg desselben anführen möchte, kann dieser Meinung aber nicht gefolgt werden. Die Argumentation insbesondere von Riesenkampff, der zuletzt diese Meinung vertrat, ist somit nicht zwingend. Vielmehr spricht auch in der angesprochenen Entscheidung der BGH vom grundsätzlichen Recht des Urhebers auf die Zugänglichmachung seines Werkes für die Nachwelt in der von ihm bestimmten Werkform. Jedenfalls bleibt anzumerken, dass sich der BGH in seiner zuletzt ergangenen St.-Gottfried-Entscheidung zum grundsätzlichen Änderungsverbot eindeutig bekannt hat[308].

c) Das Änderungsverbot des § 39 UrhG

Teilweise wird das Änderungsverbot des Urhebergesetzes auch in § 39 UrhG gesehen. Es wird hierzu einerseits vertreten, dass ein Änderungsverbot gegenüber dem Werkeigentümer weder in § 39 UrhG noch in § 62 UrhG ausdrücklich geregelt sei, dort aber stillschweigend vorausgesetzt werde. Denn der Werkeigentümer erhalte gem. § 44 I UrhG im Zweifel kein Nutzungsrecht[309]. Jedoch könne der Inhaber eines Nutzungsrechts nicht schlechter stehen als der in Bezug auf das Urheberrecht deliktisch handelnde Dritte, zu dem auch der Eigentümer zähle. § 39 UrhG sei auch entstehungsgeschichtlich älter als § 14 UrhG und wurzele direkt in § 9 LUG und § 12 KUG des frühen 20. Jahrhunderts sowie im damals entwickelten allgemeinen und grundsätzlichen Änderungsverbot[310]. Demgegenüber soll aber die Ausnahmeregelung des § 39 II UrhG wiederum nur für den Nutzungsberechtigten gelten, sodass sich der Eigentümer regelmäßig nicht auf die Zustimmungspflicht des Urhebers nach Treu und Glauben berufen könne[311]. Dies bedeutet aber auch, dass dieser auf die allgemeine Interessenabwägung im Sinne eines allgemeinen und grundsätzlichen Änderungsverbots angewiesen wäre.

Teilweise wird versucht, diesen vermeintlichen Makel dadurch auszugleichen, dass § 39 II UrhG analog auf den Eigentümer angewandt wird[312]. Dem Versuch, § 39 II UrhG auf das Urheber-Eigentümer-Verhältnis analog anzuwenden, wird aber entgegengetreten. Die Befürworter der alleinigen Verortung des Änderungsverbots in § 14 UrhG lehnen schon die Analogievoraussetzungen im Be-

---

308 BGH in GRUR 2008, 984, 986 – St. Gottfried.

309 F/N-Nordemann, § 39 UrhG, Rn 33; v. Gamm, § 14 UrhG, Rn 2 ff.; Schöfer, S. 123.

310 Riesenkampff, S. 69.

311 F/N-Nordemann, § 39 UrhG, Rn 10.

312 BGH in GRUR 1974, 675, 676 – Schulerweiterung; OLG Frankfurt in GRUR 1986, 244, 245 – Verwaltungsgebäude.

reich der Regelungslücke konsequenterweise ab[313]. Die Anhänger eines als Grundsatz bestehenden Änderungsverbots hingegen verweisen auf die völlig unterschiedliche Interessenlage zwischen Eigentümer und Nutzungsberechtigten, die § 39 II UrhG für die Fälle des Urheber-Eigentümer-Verhältnisses ungeeignet mache. Schließlich bestehe schon kein Schuldverhältnis zwischen dem Eigentümer und dem Urheber in Bezug auf das immaterielle Werk. Eingriffe in das Eigentum hätten auch in der Regel nicht den Zweck, das Werk immateriell zu nutzen[314]. Auch berufe sich der Eigentümer nie auf sein vermeintliches Nutzungsrecht am Werk, sondern auf sein Sacheigentum[315].
Ähnlich wie schon beim grundsätzlich bestehenden Änderungsverbot wird innerhalb der Auffassung von einem eigenständigen Änderungsverbot aus § 39 UrhG versucht, dieses in verschiedene Facetten zu zerteilen. § 39 UrhG solle für den Bereich der Nutzungsberechtigten konstitutiv sein und so auch die wirtschaftlichen Interessen des Urhebers schützen. Die geistig-persönlichen Interessen des Urhebers seien hingegen durch § 14 UrhG in ihren Teilaspekten geschützt[316]. Dieser Ansatz ist an dieser Stelle aber aus den gleichen Gründen abzulehnen, wie er schon im Bereich des allgemeinen als Grundsatz bestehenden Änderungsverbots abzulehnen war.
Zu § 39 UrhG wird ferner eingewandt, dass ein eigener Anwendungsbereich der Norm wenigstens insoweit bestehe, als das sie in § 39 I UrhG Änderungsvereinbarungen erlaube und Nutzungsberechtigte gegenüber anderen Dritten, wie etwa Eigentümern, wegen der Zustimmungsfiktion nach den Grundsätzen von Treu und Glauben in § 39 II UrhG besserstelle[317].
Dem ist teilweise sicher beizupflichten. § 39 I UrhG zeigt in der Tat auf, dass Vereinbarungen über Veränderungen an Werkstücken grundsätzlich zulässig sind. Allerdings sind dies urhebervertragsrechtliche Aspekte[318], die nicht in der Lage sind, eine Auskunft über die Natur oder die rechtliche Konstitution des urheberrechtlichen Änderungsverbots zu geben.
Bezüglich der behaupteten Privilegierung von Nutzungsberechtigten ist anzumerken, dass im Falle eines Nutzungsberechtigten sowie im Falle eines Dritten jeweils eine Gesamtabwägung der Interessen der Beteiligten vorzunehmen ist.

---

313 Riesenkampff, S. 73, 77, 78; Schack, Rn 351.
314 BGH in GRUR 1999, 230, 231 – Treppenhausgestaltung; BGH in GRUR 1982, 107, 109 – Kircheninnenraumgestaltung; BGH in GRUR 1974, 675, 676 – Schulerweiterung; Riesenkampff, S. 78.
315 BGH in GRUR 1999, 239, 231 – Treppenhausgestaltung; Riesenkampff, S. 78.
316 Riesenkampff, S. 72; F/N-Nordemann, § 39 UrhG, Rn 1.
317 BGH in GRUR 1974, 675, 676 – Schulerweiterung; Riesenkampff, S. 71.
318 F/N-Nordemann, § 39 UrhG, Rn 5, 7.

Ein inhaltlicher Unterschied einer Prüfung nach den Grundsätzen von Treu und Glauben oder einer Interessenabwägung gegenüber einem allgemeinen Änderungsverbot – möge es nun auf § 14 UrhG basieren oder als Grundsatz bestehen – ist dogmatisch nicht ersichtlich und begründbar. Denn in beiden Fällen sind die Eigentümerinteressen und Nutzerinteressen gleichermaßen im Einzelfall gegenüber den Urheberinteressen zu prüfen und beachtlich[319]. Dies ergibt sich umso mehr, wenn man wie oben beschrieben und richtigerweise eine Teilung des Änderungsverbots in materielle und ideelle Schutzaspekte ablehnt[320]. Weiter bleibt zugunsten des Gleichlaufs der beiden möglichen Abwägungsentscheidungen anzumerken, dass das, was im Vertragsverhältnis nach Treu und Glauben zu gestatten wäre, auch nicht die berechtigten Interessen des Urhebers gegenüber einem deliktisch handelnden Eigentümer verletzt, dem er das Eigentum freiwillig übertragen hat. Die Grenze der Abwägung wäre in beiden Fällen ebenfalls der indisponible Kern des UPRs[321].

d) Das Änderungsverbot als Ausfluss aller änderungsrelevanten Normen des UrhG

Eine weitere Position, die insbesondere in der Literatur Unterstützer gefunden hat, leitet das Änderungsverbot des Urheberrechts aus dem Gesamtkontext aller änderungsrechtlichen Bestimmungen des UrhG ab. Grund hierfür sei insbesondere der monistische Ansatz des Urheberrechts. Das materielle Interesse sei immer mit dem ideellen verbunden, sodass nicht zwischen § 39 UrhG und § 14 UrhG unterschieden werden könne. Daher sei ein Nebeneinander der beiden Normen mit jeweils eigenen Änderungsverboten und Schutzgegenständen nicht möglich[322]. Hiernach ergäbe sich ein allgemeines, urheberrechtliches Änderungsverbot aus der inhaltlichen Gesamtschau der änderungsrechtlichen Normen des UrhG. Zu nennen sind hier vor allem die §§ 14, 23 Satz 1, 39, 62 I, 93 sowie 13 und 63 UrhG. Die Vertreter dieser Auffassung lehnen insbesondere ein als Grundsatz bestehendes Änderungsverbot als seit Erlass des UrhG im Jahre 1965 unnötig ab.

---

319 BGH in GRUR 1974, 675, 676 – Schulerweiterung; Riesenkampff, S. 74; Schöfer, S. 44; dagegen: Jaestedt, S. 84.

320 Siehe S. 50

321 F/N-Nordemann, § 39, Rn 7; Jestaedt, S. 85.

322 Jänecke, S. 78; Federle, S. 38; Grunert, S. 167; Riesenkampff, S. 74; v. Waasen, S. 41; Schricker-Dietz, § 14 UrhG, Rn 1, 2.

e) Problemlösung

Nachdem die einzelnen Positionen zur Rechtsquelle und Natur des urheberrechtlichen Änderungsverbots aufgezeigt wurden, bedarf das Problem für diese Arbeit einer klärenden Stellungnahme. Ausgangspunkt für die Betrachtung der Natur des urheberrechtlichen Änderungsverbots können hierbei durchaus historische Aspekte sein, allerdings spielt richtigerweise der Inhalt desselben bei seiner Analyse die gewichtigere Rolle. Dieser wurde bereits erfasst, als die Anwendungsräume der änderungsrechtlich relevanten Begrifflichkeiten, der sonstigen Beeinträchtigung, Änderung und Entstellung erläutert und untersucht wurden. Ihre Ausgestaltung und innere Systematik erlauben Rückschlüsse auf das Änderungsverbot, dem sie entstammen und dienen.

Festzuhalten bleibt, dass sowohl alle Änderungen als auch Entstellungen aufgrund des oberbegrifflichen Charakters der sonstigen Beeinträchtigung des Werkes in seiner vom Urheber geschaffenen Form unter eben diesen Begriff der Beeinträchtigung fallen. Aus diesem Grund sind insbesondere die Begriffe der Änderungen und der Beeinträchtigung auf besondere Art und Weise miteinander verknüpft, regeln sie doch wenigstens für den Bereich der nicht entstellenden Werkveränderungen mit Substanzeingriff die gleichen Sachverhalte. Folgt man richtigerweise dieser Analyse, so bildet das urheberrechtliche Änderungsverbot also einen einheitlichen Schutzbereich der Urheber-Werk-Beziehung. Dies entspricht auch dem monistischen Ansatz des Urheberrechts, mit dem all jene Theorien in Konflikt kommen, die versuchen, das Änderungsverbot in verschiedene Aspekte zu zerteilen und so auf vermeintlich verschiedene Regelungsbereiche der §§ 14 und 39 UrhG zu verteilen, die dann einerseits ideelle und andererseits materielle Aspekte des Urheberrechts getrennt schützen sollen. Aus diesem Grund ergibt sich dogmatisch nur die Möglichkeit, das urheberrechtliche Änderungsverbot entweder als Grundsatz anzuerkennen, es auf eine Norm des UrhG zu stützen oder es aus der Gesamtschau der änderungsrechtlich relevanten Normen herauszulesen, um jeweils dem Monismus des Urheberrechts sowie dem hieraus entstehenden Gedanken der Einheitlichkeit des Änderungsverbots Rechnung zu tragen.

Betrachtet man die Möglichkeiten, das urheberechtliche Änderungsverbot etwa auf § 14 UrhG oder auf § 39 UrhG zu stützen, so fällt immer auf, dass je nach Ergebnis der Entscheidung den beiden Ansätzen gemein ist, dass die jeweils nicht gewählte Norm in ihrem Regelungs- und Anwendungsbereich weitestgehend deklaratorischen Charakter erhält. Somit geht auch das Argument der Befürworter eines klar normierten urheberrechtlichen Änderungsverbots fehl, dass bei einem grundsätzlich bestehenden Änderungsverbot insbesondere die §§ 14 und 39 UrhG rein deklaratorisch wären, da die Vertreter dieser Theorien selbst entweder gegen den Monismus des Urheberrechts verstoßen oder eine der beiden Normen als rein deklaratorisch einstufen. Dies erscheint insbesondere vor dem Hintergrund der Behauptung merkwürdig, dass der Gesetzgeber mit seiner Normierung des UrhG im Jahre 1965 das bis dahin als urheberrechtlichen Grundsatz anerkannte und weitestgehend unbestrittene Änderungsverbot durch Normsetzung ersetzen und im UrhG nunmehr konstitutiv erfassen wollte oder dies im Ergebnis wenigstens getan hat. Es drängt sich die Frage auf, warum er in einem solchen Fall ganzen Normen rein deklaratorischen Charakter verliehen haben sollte und nicht eine zentrale Norm des Änderungsverbots geschaffen hat, aus der ein einheitlicher Schutzbereich hervorgeht, der im Einklang mit der damals gewählten und heute noch gültigen Urheberrechtskonstruktion steht. Eine Antwort auf diese Frage ist hingegen nicht ersichtlich. Schon aus diesem Grund überzeugt die Idee von der einheitlichen Normierung ebenfalls nicht. Besser zum Charakter der §§ 14 und 39 UrhG passt daher der schon von Bielenberg entwickelte Ansatz, dass diese Normen Rechtfertigungsgründe für ansonsten ganz grundsätzlich unerlaubte Handlungen darstellen und für das Änderungsverbot des deutschen Urheberrechts nicht konstitutiv sind[323].

Zu klären ist daher die Frage, ob einem grundsätzlichen Änderungsverbot der Vorzug zu geben ist, oder ob sich dieses aus der Gesamtschau der urheberrechtlichen Normen ergibt. Inhaltlich sind die Unterschiede zwischen den beiden Ansätzen äußerst gering. Einziger Unterschied scheint zu sein, dass bei einer Befürwortung eines Änderungsverbots aus der Gesamtschau der änderungsrechtlich relevanten Normen dieses auf den Regelungsinhalt der angesprochenen Normen beschränkt wäre. Gegenüber einem als Grundsatz bestehenden Änderungsverbot wäre es also weniger dynamisch. Für die Lehre von der Gesamtschau wird auch nicht klar, warum das Urheberrecht ihrer überhaupt bedarf. Mehrere Jahrzehnte leiteten deutsche Gerichte erfolgreich das grundsätzliche urheberrechtliche Änderungsverbot aus Normen des LUG und KUG ab, ohne dieses den genannten Normen konstitutiv zurechnen zu müssen. Warum nun nach der Normierung des UrhG eine Konstituierung des Änderungsverbots durch die neuen Normen unbedingt erfolgen muss, ist nicht ersichtlich. Auch ergibt sich weder für die Rechtsfindung noch für die Rechtssicherheit der im Streitfall Beteiligten durch ein Änderungsverbot aus der Gesamtschau gegenüber einem grundsätzlichen urheberrechtlichen Änderungsverbot ein Vorteil.

---

323 Bielenberg in Anmerkungen zu BGH in GRUR 1974, 675, 678 – Schulerweiterung.

Insgesamt ist daher festzustellen, dass die Idee des Änderungsverbots als dem Urheberecht innewohnenden Grundsatz immer noch am besten geeignet ist, dem Urheberrecht und der Struktur des Urhebergesetzes von 1965 in seiner monistischen Urheberrechtskonstruktion einerseits und seinem änderungsrechtlichen Begriffskatalog andererseits gerecht zu werden. Der dieser Idee innewohnende Makel, dass hierdurch die änderungsrelevanten Normen allesamt in weitem Maße deklaratorisch werden, kann schon deshalb nicht von entscheidendem Gewicht sein, weil auch die anderen Theorien zum Änderungsverbot ohne ihn – wollen sie nicht den Monismus des Urheberrechts verkennen – nicht auskommen. Darüber hinaus ist ein grundsätzlich bestehendes Änderungsverbot keinesfalls ein qualitatives Minus gegenüber einer einfachgesetzlichen Normierung der angesprochenen Rechtsposition. Als Beispiel sei hier das allgemeine Persönlichkeitsrecht genannt, das sich seinerseits ebenfalls nur auf Art. 2 I GG i. V. m. Art. 1 I 1 GG stützt und so auch keine einfachgesetzlichen Rechtsgrundlagen als alleinige Quelle vorweisen kann.

Das urheberrechtliche Änderungsverbot vereint folglich alle Aspekte der ideellen und materiellen Interessen der Urheber, die sich durch die geschützte Urheber-Werk-Beziehung ergeben und ist ein das gesamte Urheberrecht überspannender Grundsatz, der nicht durch die Wortlautgrenze einiger Normen des Urhebergesetzes sowie deren Systematik zueinander einfachgesetzlich beschränkt ist. Insbesondere für die §§ 14 und 39 UrhG gilt daher, dass diese einen Platz als vorrangige Interpretations- und Auslegungshilfe des Änderungsverbots haben, sich aus ihnen aber keine direkten Ansprüche ableiten lassen. Sie stehen damit auch nicht in einem sich ausschließenden Verhältnis der Anwendungsbereiche. Die Änderung des § 39 UrhG ist in der Beeinträchtigung des § 14 UrhG erfasst. Eine Unterscheidung von erlaubten Änderungen nach Treu und Glauben und erlaubten Änderungen, die die geistig-persönlichen Interessen des Urhebers nicht verletzen, ist überflüssig. Eine Verletzung berechtigter Interessen kann nicht nach Treu und Glauben zulässig sein. Umgekehrt kann man auch nach Treu und Glauben nicht davon ausgehen, dass der Urheber sich in seinem UPR verletzen lassen wird. Somit ist klar, dass Parallelprüfungen der Grundsätze aus Treu und Glauben im Sinne des § 242 BGB und der Interessenlage der Beteiligten nicht sinnvoll sind, sondern allein auf Letztere zurückgegriffen werden kann. Ihr Ergebnis ist auch das Ergebnis einer nach den Grundsätzen von Treu und Glauben durchgeführten Prüfung der Abwägung gegenüber einem als Grundsatz das Urheberrecht beherrschenden Änderungsverbot.

3. Bedeutung der weiteren änderungsrechtlichen Vorschriften des UrhG

Zwar gilt im Urheberrecht ein grundsätzliches Änderungsverbot, jedoch kommt es verschieden stark zur Geltung. Je nachdem, ob der jeweilige Nutzungszweck bestimmte Änderungen unumgänglich macht (etwa §§ 39 II und 62 II bis IV, 88 I und 89 I UrhG) oder ob mit Erlaubnis des Urhebers bewusst ein anderer Gesamteindruck erreicht werden soll, wie dies insbesondere bei der Bearbeitung von § 23 UrhG der Fall sein kann, stehen alle änderungsrechtlich relevanten Vorschriften in einem Gesamtzusammenhang und bilden das Änderungsverbot in seinen verschiedenen Facetten ganzheitlich, wenn auch nicht notwendigerweise abschließend, ab[324].

4. Fazit

a) Bezugspunkt für die Beurteilung von Werkveränderungen ist das Werk in seiner vom Urheber geschaffenen Form. Die Beurteilung wird allein nach objektiven Kriterien vorgenommen.

b) Zwischen den Begrifflichkeiten der Beeinträchtigung und Änderung sowie Entstellung besteht ein Stufenverhältnis. Die Beeinträchtigung des Werkes stellt hierbei den Oberbegriff dar, der auch unkörperliche Veränderungen und Einwirkungen auf das Werk erfasst. Demgegenüber erfasst die Änderung schon begrifflich nur Beeinträchtigungen mit Substanzeingriff in das Werkstück. Die stärkstmögliche Form der Beeinträchtigung ist aber die Entstellung, die ihrerseits wiederum unabhängig vom Substanzeingriff festzustellen ist.

c) Die Werkvernichtung ist keine Form der Beeinträchtigung des Werkes und fällt daher nicht unter das urheberrechtliche Änderungsverbot.

d) Das Änderungsverbot besteht im Urheberrecht als allgemeiner Grundsatz, lässt sich nicht aus einzelnen Normen des UrhG allein ableiten und ergibt sich auch nicht aus dem Gesamtkontext aller urheberrechtlichen Normen, die mit Fragen der Änderungen von Werken befasst sind.

---

324 BGH in GRUR 1982, 107, 109 – Kircheninnenraumgestaltung; D/S-Schulze, § 14 UrhG, Rn 2; Schricker-Dietz, § 14 UrhG, Rn 5.

Kapitel 4 – Werkänderungen als taugliche Verletzungshandlung

Nicht jede Werkveränderung ist auch eine taugliche Verletzungshandlung in Bezug auf das Urheberrecht. Der Abwägung der beteiligten Interessen, auf die sich der Urheber und der Eigentümer berufen, ist daher die Prüfung der objektiven Eignung der Werkveränderung zur Urheberrechtsverletzung vorgeschaltet.

1. Indizwirkung der Werkveränderung

Wurde eine Beeinträchtigung des Werkes durch den Eigentümer festgestellt, so indiziert diese auch die Gefährdung der Urheberinteressen[325]. Allerdings ist diese Vermutung widerleglich. Grundsätzlich besteht – wie in § 39 UrhG ersichtlich – ein Regel-Ausnahme-Verhältnis. Es besteht ein allgemeines Änderungsverbot, dessen Verletzung im Regelfall durch das objektive Vorliegen einer Beeinträchtigung, Änderung oder Entstellung indiziert wird, allerdings durch den Beweise einer Erlaubnis entkräftet werden kann[326]. Denn nur Werkveränderungen, die die Interessen des Urhebers tatsächlich gefährden, sind taugliche Verletzungshandlungen gegen das allgemeine urheberrechtliche Änderungsverbot. Das urheberrechtliche Verbietungsrecht, das sich aus dem Änderungsverbot ergibt, ist nur gegeben, wenn es der Wahrung der Interessen des Urhebers dient, wie auch aus § 14 2. Hs. UrhG schnell ersichtlich wird. Dies wird umso klarer, wenn man sich den persönlichkeitsrechtlichen Charakter des Änderungsverbots vor Augen führt. Daher knüpft der zivilrechtliche Schutz an die Urheberpersönlichkeit und nicht an die bloße Beeinträchtigung des Werkes an[327]. Hieraus folgt, dass, wenn ein beeinträchtigender Eingriff in das Werkstück die Urheberinteressen selbst gar nicht gefährdet, es auf eine Interessenabwägung nicht mehr ankommt, da die Urheber-Werk-Beziehung als Schutzgegenstand des Änderungsverbots nicht betroffen ist. Der weite Anwendungsbereich des allgemeinen urheberrechtlichen Änderungsverbots macht daher eine besondere, filternde Prüfung der Eignung zur Gefährdung der Urheberinteresen im Einzelfall erforderlich[328]. Diese kann aber entfallen, wenn keinerlei Anhaltspunkte für eine Entkräftung der Indizwirkung der Interessengefährdung durch die objektive Werkbeeinträchtigung ersichtlich sind.

325 Honschek in GRUR 2007, 944, 946; Wallner, Der Schutz von Urheberwerken gegen Entstellungen, 1995, S. 135; D/S-Schulze, § 14 UrhG, Rn 14, 15; F/N-Dustmann, § 14 UrhG, Rn 15; Schricker-Dietz, § 14 UrhG, Rn 27.

326 F/N-Nordemann, § 39 UrhG, Rn 15.

327 W/B-Bullinger, § 14 UrhG, Rn 7.

328 W/B-Bullinger, § 14 UrhG, Rn 8.

Auch die Interessengefährdung ist hierbei ein rein objektiv auszulegender, unbestimmter Rechtsbegriff, sodass es auf die subjektive Behauptung des Urhebers, die Veränderung berühre seine Interessenlage, ebenso wenig ankommt, wie auf eine gegenteilige, subjektive Darstellung des Eigentümers[329]. Stellt man aber eine objektive Eignung zur Interessengefährdung fest, so muss allerdings wenigstens hinzutreten, dass auch der Urheber den Eingriff als eine solche Gefährdung angesehen hätte[330]. Ausgangspunkt für die Betrachtung ist die vom Urheber bei der Schöpfung gewählte Form des Werkes, wobei es auf eine künstlerische Aufoder Abwertung des Werkes durch die infrage stehende Beeinträchtigung, Änderung oder ggf. Entstellung nicht ankommt[331].

2. Aufhebung der Indizwirkung

Die Indizwirkung der Werkveränderung in Bezug auf eine Verletzung des Urheberrechts kann durch mehrere Möglichkeiten widerlegt werden.

a) Fehlende Öffentlichkeit

Die geistigen wie auch die persönlichen Interessen des Urhebers können nur gefährdet sein, wenn die Öffentlichkeit überhaupt Kenntnis von seinem Werk in der veränderten Form nehmen kann. Die Indizwirkung der Werkveränderung in Bezug auf eine mögliche Rechtsverletzung aufseiten des Urhebers kann daher durch fehlende Öffentlichkeit des veränderten Werkstücks aufgehoben werden[332]. Taugliche Verletzungshandlungen sind also nur solche Eingriffe, die der öffentlichen Wahrnehmung in ihrem Ergebnis zugänglich sind[333]. Dies gilt auch für die Frage der Änderung von Gebäuden oder einzelner Gebäudeteile. Nur wenn ein Gebäude oder sein Teil als solcher der Öffentlichkeit nicht zugänglich ist, ist die Indizwirkung aufgehoben. Dies ist regelmäßig nicht bei der Struktur des Baukörpers oder der Fassade der Fall. Im Inneren des Gebäudes kann es sich aber so ergeben[334]. Allerdings kommt es auf den Grad der Öffentlichkeit nicht an. Es genügt die objektive Möglichkeit, dass auch nur wenige Personen, die

329 BGH in GRUR 1982, 107, 109 – Kircheninnenraumgestaltung; Riesenkampff, S. 104; W/B-Bullinger, § 14 UrhG, Rn 5.
330 F/N-Dustmann, § 14 UrhG, Rn 15.
331 BGH in GRUR 1999, 230, 231 – Treppenhausgestaltung; Riesenkampff, S. 104.
332 W/B-Bullinger, § 14 UrhG, Rn 8; Riesenkampff, S. 104.
333 RGZ 79, 397, 397 – Felseneiland mit Sirenen; W/B-Bullinger, § 14 UrhG, Rn 8.
334 W/B-Bullinger, § 14 UrhG, Rn 28.

nicht dem ganz privaten Kreis des Eigentümers angehören, Kenntnis von dem veränderten Werkstück in seiner geänderten Form erlangen[335].

b) Anwendbarkeit von Schrankenregelungen des UrhG
Die Indizwirkung der Urheberrechtsverletzung durch die Werkstückveränderung ist entkräftet, wenn sich der ändernde Eigentümer auf eine Schrankenregelung des UrhG berufen kann, die die Veränderungshandlung erfasst. Die Schrankenregelungen des UrhG erfassen nämlich nicht nur die verwertungsrechtliche Seite des monistischen deutschen Urheberrechts, sondern gleichfalls seine urheberpersönlichkeitsrechtlichen Seiten[336].

c) Zustimmung durch den Urheber
Die Indizwirkung der Verletzung, ausgelöst durch die Werkbeeinträchtigung des Eigentümers, wird durch die Veränderungsgestattung seitens des Urhebers entkräftet[337]. Es ist hierbei unbeachtlich, ob er die Veränderung des Werkes vor oder nach ihrer Durchführung gestattet. Grundsätzlich gilt daher, dass eine Abwägung der widerstreitenden Interessen entbehrlich ist, wenn der Urheber eine Maßnahme des Eigentümers oder auch jedes Dritten wirksam gestattet hat[338].
Problematisch erscheint hier zunächst, ob der Urheber überhaupt die Möglichkeit hat, über seine Rechte aus dem UPR derart zu verfügen[339]. Denn das Urheberrecht ist gem. § 29 I UrhG unter Lebenden nicht übertragbar. Rechtsgeschäfte über UPR sind aber gem. § 29 II UrhG im Rahmen der in § 39 UrhG angesprochenen Grenzen zulässig. § 39 I UrhG betrifft jedoch zunächst nur Nutzungsrechtsinhaber. § 39 II UrhG wiederum ist aber auch weiter lesbar, sodass Änderungen nach einhelliger Meinung vereinbart und bewilligt werden können[340]. § 39 UrhG spiegelt daher insgesamt das gesetzliche Verzichtsrecht des Urhebers auf Teile seines UPRs wider[341]. Auch kann man aus den §§ 41 IV und 42 II UrhG schließen, dass das UPR wenigstens in den Teilen übertragbar ist, die in

335 RGZ 79, 379, 379 – Felseneiland mit Sirenen.
336 D/S-Schulze, § 14 UrhG, Rn 15.
337 Prof. Dr. Eugen Ulmer in Anmerkungen zu BGH in GRUR 1971, 35, 42 – Maske in Blau; D/S-Schulze, § 14 UrhG, Rn 15.
338 Riesenkampff, S. 103.
339 Riesenkampff, S. 22.
340 BGH in GRUR 1999, 230, 232 – Treppenhausgestaltung; Für die Zeit vor dem UrhG: BGH in GRUR 1955, 201, 204 – Cosima Wagner; Für die Literatur: D/S-Schulze § 39 UrhG, Rn 1.
341 Honscheck in GRUR 2007, 944, 945; Schricker-Dietz, § 39 UrhG, Rn 1; W/B-Wandtke/Grunert, § 39, Rn 7.

§ 29 UrhG nicht angesprochen sind, da es bei einer Unübertragbarkeit und Unverzichtbarkeit der beiden Normen nicht bedürfte[342].
Das ändert nichts daran, dass der Urheber sein Recht unter Lebenden nicht übertragen kann. Doch wie bei der Mitgliedschaft in einer Personengesellschaft nach § 717 Satz 1 und § 736 BGB, kann man aus der unter Lebenden bestehenden Unübertragbarkeit des UPRs nicht auf dessen Unverzichtbarkeit schließen[343]. Der Urheber kann sich daher selbst in seinen Urheberpersönlichkeitsrechten beschränken[344]. Daher erfasst das UPR auch die Freiheit, Änderungen vertraglich als zulässig zu vereinbaren oder in bereits erfolgte Änderungen einzuwilligen[345]. Anderes scheint auch kaum vertretbar, denn eine wirtschaftlich geordnete Werkverwertung sowie ein Werkgebrauch, zu denen auch Rechtsicherheit gehört, wären sonst nicht möglich[346]. Weiter bedeutete eine völlige Unverzichtbarkeit des UPRs einen zu starken, den Urheber fesselnden Eingriff in das Recht des Urhebers, seine Persönlichkeit auch durch Gestaltung seiner Rechtsverhältnisse zu entfalten[347]. Dies steht aber gerade nicht im Widerspruch zu einem unveräußerlichen und unverzichtbaren Kern des UPRs, solange dieser nicht tangiert wird.
Die Erteilung der Änderungsbefugnis ist ausdrücklich wie auch stillschweigend möglich[348]. Eine solche Änderungsbefugnis kann hierbei im Vorfeld oder im Nachhinein der Beeinträchtigungshandlung erfolgen. Stillschweigende Zustimmungen kommen vor allem in Betracht, wenn sich der Änderungsbedarf schon aus einem zwischen dem Urheber und dem Eigentümer geschlossenen Vertrag ergibt[349]. Dies wird allerdings eher im Verhältnis zwischen Urheber und Nutzungsberechtigten der Fall sein als im Verhältnis Urheber-Eigentümer, da hier regelmäßig nur rein schuldrechtliche Kauf- oder Werkverträge vorliegen und das dingliche Geschäft der Eigentumsübertragung regelmäßig ebenfalls keinerlei solche Inhalte enthalten wird.
Liegt eine Zustimmung des Urhebers vor, die vor dem verändernden Eingriff des Eigentümers erfolgt ist, so bedeutet diese eine vertragliche Regelung, an deren Wirksamkeit ihrerseits besondere Voraussetzungen geknüpft sind und die daher

342 Jänecke, S. 190.
343 Jänecke, S. 188; v. Welser, S. 58.
344 Riesenkampff, S. 138; Jänecke, 187.
345 F/N-Nordemann, § 39 UrhG, Rn 19.
346 Jänecke, S. 188.
347 So auch: Dieselhorst, 143; Jänecke, S. 189.
348 BGH in GRUR 1999, 230, 232 – Treppenhausgestaltung; BGH in GRUR 1986, 458, 459 –Oberammergauer Passionsspiele I; D/S-Schulze, § 39 UrhG, Rn 10; F/N-Nordemann, § 39 UrhG, Rn 16; W/B-Wandtke/Grunert, § 39 UrhG, Rn 13.
349 W/B-Wandtke/Grunert, § 39 UrhG, Rn 13.

besonders behandelt werden muss[350]. Stimmt der Urheber aber einer Veränderungshandlung des Eigentümers erst zu, nachdem er sie zur Kenntnis genommen hat, weil sie schon durchgeführt wurde, so muss für die Wirksamkeit einer solchen Zustimmung allein die Frage geklärt werden, ob der Urheber über die abstrakte Möglichkeit der Zustimmung zur Veränderung seines Werkes durch Dritte, auch in jede individuelle Änderung tatsächlich einwilligen kann. Eine unzulässige Zustimmung ist nämlich unwirksam[351]. Die Unwirksamkeit ergibt sich hierbei aber nicht aus § 138 BGB, da dieser grundsätzlich bei der Beurteilung der Sittenwidrigkeit auf den Zeitpunkt der Vornahme des Rechtsgeschäfts abstellt[352]. Im Urheberrecht sind schon aufgrund der langen Schutzdauer die Umstände zum Änderungszeitpunkt zu beachten, zu dem sich die objektiven Umstände, die der Beurteilung einer Entstellung und ggf. sich hieraus ergebenden Sittenwidrigkeit zugrunde liegen, deutlich geändert haben können. Daher kann sich die Unwirksamkeit einer solchen Vereinbarung nur aus den Grundsätzen des UPRs selbst ergeben und ist nicht an § 138 BGB zu messen.

Zur Frage der Zulässigkeit der Zustimmung im Einzelfall wurde seit jeher vertreten, dass eine Zustimmung zu einer entstellenden Veränderung des Werkes unwirksam sei, da diese Art der Veränderung den mit der Menschenwürde verbundenen Kern des UPRs berühre, der in Art. 1 I 1 GG seinen Platz gefunden hat und grundsätzlich die Grenze der Dispositions- und Verzichtsbefugnis des Urhebers darstelle[353]. Die Zustimmung muss also in jedem Fall mit diesem Kern des Urheberrechts vereinbar sein[354]. Der Kern des UPRs sei immer bei einer Entstellung des Werkes berührt[355], also wenn ein besonders schwerer Eingriff in die Persönlichkeitssphäre des Urhebers vorliegt[356]. Allerdings bleibt es dem Urheber unbenommen, sich selbst bei einer Entstellung durch Nichtinanspruch-

---

350 Siehe unten S. 64 ff..

351 Metzger in GRUR Int. 2003, 9, 14.

352 Palandt, § 138 BGB Rn 9, 10; Osenberg S. 12, 14.

353 Zurzeit vor dem Erlass des GG schon RGZ, 123, 312, 320 – Wilhelm Busch für einen unveräußerlichen Kern des Urheberpersönlichkeitsrechts; seitdem: BGH in GRUR 1955, 201, 204 Cosima Wagner; BGH in GRUR 1986, 458, 459 – Oberammergauer Passionsspiele I; Jänecke, S. 188; F/N-Dustmann, § 14 UrhG, Rn 22; F/N-Nordemann, § 39 UrhG, Rn 19.

354 F/N-Dustmann, § 14 UrhG, Rn 22; § 39 UrhG, Rn 19.

355 BGH in GRUR 1999, 230 – Treppenhausgestaltung; BGH in GRUR 1986, 458, 459 – Oberammergauer Passionsspiele; LG Berlin in GRUR 2007, 964, 968 – Berliner Hauptbahnhof; Jänecke, S. 192.

356 BGH in GRUR 1955, 201, 204 – Cosima Wagner; Federle, S. 70, der die Grenze dort ziehen will, wo solcher „Persönlichkeitsverletzungen zu befürchten sind, die wegen der Schwere und der staatlichen Aufgabe zur Wahrung der guten Sitten nicht dem Selbstbestimmungsrecht unterliegen können"; Jänecke, S. 191.

nahme seines Abwehrrechts gegenüber dem Eigentümer quasi passiv im Kernbereich des UPRs verletzen zu lassen[357]. Sollte dieser Weg gewählt werden, so ist dies aber für den Eigentümer oder auch für jeden Dritten höchst unzuverlässig. Der Urheber könnte nämlich durch einfache Gesinnungsänderung und Inanspruchnahme seiner Rechte gegen den Ändernden vorgehen, sodass diese Lösung keinerlei Rechtssicherheit für die Parteien birgt, die von einer wirksamen Zustimmung ausginge. Denn hat der Urheber einmal wirksam seine Zustimmung zu einer konkreten Änderung erteilt, kann er hinterher nicht mehr davon abrücken[358].

Der eben beschriebenen sogenannten Kerntheorie, die ihren Schwerpunkt auf dem Schutz der Persönlichkeit des Urhebers legt und den persönlichkeitsrechtlichen Aspekten des monistischen, deutschen Urheberrechts Rechnung trägt, werden seit neuerer Zeit aber Einwände entgegengehalten. Insbesondere begrenze sie die Vertragsfreiheit zu stark und trage paternalistische Züge[359]. Vielmehr soll der Urheber auch in der Lage sein, Eingriffen zuzustimmen, die im Kernbereich des UPRs liegen, solange er das Ausmaß seiner Zustimmung hinreichend konkret erfassen und so selber abwägen kann, ober er durch die fremde Maßnahme in seinen Rechten verletzt sein will oder nicht. Unwirksam wären hiernach nur pauschale Rechtseinräumungen, da sie einerseits in ihrem Ergebnis nicht vorhersehbar sind und andererseits eine Verfügung über das UPR als Ganzes bedeuteten, die auch die Anhänger dieser sogenannten Vorhersehbarkeitslehre ablehnen[360].

Mit der Vorhersehbarkeitslehre wird das Kriterium der Interessengefährdung somit subjektiv. Es ist aber vielmehr objektiv zu beurteilen. Anderenfalls würde der Rechtsunsicherheit Tür und Tor geöffnet. Ergibt die Prüfung, dass das Verhalten des Eigentümers zur Gefährdung der Urheberinteressen überhaupt geeignet ist, so muss in der Folge anhand einer Gesamtabwägung der beteiligten Interessen festgestellt werden, ob eine Rechtsverletzung auf Seiten des Urhebers durch den Eigentümer vorliegt. Die Vorhersehbarkeitslehre verfehlt somit eines ihrer Hauptziele. Darüber hinaus wird der subjektiven Einschätzung des Urhebers auch bei der Kerntheorie schon ausreichend Rechnung getragen, denn auch

357 F/N-Dustmann, § 14 UrhG, Rn 24.

358 F/N-Dustmann, § 14 UrhG, Rn 22; BGH in NJW 1989, 384, 385 – Oberammergauer Passionsspiele II; W/B-Bullinger, § 14 UrhG, Rn 12; Schricker-Dietz, § 14 UrhG, Rn 11c.

359 Metzger in GRUR Int. 2003, 9, 14.

360 Erdmann in FS Nirk, 209, 221, 222; Hubmann, Persönlichkeitsrecht, S. 132; Jänecke, S. 193; Metzger in GRUR Int. 2003, 9, 13, 15; Sack in JZ 1999, 579, 580; Schricker in FS Hubmann, 409, 415, 416, 417; Hubmann, S. 132.

hier kann er entscheiden, ob er in eine konkrete Änderung, die freilich nicht den Kern des UPRs berührt, einwilligen will oder nicht. Weiter könnten die Urheber so in die Gefahr geraten, von den Eigentümern übervorteilt zu werden. Denn wenn ein Urheber sein Werk nicht unter Einwilligung in eine möglichst weitreichende Änderungsklausel veräußern wollen würde, könnte er bei voller Disponibilität ggf. damit rechnen, dass er seine Werkstücke zukünftig nur noch schwerlich absetzen würde. Denn welcher Eigentümer würde schon bei einer Investition in ein Haus oder eine vergleichbar teure und aufwendige Sache freizügig auf ihm mögliche Rechte verzichten wollen. Ein solcher Altruismus ist lebensfremd und allenfalls bei Werken der reinen Kunst zu erwarten, die keinerlei Gebrauchszweck haben. Hier wäre es dann noch möglich, dem Urheber nahezu gönnerhaft und ohne größeres finanzielles Risiko seine Vetorechte bei Änderungen zu belassen. Der Verweis auf § 138 BGB für den Fall solcher den Eigentümer oder Dritte übervorteilenden Verträge ist ebenfalls nicht ausreichend[361], da § 138 BGB, wie bereits erwähnt, nicht auf den Änderungszeitpunkt abstellt, sondern auf den Zeitpunkt der Vornahme des Rechtsgeschäfts. Ein Beleg für die Konsequenzen für die Urheber, die mit der Vorhersehbarkeitslehre in ihrer Anwendung drohten, ist der Umgang mit dem Namensnennungsrecht, auf das Urheber aufgrund seiner weitgehenden und anerkannten Disponibilität gerade im Bereich der Presse oder bei Ghostwriterverträgen regelmäßig verzichten.
Der Verweis, dass in der Rechtspraxis Änderungsverträge, die auch den Kernbereich des UPRs berühren, empirisch nachweisbar in hoher Zahl vereinbart werden, ist hingegen kein Hinweis auf deren Zulässigkeit. Nur weil der Verkehr etwas für sinnvoll erachtet, muss dies noch nicht zulässig sein. Vielmehr kann in solchen Verträgen nach der Verkehrssitte auch eine rechtliche Unsitte gesehen werden, die keinerlei rechtsdogmatische Bedeutung und damit keine Verbindlichkeit hat. Gleiches gilt auch für den Verweis auf etwa anderslautendes und die Vorhersehbarkeitslehre befürwortendes ausländisches Recht. Dieses kann keine Aussagen über das deutsche Urheberrecht treffen. Allenfalls sind aus ihm neue Lösungswege zu erkennen, die aber zunächst vom Gesetzgeber eingeführt werden müssten, wofür aber bisher keine Hinweise bestehen.
Jedenfalls widerspricht die Vorhersehbarkeitslehre auch der Konstruktion der deutschen Persönlichkeitsrechte, die alle an Art. 1 I 1 GG gebunden sind. Art. 1 I 1 GG beschreibt mit der unveräußerlichen Menschenwürde den Kern der deutschen Rechtsordnung, über den weder der Staat noch das rechtstragende Individuum – sei es auch noch so rechtspolitisch erwünscht – frei bestimmen kann.

---

361 So aber: Metzger in GRUR In. 2003, 9, 22.

Zwar ist nicht von der Hand zu weisen, dass dies in manchen Fällen der Rechtspraxis zu Unsicherheiten in Bezug auf die Verlässlichkeit von Vereinbarungen führen kann, die dann von Gerichten geklärt werden müssen. Allerdings postuliert Art. 1 I 1 GG eben auch, dass gegen ihn nicht abgewogen wird, sodass der Einwand der besseren Rechtssicherheit an der Norm und somit am Vorbehalt des unveräußerlichen und unverzichtbaren Kerns des UPRs als konstitutives Element der deutschen Persönlichkeitsrechte als solches abprallen muss. Auch trägt die Kerntheorie der freien Selbstbestimmung des Urhebers zu wenig Rechnung, da sie dem Urheber mitnichten etwas verbietet, sondern nur feststellt, dass hier ein Recht besteht, über das er nicht in allen Aspekten verfügen oder verzichten kann, sodass sich die Frage, ob er es darf, gar nicht stellen kann[362]. Die Verweigerung der Selbstbestimmung durch das UPR geht indessen auch nicht so tief, dass der Urheber seinerseits hierdurch in seinem Recht auf Selbstbestimmung soweit verletzt wäre, dass er sich auf einen hierdurch bestehenden Eingriff in Art. 1 I 1 GG berufen könnte, der mit dem allgemeinen Persönlichkeitsrecht, das die Selbstbestimmung schützt, verbunden ist. Insgesamt bleibt aus den vielen genannten Gründen daher festzustellen, dass die Vorhersehbarkeitslehre weder die Probleme um die Rechtssicherheit zu lösen vermag noch mit der Dogmatik der deutschen Persönlichkeitsrechte in Einklang zu bringen ist und daher abgelehnt werden muss.

d) Möglichkeit vertraglicher Regelungen

Da, wie oben bereits erwähnt[363], eine wirtschaftlich geordnete Werkverwertung, zu der auch Rechtsicherheit gehört, nicht ohne die Möglichkeit der Erteilung einer Änderungsbefugnis möglich wäre und dies, wie aufgezeigt, auch nicht im Widerspruch zum unveräußerlichen Kern des UPRs steht, da sich aus der Unverzichtbarkeit des Kerns lediglich die Schranke für die Wirksamkeit der Befugniserteilung für Entstellungen des Werkes ergibt, ist es auch grundsätzlich möglich, schon vor einer Änderung hierzu eine Regelung mittels eines Vertrags zwischen den Parteien zu treffen[364].

Lassen sich die Parteien im Vorfeld hierauf ein, so gilt, dass ein solcher Vertrag immer im Sinne des Rechtsgrundsatzes der beidseitig interessengerechten Auslegung betrachtet werden muss, also im Zweifel weder die eine noch die andere

---

362 So aber die Anhänger der Vorhersehbarkeitslehre: für viele und m. w. N.: Jänecke, S. 194, 195.

363 Siehe S. 59 ff..

364 BGH in GRUR 1971, 269, 271 – Das zweite Mal; D/S-Dreier, § 14 UrhG, Rn 19; W/B-Bullinger, § 14 UrhG, Rn 12.

Seite von vornherein bevorzugt wird[365]. Zweifel gehen stets zulasten dessen, der sich auf die auslegungsbedürftige Klausel beruft[366]. Im Bereich der Nutzungsrechte gilt dies mit der Maßgabe, dass die Anforderungen nicht zu hoch anzusetzen sind, da sich nötige Änderungen erst durch die Umsetzung der Nutzung ergeben können. Zu differenzieren ist hier auch zwischen den einzelnen Werkarten[367]. Dies lässt sich mit Bezug auf das Sacheigentum und die hier relevanten Änderungsinteressen nicht übertragen. Regelmäßig ist der Eigentümer weniger Sachzwängen unterworfen, die erst nach Erwerb oder Errichtung des Werkstücks entstehen, als der Nutzer eines Werkes. Vielmehr kann man vom Eigentümer verlangen, dass er sich vor dem Erwerb Gedanken über den Gebrauch des Werkstücks gemacht hat, sodass hier strenge Kriterien bei der Beurteilung der vereinbarten Änderungsbefugnisse angelegt werden können und müssen.
Liegt kein Vertrag vor, der sich auf eine konkrete Änderungsbefugnis bezieht, jedoch einen Lizenzvertrag darstellt, so kann sich in diesem besonderen Fall, wie schon § 39 II UrhG zeigt, die Änderungsbefugnis auch aus dem vereinbarten Nutzungszweck ergeben[368]. Zu beachten ist in einem solchen Fall aber, dass auch hier der Auslegung des Vertrags eine urheberfreundliche Auslegung nach den Grundsätzen der Zweckübertragungslehre vorhergehen muss[369].
Liegt ein Arbeits- oder Dienstverhältnis vor, so kann sich eine Änderungsbefugnis auch aus diesem Verhältnis insoweit ergeben, als das diese umso mehr zunimmt, je mehr das Verhältnis ein festes ist, wie in Bezug auf die Arbeiten von freien Journalisten entschieden wurde[370]. Auch können sich gegenüber angestellten Urhebern durch das Arbeitsverhältnis und insbesondere durch Arbeits- und Tarifverträge durchaus weitreichende Änderungsbefugnisse zugunsten des arbeitgebenden Eigentümers ergeben[371].
Problematisch mit Hinblick auf den unveräußerlichen Kern des UPRs sind insbesondere pauschale Vereinbarungen. Teilweise wurde darauf abgestellt, dass

---

365 BGH in GRUR 1999, 230, 232 –Treppenhausgestaltung.
366 Jaestedt, S. 72.
367 W/B-Wandtke/Grunert, § 39 UrhG, Rn 10.
368 BGH in GRUR 1986, 458, 459 – Oberammergauer Passionsspiele I, BGH in GRUR 1988, 106, 108 – Oberammergauer Passionsspiele II; D/S-Schulze, § 39 UrhG, Rn 10; Schricker-Dietz § 39 UrhG, Rn 11.
369 D/S-Schulze, § 39 UrhG, Rn 10; F/N-Dustmann, § 14 UrhG, Rn 23; F/N-Nordemann, § 39 UrhG, Rn 16 jeweils für den Fall der Nutzungsrechtsausübung. Jedoch kann für das Verhältnis von Urheber und Eigentümer an dieser Stelle keine andere Auslegungsregel gelten.
370 D/S-Schulze, § 39 UrhG, Rn 12; Schricker-Dietz, § 39 UrhG, Rn 23; Schricker-Rojahn, § 43 UrhG, Rn 67
371 W/B-Wandtke/Grunert, § 39 UrhG, Rn 4.

auch hier der Vertragszweck zu achten und im Zweifel urheberfreundlich zu entscheiden sei[372]. Im Hinblick auf den durch eine pauschale Rechteeinräumung immer tangierten Kern des UPRs kann dem aber nicht gefolgt werden. Wie schon dargestellt, kann sich der Urheber nicht derart in seinen Rechten wirksam beschränken, dass er den unantastbaren Kern seines Urheberrechts schutzlos stellt[373]. Eine pauschale Änderungsbefugnis bedeutete aber gerade sogar ein verfügungsgleiches und daher unzulässiges Verfahren des Urhebers mit seinem UPR. Zulässig ist lediglich die Beschränkung auf einzelne Teile desselben. Aus diesem Grund sind pauschale Änderungsbefugnisse als Einschränkungen des UPRs unzulässig[374]. Gleiches gilt für formularmäßig erteilte Änderungsbefugnisse, die regelmäßig gegen § 307 II BGB verstoßen[375]. Die Befugniserteilung muss im Gegenteil möglichst konkret sein[376]. Je individueller das Werk und je stärker der Eingriff in dessen Werkintegrität ist, desto konkreter muss er zuvor bestimmt und somit dem Urheber vorher bekannt gewesen sein, wenn sich die vereinbarte Änderungsbefugnis auch hierauf erstrecken soll, da der Urheber nur dann persönlichkeitsrechtlich wirksame Befugnisse erteilen kann, wenn er wenigstens die Tragweite seiner Entscheidung hinreichend konkret erfassen kann, wobei es hierbei auf eine objektive Betrachtung im Einzelfall ankommt[377]. Als hinreichend konkret sind Änderungsbefugnisse dann zu bezeichnen, wenn der Urheber zum Zeitpunkt der Abrede im Großen und Ganzen das Ausmaß der Änderung erkennen und so einschätzen kann, wie sein Werk in der Öffentlichkeit zu sehen sein wird[378].

---

372 D/S-Schulze, § 39 UrhG, Rn 11; BGH in GRUR 1996, 121, 122 – Pauschale Rechtseinräumung, der hier die Zweckübertragungslehre als allgemeines Prinzip postuliert, das über § 31 V UrhG hinausgehe.

373 BGH in GRUR 1999, 230 – Treppenhausgestaltung; LG Berlin in GRUR 2007, 964, 968 – Berliner Hauptbahnhof; Riesenkampff, S. 22; F/N-Dustmann, § 14 UrhG, Rn 22; F/N-Nordemann, § 39 UrhG, Rn 19.

374 W/B-Wandtke/Grunert, § 39 UrhG, Rn 9; Möhring/Nicolini-Spautz, vor § 12 UrhG, § 39 UrhG, Rn 7; dagegen: BGH in GRUR 1971, 269, 271 – Das zweite Mal.

375 D/S-Schulze, § 39 UrhG, Rn 11; F/N-Dustmann, § 14, UrhG Rn 23; F/N-Nordemann, § 39 UrhG, Rn 16.

376 LG-HH in ZUM-RD 2008, 30, 32; Jänecke, S. 193; Jaestedt, S. 72; ; D/S-Schulze, § 39 UrhG, Rn 11; Schricker-Dietz, § 39 UrhG, Rn 10; W/B-Wandtke/Grunert, § 39 UrhG, Rn 9.

377 D/S-Schulze, § 39 UrhG, Rn 13; § 14 UrhG, Rn 41; Schricker-Dietz, § 39 UrhG, Rn 10.

378 OLG Celle in BauR 1986, 601 – Architektenvertrag; OLG München in GRUR 1986, 460 – Unendliche Geschichte; W/B-Wandtke/Grunert, § 39 UrhG, Rn 10.

e) Parodie

Die Eignung zur Interessengefährdung entfällt bei einer Parodie, da diese sich durch einen ersichtlichen inneren Abstand zum parodierten Werk auszeichnet, sodass für jeden der parodistische Charakter ersichtlich ist[379]. In solchen, für das Eigentümer-Urheber-Verhältnis eher selteneren Streitfällen kommt es daher auf eine Abwägung nicht mehr an.

f) Die Änderung im Bagatellbereich

Ist der Begriff der Beeinträchtigung objektiv nicht nach unten begrenzt, so ist trotzdem nicht jede Beeinträchtigung geeignet, die Schwelle zur Interessengefährdung zu überschreiten. So kann sich der Urheber nicht gegen völlig unerhebliche Beeinträchtigungen – wie etwa einen einfachen Nagel in der Wand oder Ähnlichem – aufgrund des allgemeinen urheberrechtlichen Änderungsverbots zur Wehr setzen[380]. Insofern wird man die Indizwirkung der beeinträchtigenden Interessengefährdung auch durch den Beweis einer Veränderung im Bagatellbereich entkräften können, sodass auch hier eine Abwägung entfallen kann.

3. Fazit

Die Feststellung der Beeinträchtigung des Werkes indiziert die Rechtswidrigkeit der Eigentümerhandlung. Die Vermutung ist widerlegbar. Infrage kommen hier vor allem das Fehlen der Öffentlichkeit der Veränderungshandlung, das Bestehen von zulässigen vertraglichen Änderungsvereinbarungen sowie die Zustimmung oder Genehmigung durch den Urheber.

379 D/S-Schulze, § 14 UrhG, Rn 24.
380 Riesenkampff, S. 76.

Kapitel 5 – Die Interessen der Betroffenen

Liegt ein urheberrechtlich schutzfähiges Werk vor, in das der Eigentümer beeinträchtigend eingegriffen hat, und ist die Indizwirkung der Rechtsverletzung durch den beeinträchtigenden Eingriff in das Werk nicht widerlegt, so muss in einer Gesamtabwägung im Wege der praktischen Konkordanz ein Ausgleich zwischen Eigentümer und Urheber gefunden werden. In eine solche Abwägung fließen die Interessenlagen der streitenden Parteien gleichermaßen und auf gleicher Ebene ein. Aus diesem Grund ist es notwendig, die Interessenlage der Eigentümer wie auch der Urheber in solchen Fällen zunächst zu analysieren und aufzuzeigen. Interessen sind hierbei jedes Bedürfnis, das auf die Vornahme oder Untersagung einer bestimmten Handlung gerichtet ist[381]. Erst in der später zu behandelnden Interessenabwägung soll dann ein wertender Vergleich der beteiligten Bedürfnisse stattfinden.
Hierbei ist zu berücksichtigen, dass die beiden Rechte jeweils auf Art. 14 I GG fußen, für den Urheber weiter persönlichkeitsrechtliche Belange für die Eigentümer und auch weitere Rechte von Verfassungsrang, wie das kirchliche Selbstbestimmungsrecht, eine Rolle spielen können. Daher geht von den Aussagen der Verfassung im Hinblick auf die widerstreitenden Rechte entscheidende Bedeutung sind. Aus diesem Grund wird im Folgenden das Sacheigentum und später das Urheberecht inhaltlich in Bezug auf ihre eigenen verfassungsrechtlichen Gewährleistungen hin untersucht, um sodann eine Trennlinie zwischen den beiden Rechten möglichst genau ziehen zu können.

1. Die Interessen der Eigentümer

Zunächst soll die Interessensituation der Eigentümer erläutert werden. Grundsätzlich ist festzustellen, dass die Interessen der Eigentümer nur insofern rechtlich beachtlich sind, als sie durch die Eigentumsposition des Art. 14 GG geschützt sind. Aus diesem Grund muss einer Interessenanalyse notwendigerweise eine Analyse des Begriffs des Sacheigentums zugrunde liegen.

a) Der Eigentumsbegriff des Art. 14 GG

Das Sacheigentum ist ein jahrtausendealtes Recht. Seine erste Erwähnung in einem Gesetz findet es vor mehr als 4000 Jahren im sogenannten Codex Uranum, der bereits das Eigentum an Häusern – nicht jedoch an Grund und Boden –

381 Federle, S. 47.

kannte. Seinen Charakter als gegen jedermann wirkendes, absolutes Recht erhielt das Eigentum endgültig im klassischen römischen Recht der Antike[382]. Allerdings wurde dieses Recht nicht schrankenlos gewährt; so gab es bereits in den Zwölf-Tafel-Gesetzen etwa nachbarrechtliche Bestimmungen, sodass nie ein unbegrenztes Recht vorlag, sondern sein Inhalt stets aus dem Zusammenspiel des jeweiligen Normenschatzes der Zeit hervorging[383]. Diesem Ansatz folgt auch das deutsche BGB von 1900 in seinem § 903, wenn das Gesetz einerseits dem Eigentümer das Recht zuweist, mit der in seinem Eigentum stehenden Sache nach seinem Belieben zu verfahren, und diese Herrschaftsmacht unverzüglich durch den Kanon der dieser Aussage entgegenstehenden Gesetze beschränkt[384]. Eine solche Konstruktion des Eigentumsrechts hat sich als äußerst flexibel und daher als zeitlich beständig erwiesen. Allerdings ergeben sich in komplizierten Rechtsordnungen – wie der deutschen – für den Laien hieraus durchaus Probleme. Er wird regelmäßig nicht mehr erkennen können, welche Normen seinem Eigentumsrecht im Einzelfall in ihrer Vielzahl entgegenstehen. Daher führt der vom Gesetzgeber gewählte Vorteil dieser Eigentumskonstruktion, nämlich im Eigentumsbegriff einen Ausgleich aller an einer Sache und ihren Verkörperungen bestehenden Interessen herzustellen, im Alltag zu praktischen Abwägungsproblemen und Unsicherheiten.

Seit dem Erlass des Grundgesetzes wird das Eigentum in Deutschland von Art. 14 GG geschützt. Die Eigentumsgarantie des Art. 14 I GG ist hierbei ein elementares Grundrecht, das dem Einzelnen die eigenverantwortliche Gestaltung seines Lebens – mittels eines Freiraums im vermögensrechtlichen Bereich – sichern soll[385]. Der Eigentumsbegriff des GG ist hierbei geprägt durch die privatnützig zugewiesene Herrschaftsmacht des Eigentümers, welche auch aus § 903 BGB, der auch *Magna Charta des Eigentumsgrundrechts* genannt wird, hervorgeht. Hiernach kann der Eigentümer mit der in seinem Eigentum befindlichen Sache grundsätzlich nach seinem Belieben verfahren[386]. In diesem Sinne ist alles Eigentum, was den hierdurch entstehenden Ausschließlichkeitscharakter gegenüber Dritten in Bezug auf seine Privatnützigkeit beinhaltet, also jedes absolute

---

382 Riesenkampff, S. 26, 27; Kaser, S. 400.
383 Riesenkampff, S. 27.
384 Riesenkampff, S. 28.
385 BVerfGE in NJW 2000, 2573, 2574; J/P-Jarass, Art. 14 GG, Rn 1.
386 v. Mangoldt-Depenheuer, Art. 14 GG, Rn 33.

Recht[387]. Eigentum wird also definiert als jedes vom Gesetzgeber gewährte, privatnützige, vermögenswerte, absolute Recht[388].

Der Eigentumsbegriff des GG ist hierbei nicht mit dem zivilrechtlichen Eigentumsbegriff – etwa dem des § 903 BGB – identisch. Es sind somit auch Eigentumsrechte möglich, die nicht wie § 903 BGB an eine Herrschaftsmacht über eine Sache im Sinne des § 90 BGB anknüpfen[389]. Der Gesetzgeber darf Inhalt und Schranken des Schutzbereichs des verfassungsmäßigen Eigentumsbegriffs gem. Art. 14 I 2 GG vielmehr in Bezug auf das einzelne Eigentumsrecht konkretisieren und bestimmen[390]. Daher ist der Begriff des Eigentums im GG offen und nicht abschließend aufgezählt und definiert. Jedenfalls müssen aber alle Positionen, die der Gesetzgeber nach Art. 14 GG – das Grundrecht einfachgesetzlich konkretisierend – dem Eigentumsbegriff hinzufügt (wie das Sacheigentum) dem Rechtsinhaber als umfassendes, privatnütziges, vermögenswertes und ausschließliches Herrschaftsrecht zugeordnet sein[391]. Grenze für diese gesetzgeberische Möglichkeit der Ausgestaltung des Eigentumsbegriffs durch Inhaltsbestimmung und Beschränkung ist hierbei schon denklogischerweise die Institutsgarantie des Art. 14 GG selbst, auf die der Gesetzgeber keinen Einfluss hat[392].

Dieses römisch-rechtlich geprägte Leitbild eines einheitlich abstrakten Eigentumsbegriffs bestimmt den Inhalt des Art. 14 GG und konturiert die Befugnisse des Eigentümers gegenüber Dritten. Hierbei hat das Grundgesetz den Eigentumsbegriff nicht, wie teilweise behauptet, als ihm vorausliegend begriffen und an den im deutschen Recht bestehenden Eigentumsbegriff aus dem Jahr 1949 weitgehend angeknüpft[393], sondern vielmehr dem Gesetzgeber die Möglichkeit und Aufgabe überlassen, den Eigentumsbegriff des Grundgesetzes mit Leben zu füllen, sodass nur die Institutsgarantie eine Grenze der gesetzgeberischen Möglichkeiten auf diesem Gebiet darstellt[394]. Daher ergibt sich für den Eigentumsbegriff des GG, dass er stets aus dem Gesamtbild aller zum fraglichen Zeitpunkt

387 BVerfG in NJW 1997, 1975, 1975; BVerfG in NJW 1988, 2594, 2595.

388 BVerfGE in NJW 1991, 1807, 1807 – Vorkaufsrecht; BVerfG in NJW 1982, 745, 748; J/P-Jarass, Art. 14 GG, Rn 7.

389 Jänich, S. 194.

390 Riesenkampff, S. 89.

391 v. Mangoldt-Depenheuer, Art. 14 GG, Rn 34; Jänecke, S. 116.

392 So wohl auch Riesenkampff, S. 90; v. Mangoldt-Depenheuer, Art. 14 GG, Rn 91.

393 So aber v. Mangoldt-Depenheuer, Art. 14 GG, Rn 32, 33.

394 BVerfG in NJW 1982, 745, 752; Böhmer, S. 63 ff.; v. Mangoldt-Depenheuer, Art. 14 GG, Rn 35.

bestehenden und das Eigentum betreffenden Normen zu bestimmen ist. Inhalt und Funktion des Eigentums sind dabei der Anpassung an die bestehenden gesellschaftlichen und wirtschaftlichen Verhältnisse fähig und bedürftig[395].

Der Inhalt und die Schranken des Eigentums werden somit gem. Art. 14 I 2 GG durch einfachgesetzliche Normen bestimmt, für die eine Ausnahme vom Zitiergebot besteht, da diese keine Einschränkungen im Sinne des Art. 19 I GG darstellen[396]. Jedoch gilt für sie das Verhältnismäßigkeitsprinzip in vollem Umfang[397].
Inhaltlich werden die Innehabung, die Nutzung und der Gebrauch sowie die Verfügung über das Eigentum geschützt[398]. Hierbei ist das Kriterium der Verfügbarkeit aber problematisch[399]. Richtigerweise ist die Verfügbarkeit über das Eigentum im Sinne des Art. 14 I GG als solche unter Lebenden hierunter nicht zu verstehen, sondern allenfalls der Schutz vor einem Verfügungszwang oder dem Schutz der Verfügbarkeit für den Eigentümer, für den Fall, dass die jeweilige einfachgesetzlich ausgeprägte Eigentumsposition überhaupt verfügbar sein soll. Als Beleg hierfür kann das Urheberrecht angeführt werden, das nach einhelliger Auffassung unter den Eigentumsbegriff des Art. 14 I GG fällt, seinerseits aber gem. §§ 28 und 29 I UrhG selbst für den Urheber nur von Todeswegen verfügbar ist. Weiter sind auch die Anwartschaften gegenüber der gesetzlichen Rentenversicherung, die ihrerseits als Eigentumsposition anerkannt sind, unverfügbar[400]. Beiden Beispielen ist aber gemein, dass sie ihren Eigentumsschutz auch mit dem Argument erhalten, dass hier eine individuell erbrachte Leistung geschützt wird[401], also nicht auf die einfache Verfügbarkeit der absoluten Rechtsposition abzustellen ist.
Dies gilt umso mehr, wenn man das beschränkt dingliche Recht des Nießbrauchs mit in den Blick nimmt, das ebenfalls unter den Eigentumsbegriff des Art. 14 I GG fällt[402]. Die Unübertragbarkeit des Nießbrauch im Sinne des § 1059 I BGB steht einer für das Eigentum konstitutiven Bedingung der Verfügbarkeit der einzelnen Rechtsposition entgegen. Der Nießbrauch ist hierbei ein vom Gesetzge-

395 v. Mangoldt-Depenheuer, Art. 14 GG, Rn 35, 91, 111.
396 BVerfGE 24, 367, 367, 389 auch explizit für Gesetze im Sinne des Art. 14 III GG; J/P-Jarass, Art. 14 GG, Rn , 36, 37.
397 J/P-Jarass, Art. 14 GG, Rn 38.
398 BVerfG in NVwZ 1023, 1023, 1024; J/P-Jarass, Art. 14 GG, Rn 6, 19.
399 Hösch, S. 54.
400 BVerfGE 53, 257, 257.
401 Hösch S. 27.
402 Maunz/Dürig-Papier, Art. 14 GG, Rn 56.

ber gewollt besonders ausgefertigtes Recht. Die Verfügbarkeit des Niesbrauchs wird durch die Ausübungsunterlassung im Sinne des § 1059 II BGB ersetzt und steht der Verfügbarkeit hier lediglich im Hinblick auf den vermögenswerten und privatnützigen Charakter des Rechts gleich. Denn der Ausübungsberechtigte erlangt wie der verfügungsbedingte Rechtsnachfolger den unmittelbaren Besitz an der Sache sowie ein Besitzrecht gegenüber dem Eigentümer, das seinerseits aber nur schuldrechtlich wirkt[403]. Es ist übertragbar, endet aber mit dem Ende des ihm zugrunde liegenden Nießbrauchs[404].
Daher wird man ein Recht als Eigentum im Sinne des Art. 14 I GG dann bezeichnen können, wenn es entweder absolut, privatnützig und vermögenswert für den Rechtsinhaber ist, oder eben als Spiegelbild persönlicher Leistung oder Schöpfung anzusehen ist. Auf die Verfügbarkeit kommt es folglich keinesfalls an.
Nicht unter den Eigentumsbegriff fallen indes das Vermögen als solches sowie in der Zukunft liegende nicht konkretisierte oder ungesicherte Verdienstmöglichkeiten[405]. Eingriffe in eine Eigentumsposition – etwa das Sacheigentum – durch kollidierendes Verfassungsrecht bedürfen stets einer einfachgesetzlichen Grundlage[406].
Das GG bürdet dem Eigentümer weiterhin keine unmittelbaren Pflichten – auch nicht durch Art. 14 II GG – auf[407]. Allerdings ist die sogenannte Sozialbindung des Eigentums bei der Auslegung von Ermessensspielräumen durch den Staat durchaus beachtlich[408]. So kann sich der Staat bei der Frage der Verhältnismäßigkeit einer Schranke einer Eigentumsposition regelmäßig auf Art. 14 II GG zur Rechtfertigung berufen. Da die Rechtssätze des GG aber nicht zwischen Privaten unmittelbare Anwendung finden, ist ein Argumentieren mit Art. 14 II GG für diese aber gerade nicht möglich[409].

Auch eine Wertgarantie oder einen Anspruch auf Wertentschädigung erhält Art. 14 GG grundsätzlich, solange keine Enteignung vorliegt, nicht. Eine solche kann sich nur aus einer die Enteignung selbst bezweckenden Entscheidung des Gesetzgebers im Sinne des Art. 14 III GG ergeben. Ausgleichsansprüche aufgrund Art. 14 GG, die durch eine Inhalts- oder Schrankenbestimmung im Sinne

---

403 Palandt-Bassenge, § 1059 BGB, Rn 2.
404 Palandt-Bassenge, § 1059 BGB, Rn 3.
405 BVerfG in NJW 2002, 2621, 2625; J/P-Jarass, Art. 14 GG, Rn 22.
406 J/P-Jarass, Art. 14 GG, Rn 50.
407 J/P-Jarass, Art. 14 GG, Rn 1, 50.
408 J/P-Jarass, Art. 14 GG, Rn 50.
409 Riesenkampff, S. 101.

des Art. 14 I GG entstanden sein könnten, gibt es also nicht. Gleiches gilt für etwaige Abwehransprüche gegen Inhalts- und Schrankenbestimmungen, wenn sie sich in der Sache negativ auf den Wert des Sacheigentums auswirken würden[410].
Hieran kann man bereits erkennen, dass Art. 14 I GG im Kern nur den Bestand sowie die Verfügbarkeit des Sacheigentums schützt[411]. Die Norm garantiert dem Sacheigentümer lediglich die Verfügungsfreiheit, nicht jedoch die Nachfragesituation nach seinem Eigentum und damit dessen Preis[412]. Die Grenze für die Einschränkbarkeit des Sacheigentums auch in seinem individuellen Wert bildet allerdings die Institutsgarantie des Art. 14 I 1 GG. Sie stellt den Mindeststandard der als Eigentum privatnützig zugeordneten Vermögensrechte dar und ist als strikt zu beachtendes Untermaßverbot zugunsten des Eigentümers zu sehen[413]. Dieser Mindeststandard wird auch in der Gewährung von Abwehransprüchen der Eigentümer gegen etwaige Beeinträchtigungen ihres Sacheigentums durch Dritte zu wahren sein[414]. Ansprüche eines Urhebers auf Errichtung eines Werkstücks gegenüber den Eigentümern scheiden somit aus, da diese gerade solche abwehrfähigen Beeinträchtigungen seiner Eigentumsposition darstellen würden. In den Bereich der Institutsgarantie fällt ebenfalls auch die bereits angesprochene Bestands- sowie Verfügbarkeitsgarantie, insofern die jeweilige Inhaltsbestimmung im Sinne des Art. 14 I GG eine absolute Verfügbarkeit der Eigentumsposition erfasst. Die hieraus ersichtliche Privatnützigkeit des Eigentums realisiert das personale, freiheitsverbürgende Element der Eigentumsgarantie[415].

aa) Die Befugnisse des Sacheigentümers nach Art. 14 GG

Zur rechtlichen Substanz des Sacheigentums gehört die Freiheit, den Eigentumsgegenstand zu nutzen, sogenannter Usus fructus[416], diesen zu gebrauchen[417] oder es gerade nicht zu tun. Vereinzelt wurde das in jüngerer Zeit bezweifelt[418].

---

410 J/P-Jarass, Art. 14 GG, Rn 3, 54.

411 So auch: BVerfG in NJW 1999, 2877, 2878; BVerfG in NJW 1995, 511, 512; Riesenkampff, S. 90; Jänich, S. 230.

412 BVerfG in EuZW 1998, 279, 283; v. Mangoldt-Depenheuer, Art. 14 GG, Rn 90; Papier in Maunz/Dürig, Art. 14 GG, Rn 164.

413 v. Mangoldt-Depenheuer, Art. 14 GG, Rn 91.

414 v. Mangoldt-Depenheuer, Art. 14 GG, Rn 96.

415 v. Mangoldt-Depenheuer, Art. 14 GG, Rn 68.

416 BVerfG in NJW 1990, 309, 309 – Eigenbedarf; v. Mangold-Depenheuer, Art. 14 GG, Rn 68.

417 Jänich, S. 230.

418 Hösch, S. 313, der aus Art. 14 GG nur Verbotsrechte ableitet.

Art. 14 GG schützt aber insbesondere auch das Eigentum an Grundstücken[419], sodass sich aus der Norm auch das Grundrecht auf Bebauung des Grundeigentums ergibt. Die bauliche Nutzung eines Grundstücks und die Bebauung selbst sind hierbei elementarer Bestandteil des Grundeigentums und gehören zum eigentumsrechtlichen Kernbereich des Art. 14 GG sowie des § 903 BGB[420]. Das Grundeigentum ist im Sinne des § 903 BGB hierbei Leitbild für sämtliche Rechtspositionen, die unter Art. 14 GG fallen[421]. Daher bleibt festzuhalten, dass die Gebrauchsnutzung des Eigentums – sei es für bewegliche oder unbewegliche Sachen – gerade als notwendige Bedingung zur Verwirklichung der freiheitlichen und privatnützigen Garantiefunktion des Eigentums in unserer Rechtsordnung nicht nur von Art. 14 GG erfasst, sondern in ihrem Kern sogar der Institutsgarantie des Art. 14 I 1 GG unterliegen muss. Sähe man dies anders, stellte man auch die Funktion des Eigentums als vermögenswertes Recht infrage, da Eigentum, das sich nicht nutzen lässt, keinerlei Marktwert hat.

Auch wenn man dem Vermögensbegriff nicht ein Marktwerterfordernis zugrunde legt, sondern das Vermögen als rechtliche und tatsächliche Handlungsmöglichkeiten des Vermögenden begreift[422], so verliert der Eigentümer mit dem dann möglichen Entzug der Gebrauchbarkeit seines Eigentums ebenfalls sämtliche seiner Handlungsmöglichkeiten hinsichtlich seines Eigentums[423]. Man wird hier ohne Weiteres von einer die Eigentumsposition erdrosselnden Wirkung sprechen können. Eingriffe in die Baufreiheit – etwa durch das Urheberrecht – sind somit stets rechtfertigungsbedürftige Eingriffe in das Grundrecht[424]. Gleichwohl zeigt aber die Anerkennung nachbarschaftsrechtlicher Rechte, dass die Baufreiheit und ihre Ausübung nicht frei von Interessen oder Rechten Dritter nutzbar ist[425].

Allerdings erschöpft sich die Eigentumsposition im Sacheigentum nicht mit der Brauchbarkeit der im Eigentum befindlichen Sache. Betrachtet man die einfachgesetzliche Konkretisierung des Art. 14 I GG in § 903 BGB, so wird die Breite der sacheigentümlichen Befugnisse durch den Rechtsträger deutlich. So weist § 903 BGB den Sacheigentümer als geradezu umfassend berechtigten am Eigentumsgegenstand aus, solange die Ausübung des Sacheigentumsrechts nicht im

---

419 BVerfG in NJW 1998, 3033, 3034; J/P-Jarass, Art. 14 GG, Rn 24; v. Mangold-Depenheuer, Art. 14 GG, Rn 114, 116, 117.

420 v. Mangold-Depenheuer, Art. 14 GG, Rn 117; Riesenkampff, S. 99, 100.

421 v. Mangold-Depenheuer, Art. 14 GG, Rn 114; Dreier-Wieland, Art. 14 GG, Rn 31.

422 Hösch, S. 32, der Vermögensschutz als Schutz der Gebrauchsmöglichkeit definiert.

423 Hösch, S. 54.

424 v. Mangold-Depenheuer, Art. 14 GG, Rn 119; Riesenkampff, S. 100.

425 So inhaltlich wohl auch: BVerwGE 50, 290, 290, 339; v. Mangold-Depenheuer Art. 14 GG, Rn 122, 123; Riesenkampff, S. 100.

Widerspruch zu anderen Rechtspositionen steht. Hieraus ist ersichtlich, dass das Sacheigentum jeden Umgang mit einer Sache schützt, der auf einem Interesse an der Sache selbst basiert. So sind Interessen am ästhetischen Erscheinungsbild eines Gebäudes hiervon ebenso erfasst wie ein Interesse am sicheren Umgang mit und durch die im Eigentum befindliche Sache. Entscheidend für den Schutz der Befugnisse des Eigentümers ist also der Zusammenhang zwischen fragliche Interesse und dem Eigentumsgegenstand. Ist dieser nur Mittel zum Zweck, scheidet Art. 14 I GG als Schutzposition aus und es muss nach der Schutzposition des jeweiligen Zwecks gefragt werden. So wird zu klären sein, inwiefern etwa wirtschaftliche oder sonstiger Vermögensinteressen von Art. 14 I GG für den Eigentümer geschützt sein können, wenn dieser um ihretwillen mit seinem Eigentumsgegenstand verfährt.

bb) Die Auswirkungen der Institutsgarantie des Art. 14 GG

Wie bereits angesprochen beschreibt § 903 BGB das Sacheigentum im Sinne des Zivilrechts und bestimmt so den einfachgesetzlichen Inhalt des Eigentums. Gäbe es § 903 BGB indes nicht, so bedeutete dies nicht, dass das Sacheigentum mangels Inhaltsbestimmung grundsätzlich nicht gewährleistet wäre. Denn Art. 14 I GG selbst beinhaltet als Grundrecht des Eigentums einen eigenen Eigentumsbegriff, dem sich die einfachgesetzliche Rechtsordnung unabhängig von ihrer individuellen Ausformung im Kern unterwirft. Art. 14 I GG konstatiert nämlich eine institutionelle Garantie des Eigentums, dessen verfassungsrechtlicher Begriff das Sacheigentum erfasst. Die hierin erfassten Rechte für den Sacheigentümer bilden sodann den absoluten Kernbereich des Sacheigentums.

Selbst Bestandteile der Institutsgarantie sind aber rechtlich einschränkbar. Beispielsweise sind die starken Beschränkungen der Baufreiheit, wie sie die Baugesetzgebung mit sich bringt, über die Sozialbindung des Eigentums aus Art. 14 II GG rechtfertigungsfähig. Für das Urheber-Eigentümer-Verhältnis spielt diese Rechtfertigungsmöglichkeit allerdings keine Rolle, da sich beide Parteien ihrerseits nicht hierauf berufen können, wie oben bereits angesprochen[426].

Der unbeschneidbare Kern des Sacheigentums ist folglich nicht durch den Inhalt aller Rechte definiert, die ihrerseits von der Institutsgarantie erfasst sind, sondern vielmehr nur durch den Wesensgehalt dieser in der Institutsgarantie festgeschriebenen Rechte gem. Art. 14 I GG i. V. m. Art. 19 II GG[427]. Als Kernbestandteil des Art. 14 I GG ist somit das Erhaltensrecht des Eigentümers anzusehen. Aus der Gebrauchsgarantie lässt sich neben der Bestandsgarantie auch die

426 Siehe S. 73.

427 Riesenkampff, S. 100

grundsätzliche Berechtigung zur Modernisierung des Eigentumsgegenstandes und dessen Gebrauch ableiten, wie es auch in § 903 BGB dem Wortlaut nach zu sehen ist. Dem Sacheigentümer darf daher durch entgegenstehende Rechte eine Modernisierung seines Sacheigentums nicht völlig versagt werden, wenn dadurch die Frage des „ob" des Eigentumsgebrauchs tangiert wird[428]. Nicht mehr in den Kernbereich des Art. 14 GG fällt aber richtigerweise die dem Gebrauch dienende Zweckänderung des Sacheigentums, da diese lediglich zusätzliche Nutzungs- und Gebrauchsmöglichkeiten erschließen soll und nicht die grundsätzliche Brauchbarkeit des Sacheigentums betrifft. Allerdings ist sie selbstverständlich außerhalb der Institutsgarantie als Inhalt des Art. 14 I GG geschützt. Als Ergebnis lässt sich jedenfalls festhalten, dass über die verfassungsrechtlichen Wertungen solche Eigentümerinteressen gegenüber widerstreitenden Rechtspositionen ein erhebliches und besonderes Gewicht erlangen, die von der Institutsgarantie erfasst sind. Daher wird man für die Fälle eine geringere Durchsetzungskraft solcher Eigentümerinteressen annehmen können, die inhaltlich keinerlei oder allenfalls einem schwachen Bezug zu den von der Institutsgarantie erfassten Interessensituationen aufweisen.

b) Die berechtigten Interessen der Eigentümer

Die Eigentümer, die sich regelmäßig mindestens auf ihr Sacheigentum berufen, nehmen Änderungen an einem urheberechtlich geschützten Werk aus vielerlei Motiven vor, die im Folgenden dargestellt werden sollen. Der Darstellung liegt die Frage zugrunde, ob die angeführten Interessen nach dem oben dargelegten rechtlichen Schutz und somit rechtliches Gewicht gegenüber Dritten aufgrund der Eigentums- oder einer anderen Rechtsposition genießen[429].

aa) Interesse an urheberrechtlicher Nutzung

Dem Eigentümer eines Werkes wird, wie oben bereits beschrieben[430], durch seinen Eigentumserwerb oder die Lizenz zur einmaligen Vervielfältigung eines Werkes zu seinem Eigentum regelmäßig kein weiteres Nutzungsrecht am urheberrechtlichen Werk übertragen. Aus diesem Grund sind Interessen der Eigentümer an einer urheberrechtlichen Nutzung im Rahmen der Gesamtabwägung der widerstreitenden Interessen im Veränderungsfall durch den Eigentümer völlig unbeachtlich.

---

428 So im Ergebnis wohl auch: Riesenkampff, S. 100.
429 Siehe S. 68 ff..
430 Siehe S. 31.

Wenn aber Nutzungsrechte zusätzlich zum Eigentum übertragen wurden, sind auch die sich hieraus ergebenden Nutzungsinteressen der Eigentümer beachtlich[431]. Hierbei ergibt sich der rechtliche Schutz der Eigentümerinteressen aber nicht aus seiner Stellung als Eigentümer, sondern aus der Sondersituation des zur Nutzung berechtigten Eigentümers. Für die übertragenen Nutzungsrechte und auf die Frage nach ihrem Inhalt findet selbstverständlich die urheberfreundliche und somit restriktive Zweckübertragungslehre des § 31 V UrhG Anwendung. Sie ist daher in der Lage, den rechtlichen Schutz des Nutzungsinteresses zu beschränken.

bb) Bestandsinteresse

Der Eigentümer hat ein natürliches Interesse am Erhalt seines Eigentums, das auch weithin als Integritätsinteresse bezeichnet wird. Der Begriff des Integritätsinteresses ist hier allerdings keinesfalls zu verwechseln mit dem Integritätsinteresse des Urhebers. Richtet sich das Bestandsinteresse des Eigentümers regelmäßig auf die vermögenswerte Sachsubstanz als solche, so richtet sich das Interesse des Urhebers auf die Integrität seines in der Sachsubstanz verkörperten und zum Ausdruck kommenden Immaterialguts.

Das Bestandsinteresse des Eigentümers ist von Art. 14 I GG wie erläutert geschützt und bildet einen wesentlichen Teil der Institutsgarantie in Bezug auf das Sacheigentum. Der Bestand der Sache unter Zuordnung zu einer ausschließlichen Herrschaftsposition des Eigentümers ist Voraussetzung sowohl für die freiheitliche Privatnützigkeit als auch der Verfügbarkeit und Qualifizierung der Rechtsposition des Sacheigentums als vermögenswertes Recht im Sinne des Art. 14 I GG. Aus diesem Grund kann sich der Eigentümer bei Renovierungsmaßnahmen an seinem Eigentum auf diese rechtlich geschützte Interessenlage berufen[432]. Weiter erfasst das Bestandsinteresse sodann richtigerweise auch solche Maßnahmen, die der Gefahr einer durch die Sachstruktur oder Konstruktion gegebenen Eigentumsbeschädigung, sei es durch Witterung oder Fremdeinwirkung, entgegenwirken.

cc) Modernisierungs- und Zweckänderungsinteresse

Neben dem reinen Erhalt des Bestands einer Sache und somit dem bestehenden Eigentum an ihr haben die Eigentümer regelmäßig auch ein Interesse, die Sache zu modernisieren. Das Modernisierungsinteresse kann hierbei vielerlei Motivation unterliegen. Einerseits kann der Eigentümer die Anpassung an technische

431 W/B-Wandtke/Grunert, § 39 UrhG, Rn 6.

432 D/S-Schulze, § 14 UrhG, Rn 26.

Bedingungen der jeweiligen Zeit anstreben, um etwa die Gebrauchbarkeit seines Eigentums im Rahmen des ursprünglichen Gebrauchszwecks zu erhalten. Dieses Interesse kann man auch als Verbesserungsinteresse bezeichnen[433]. Andererseits kann er das Interesse verfolgen, mit der Modernisierung den Gebrauchszweck zu erweitern. Auch eine völlige Zweckänderung fällt in den von § 903 BGB beschriebenen und durch Art. 14 I GG geschützten Bereich, ist aber schon begrifflich nicht mehr unter das Schlagwort Modernisierung zu packen. Vielmehr stellt das alleinige Zweckänderungsinteresse eine eigene rechtlich relevante Interessenposition für den Eigentümer dar. Hierbei bilden aber alle drei beschriebenen Fälle Untergruppen zur Gruppe der Gebrauchsinteressen, die im Folgenden dargestellt werden sollen.

dd) Interesse an zweckmäßigem Gebrauch

Im Zentrum der Interessen der Sacheigentümer steht das Interesse, den Eigentumsgegenstand nach Belieben zu gebrauchen. Der Gebrauch einer Sache ist hierbei zunächst bei allen Werken außer solchen der reinen Kunst möglich, bei denen sich die einzige Brauchbarkeit in der Betrachtung und der ideellen Anregung des Betrachters wiederfinden wird. Gerade bei zum Gebrauch geschaffenen Werken der angewandten Kunst wie den Bauwerken kommt dem Gebrauchsinteresse der Eigentümer entscheidende Bedeutung zu[434]. Der Gebrauch des Eigentumsgegenstandes fällt hierbei auch unter den durch § 903 BGB zum Ausdruck gebrachten Sacheigentumsbegriff des Art. 14 I GG. Wie oben bereits aufgezeigt, ist die Brauchbarkeit der im Eigentum befindlichen Sache auch ihrem Wesen nach von der Institutsgarantie des Art. 14 I GG erfasst[435]. Aus diesem Grund darf dem Eigentümer die Brauchbarkeit auch nicht durch Rechte Dritter völlig entzogen werden, sodass ihm grundsätzlich Gebrauchsmöglichkeiten bleiben müssen.

Von der reinen Benutzung eines Eigentumsgegenstands zu trennen sind solche Interessenlagen, die eine Veränderung des Gegenstandes erfordern, um eine bestehende Gebrauchbarkeit zu verändern oder eine solche erst herzustellen. Darüber hinaus gehen weiterhin solche Interessen, die einem bestehenden Gebrauchszweck einen neuen Gebrauchszweck hinzufügen oder diesen ablösen.

---

433 D/S-Schulze, § 14 UrhG, Rn 2.

434 BGH in GRUR 2008, 984, 988; BGH in GRUR 1974, 675 – Schulerweiterung; BGH in GRUR 1982, 107 – Kircheninnenraumgestaltung; Riesenkampff, S. 115; F/N-Dustmann, § 14 UrhG, Rn 22; W/B-Wandtke/Grunert, § 39 UrhG, Rn 37.

435 Siehe S. 68 ff..

Will der Eigentümer eine Sache modernisieren, also ihre Brauchbarkeit den Bedürfnissen der Zeit oder der Umstände anpassen, sie mithin verbessern, so liegt eine vom Gebrauchsinteresse motivierte Änderungshandlung des Eigentümers vor, die ihrerseits auch vom Eigentumsschutzbereich des Art. 14 I GG erfasst und daher rechtlich geschützt ist[436]. Allerdings fällt das Modernisierungsinteresse selbst im Kern nicht unter die Institutsgarantie des Art. 14 I GG, da die Verweigerung einer Modernisierung lediglich das „Wie" der weiterbestehenden Brauchbarkeit des Eigentums erfasst, nicht jedoch das die Benutzung betreffende „Ob". Modernisierungsinteressen können somit allenfalls dann einen über die Grenzen des einfachen Eigentumsschutzes im Sinne des Art. 14 I GG gehenden rechtlichen Schutz genießen, wenn zwingende Zusatzinteressen des Eigentümers hinzutreten oder erst durch die Modernisierung eine Brauchbarkeit des Eigentumsgegenstandes eintritt. Zu beachten sind hier etwa Sicherheitsinteressen, wenn der Eigentümer aufgrund der das Eigentum beschränkenden Gesetzeslagen gezwungen ist, die Modernisierung aus Sicherheitsauflagen durchzuführen – etwa, weil Bestandsschutz nicht gewährt wird –, um so überhaupt noch eine Brauchbarkeit zu erreichen. Eine Verwehrung solcher Modernisierungen, etwa über Rechte Dritter, führte zu einer Unbrauchbarkeit des Eigentumsgegenstands und in der Folge zu einem Einbüßen der Eigentumsposition in seiner Funktion als vermögenswertes und privatnütziges Recht, wie dies oben unter Ableitung von der Baufreiheit bereits beschrieben wurde[437]. Gegen den Willen des Eigentümers völlig unbrauchbares Eigentum ist kein Eigentum im Sinne des Art. 14 I GG, sondern ein reines und entleertes absolutes Recht als Verbotsrecht gegenüber dem Zugriff Dritter. Das Konzept vom alleinigen Verbotsrecht des Art. 14 I GG wurde oben aber bereits abgelehnt[438].

Ein Verweis auf die möglicherweise weiter bestehende vermögenswerte Position als veräußerliches Grundeigentum, insofern es sich um ein solches handelt, geht allerdings fehl, da die Verfügbarkeit ein eigenständiges und nur für das Sacheigentum konstitutives Kriterium darstellt. Die weiter bestehende Möglichkeit der Verfügung hebt hierbei die Beschränkung des Sacheigentümers im Kernbereich seiner eigentumsrechtlichen Befugnisse des Sachgebrauchs – insbesondere auch in Bezug auf die Privatnützigkeit seiner Rechtsposition – nicht auf.

---

436 Zur grundlegenden Nutzbarmachung: BGH in GRUR 1971, 35, 37 – Maske in Blau; zur Verbesserung der Brauchbarkeit (auch durch Erweiterung): BGH in GRUR 1974, 675 – Schulerweiterung; OLG München in ZUM 1996, 165, 167 – Dachgauben; Nahme in GRUR 1966, 474, 476; D/S-Schulze, § 14 UrhG, Rn 26; F/N-Dustmann, § 14 UrhG, Rn 71.

437 Siehe S. 68 ff..

438 Siehe S. 68 ff..

Darüber hinaus sind die Eigentümer oftmals daran interessiert, den Gebrauchszweck ihres Eigentums zu ändern oder in seinen Möglichkeiten zu erweitern. Eine solche Zweckänderung stellt keine Modernisierung im oben genannten Sinne dar. Trotzdem ist die Zweckänderung des Eigentums durch den Anwendungsbereich des Art. 14 I GG erfasst. Jedoch ist das Verbot der Zweckentfremdung wiederum eine zulässige Schrankenbestimmung des Sacheigentums[439]. Die Institutsgarantie des Art. 14 I GG schützt indes diese Interessenlagen nicht. In die Aspekte des grundgesetzlichen Eigentumsbegriffs wird bei der Verweigerung einer zweckändernden Maßnahme nicht eingegriffen, kann der Eigentümer doch alle bestehenden Gebrauchsmöglichkeiten nutzen. Zu beachten ist also, dass eine Zweckbeschränkung im Wege des urheberrechtlichen Änderungsverbots zumindest grundsätzlich zulässig ist.

ee) Finanzielle und wirtschaftliche Interessen

Gerade für gewerbetreibende Eigentümer, aber auch für Privateigentümer spielen oftmals finanzielle und wirtschaftliche Interessen bei der Entscheidung zur konkreten Veränderung eines urheberrechtlich geschützten Werkes eine Rolle. Hierbei ist es zunächst unerheblich, ob die so geartete Motivation Antwort auf die Frage ist, ob überhaupt Änderungen vorgenommen werden oder wie diese vorgenommen werden sollen. Auch unerheblich ist, ob mit den finanziellen bzw. wirtschaftlichen Interessen der Eigentümer Gebrauchsinteressen oder sonstige berechtigte Interessen einhergehen, da diese wie dargestellt eigene Interessenkategorien bilden und insofern selbstständigen Schutz für die Eigentümer entfalten, mithin nicht auf andere und möglicherweise begleitende Interessensituationen ausstrahlen.

Regelmäßig wird der Grund für das finanzielle bzw. wirtschaftliche Interesse der Eigentümer auf dem Wunsch basieren, das eigene Vermögen zu schonen, zu erweitern oder neue Erwerbsaussichten zu begründen[440]. Ist also die Handlungsmotivation vom Vermögen abhängig, manifestiert sich die eigentliche Umsetzungshandlung am Vermögensgegenstand Eigentum – nämlich dem Werkkörper

---

439 BVerfGE 38; 348, 370 ff.; J/P-Jarass, Art. 14 GG, Rn 65 (mit Bezug auf das Verhältnis Mieter–Eigentümer).

440 So wurde entschieden, dass für den Fall, dass die Bausumme sonst überschritten würde und die Veränderungen nicht zu gravierend seien, Änderungen des Eigentümers erlaubt seien: OLG Saarbrücken in GRUR 1999, 420, 426 – Verbindungsgang; KG Berlin in ZUM 1997, 208, 213 – Transparenter Fahrstuhlschacht; LG Berlin in GRUR 2007, 964, 968 – Berliner Hauptbahnhof für den Fall einer „relevanten" Überschreitung; LG Berlin in LGZ 65, 6 – Rathaus Friedenau; F/N-Dustmann, § 14 UrhG, Rn 73; W/B-Bullinger, § 14 UrhG, Rn 35.

– etwa in einem Umbau oder einer sonstigen Umgestaltung. Folglich stellt sich die Frage, inwieweit diese Interessensituation überhaupt durch Art. 14 GG erfasst ist. Problematisch ist nämlich, dass sich das Interesse der Eigentümer hier nicht auf das Werkstück und ihr Eigentumsrecht bezieht, sondern auf das eigene Vermögen als Ganzes. Ein Eigentümer wird stets versuchen, eine Änderungshandlung so kostengünstig wie möglich durchzuführen, um sein Vermögen zu schonen[441]. Die Urheber wiederum werden Wert darauf legen, dass für den Fall einer Änderung diese wenigstens auf die für sie am wenigsten beeinträchtigende Art und Weise durchgeführt wird. Oft wird dies aber nicht die finanziell günstigste Umsetzungsmöglichkeit der Problemlösung darstellen.
Hiervon zu trennen sind aber solche Fälle der Rechtsfolgenseite, bei denen Eigentümer bereits Änderungshandlungen vorgenommen haben und nun Vermögensinteressen in das Bestandsinteresse mit einfließen. Diese Situation ist dann vom Bestandsinteresse der Eigentümer vor der Veränderung zu unterscheiden und spielt ggf. bei der Bewertung der Zumutbarkeit eines möglicherweise bestehenden Beseitigungsanspruchs auf der Rechtsfolgenseite eine Rolle. Für die Beantwortung der Frage der konkreten Zulässigkeit einer Änderung und der Berechtigung der Änderungsinteressen der Betroffenen ist es aber hier ohne Belang.
Festzustellen ist zunächst, dass Eigentum im Sinne des Art. 14 GG nicht das Vermögen an sich, sondern jede einzelne durch das einfachgesetzliche Normsystem geprägte, vermögenswerte Eigentumsposition ist. Geschützt ist also keinesfalls die gesamte wirtschaftliche Potenz des Grundrechtsträgers[442]. Das Vermögen selbst ist auch kein vermögenswertes Recht. Eine Einbeziehung des Vermögens in den Schutzbereich des Art. 14 GG würde indes den Eigentumsschutz seines spezifischen Garantiegehalts berauben. Vermögensbeeinträchtigende Inhalts- und Schrankenbestimmungen sollen ja gerade nach Art. 14 I und II GG möglich sein. Jede den Einzelnen belastende oder beschwerende Inhalts- und Schrankenbestimmung wirkt sich vermögensmindernd aus. Daher gibt die Verfassung selbst zu erkennen, dass für das Vermögen als solches keine Bestands- und Wertgarantie mit Ausnahme des Art. 14 III GG bestehen soll[443]. Auch § 903 BGB konkretisiert diese verfassungsrechtliche Entscheidung. Geschützt werden lediglich der Umgang und somit die Interessen des Eigentümers an und mit seinem Eigentumsgegenstand. Bezöge man Vermögensinteressen mit ein, so würde auch der Einschub des § 903 S. 1 BGB zu einem großen Teil entwertet, der die

441 So auch schon in BGH in GRUR 1974, 675, 678 – Schulerweiterung.
442 BVerfG in NJW 1984, 476, 477; M/D-Papier, Art. 14 GG, Rn 160.
443 M/D-Papier, Art. 14 GG, Rn 160, 162.

Eigentumsausübung durch die Interessen und Rechte Dritter beschränkt. Darüber hinaus kann der Eigentümer nach § 903 BGB nur mit seiner Sache nach Belieben verfahren. Das Verfahren mit seinem Vermögen als solchem ist nicht geschützt. Bezüglich des Vermögensschutzes kann sich der Betroffene demnach nur auf die allgemeine Handlungsfreiheit des Art. 2 I GG berufen. Art. 14 GG bleibt ihm hierfür versperrt[444]. In einem solchen Fall bildete aber das UrhG mit seinem grundsätzlichen Änderungsverbot eine verhältnismäßige Schranke des Art. 2 I GG, sodass die Eigentümer auch hieraus keinen rechtlich relevanten Interessenschutz erlangen konnten.

Demgegenüber haben die Gerichte und die Literatur wirtschaftliche wie auch finanzielle Belange der Eigentümer nicht nur als geschützt[445], sondern auch als ausschlaggebend angesehen[446]. Dem kann aus dem oben Gesagten nicht gefolgt werden. Zuzugeben ist, dass insgesamt betrachtet auf diese Weise kaum Fehlurteile entstanden sind, denn regelmäßig standen neben den wirtschaftlichen- bzw. finanziellen Interessen etwa beachtliche Sicherheits-, Bestands- oder Modernisierungsinteressen, die ihrerseits Gewicht hatten. Allerdings trugen die Entscheidungen insgesamt zur Unübersichtlichkeit der Abwägungslage in diesem Rechtsbereich insofern bei, als dass sie die Eigentümerinteressen nicht ausreichend differenzierend und somit zu pauschal beurteilten[447].

Es bleibt selbstverständlich die Frage, wie zu verfahren ist, wenn – unter Beachtung der hier als rechtlich unbedeutend dargestellten Interessenlagen– die Abwägungsentscheidungen mitursächlich dafür werden, dass Änderungshandlungen möglicherweise nur unter Hinnahme von Kosten im konkreten Einzelfall erlaubt sind, die die wirtschaftliche Potenz der Eigentümer überschreiten. Hierzu ist zu sagen, dass dies keine Frage der Berechtigung der finanziellen sowie wirtschaftlichen Interessen des Eigentümers an sich ist. Wie in allen anderen Interessenlagen kann dies bedeuten, dass eine bestimmte Änderung dann nicht zulässig sein mag oder auch die Urheberinteressen gegenüber einer nicht idealen, aber kostengünstigen Lösung hintanstehen müssen, weil etwa die Gebrauchsnutzung und Modernisierung oder Bestandsinteressen der Eigentümer schwerer wiegen

444 Papier in DVBl. 1980, 787, 790; M/D-Papier, Art. 14 GG, Rn 161.

445 LG Berlin in GRUR 2007, 964, 968 – Berliner Hauptbahnhof.

446 OLG Frankfurt in GRUR 1986, 244, 244, 245 – Verwaltungsgebäude; so zuletzt für die Literatur auch: Riesenkampff, S. 100; Obergfell/Elmenhorst in ZUM 2008, 23, 30; F/N-Dustmann § 14 UrhG, Rn 73.

447 So zum Beispiel: BGH in GRUR 1974, 675, 678 – Schulerweiterung; OLG FFM in GRUR 1986, 244, 244 – Verwaltungsgebäude; OLG Frankfurt in NJW 1976, 677, 679 – Götterdämmerung; LG Berlin in GRUR 2007, 964, 968 – Berliner Hauptbahnhof, wo die Urheberinteressen letztendlich überwiegten.

als die bestehenden Urheberinteressen. Am dogmatisch richtigen Ergebnis, dass Vermögensinteressen nicht von Art. 14I GG geschützt sind, ändert dies aber nichts.

ff) Repräsentations-, künstlerische sowie sonstige ästhetische Interessen

In einigen gerichtlichen Entscheidungen aus der Vergangenheit zeigte sich, dass die Eigentümer urheberrechtlich geschützter Werke oft auch mit deren ästhetischem Charakter nicht vollends zufrieden waren und daher aus Repräsentations-, künstlerischen oder sonstigen ästhetischen Interessen Änderungen an den betroffenen Werken vornehmen wollten. Einig waren sich Rechtsprechung und Schrifttum hierbei in der Bewertung dieser Interessenlage als gegenüber dem Urheber belanglos[448]. Gleiches gelte für das Eigentümerinteresse, künstlerische Verbesserungen vorzunehmen oder ein neues Kunstwerk zu schaffen[449]. Dieses Ergebnis scheint aber in seiner Pauschalität bedenklich zu sein. Denn ausgehend vom Wortlaut des Art. 14 I GG für das Sacheigentum widerspiegelnden § 903 BGB, dass der Eigentümer mit der Sache nach belieben verfahren kann, fällt die genannte Interessenlage sehr wohl in dessen Anwendungsbereich und somit auch in den von Art. 14 I GG geschützten Tätigkeitsbereich. Geht es doch gerade um ein Interesse am Eigentumsgegenstand und nicht um ein Interesse, dass durch den Eigentumsgegenstand erreicht werden soll, wie das bei den Vermögensinteressen der Fall ist. Bei der Ausübung des Eigentumsrechts des Sacheigentümers sind daher zutreffender Weise auch die ästhetischen Interessen von Art. 14 GG erfasst und geschützt[450]. Im Bereich der Abwägungsentscheidung wird es daher einer erweiterten Begründung bedürfen, um diese berechtigte Interessenlage der Eigentümer in seiner Gänze den Interessen der Urheber hintanzustellen.

gg) Interesse an Änderungen schon während der Schaffensphase

Im Bereich der bestellten Werke, wie sie auch im Bauwerksbereich sowie dem gesamten Bereich der angewandten Kunst eher die Regel sind, tritt für den Besteller oft die Situation auf, dass er bereits während der Schaffensphase auf das werdende Werk des Urhebers ändernden Einfluss nehmen will[451]. Zwei Prämis-

---

448 BGH in GRUR 1999, 230, 232 – Treppenhausgestaltung; Jaestedt, S. 117; Schricker, § 14 UrhG, Rn 36; F/N-Dustmann, § 14 UrhG, Rn 17.

449 BGH in GRUR 1999, 230, 232 – Treppenhausgestaltung; Schricker, § 14 UrhG, Rn 21.

450 So auch: Riesenkampff, S. 100.

451 So aber gerade nicht zum Beispiel bei Fällen wie dem Berliner Hauptbahnhof. Hier handelt es sich um eine Vervielfältigung eines bereits geschaffenen Werkes. Siehe auch: BGH in NJW 2003, 665, 668 – Staatsbibliothek.

sen sind hierfür beachtlich, damit es sich nicht um Änderungsinteressen am fertigen Werk handelt, die nach allgemeinen Kriterien zu behandeln wären. Erstens muss es sich bei der Ausführung durch den späteren Urheber um ein werdendes Werk handeln. Es darf also keine erste Vervielfältigung sein. Zweitens muss der Besteller schon Eigentum am werdenden Werk haben, was regelmäßig nur bei Bauwerken der Fall sein wird, wenn der Besteller bereits Eigentümer des Baugrundstücks ist.
Sind diese beiden Voraussetzungen erfüllt und liegt zwischen Urheber und Eigentümer ein Werkvertrag vor, so spielt das Werkvertragsrecht hier nur unter der Berücksichtigung des Art. 5 III GG eine Rolle. Aus diesem Grund gilt das als gültig, was vor dem Schöpfungsprozess vereinbart wurde. Was im Schöpfungsprozess passiert, muss aber ohne Einfluss des späteren Eigentümers und Bestellers bleiben, um das Wesen der urheberrechtlichen Schöpfungsfreiheit zu wahren. Auch spricht der Wortlaut der §§ 14 und 39 UrhG hierfür, die das urheberrechtliche Änderungsverbot an das bestehende Werk knüpfen, sodass sie ihrem Inhalt nach erst beim fertigen Werk Anwendung finden[452]. Das Änderungsverbot des UrhG gilt daher erst ab dem Bestehen eines Werkes. In der Schöpfungsphase kann sich der Urheber daher nur auf den änderungsrechtlichen Schutz des UrhG berufen, wenn das Produkt seines Schaffens bereits Werkcharakter erlangt hat. Vorher ist er lediglich über Art. 5 III GG und seine ausstrahlende Wirkung auf das Werkvertragsrecht geschützt. Liegt aber schon ein – wenn auch nicht fertiges – Werk im Sinne der §§ 1 und 2 UrhG vor, so ergeben sich richtigerweise auch keine Unterschiede in der Interessenbewertung zwischen der hier besprochenen Situation und den übrigen Interessensituationen.
Zur Interessensituation des Eigentümers lässt sich also festhalten, dass – bereits bestehendes Eigentum vorausgesetzt – sich keine Unterschiede bezüglich seines Interessenschutzes durch den Schaffensprozess ergeben, er sich aber einer anderen, nicht notwendig schwächeren Rechtsposition des Urhebers ausgesetzt sieht, als er sie vorfinden würde, wenn der werdende Urheber mit seinem Werk die Schwelle zum Werkcharakter überschritten und so urheberrechtlichen Änderungsschutz erlangt hat. Auch hier müsste dann im gegebenen Fall eine Interessenabwägung stattfinden, um praktische Konkordanz zwischen Art. 14 I GG und Art. 5 III GG herzustellen.

452 OLG Hamburg in ZUM RD 2008, 199, 201 – Cosi fan tutte.

hh) Sicherheitsinteresse

Nicht selten nehmen Eigentümer Veränderungen an den ihnen zugeordneten Eigentumsgegenständen vor, um so einem veränderten Sicherheitsinteresse Rechnung zu tragen. Hierbei muss man grundsätzlich zwischen zwei Fällen unterscheiden: Zum einen erscheint es möglich, dass der Eigentümer mit seinen Maßnahmen lediglich auf sich verändernde gesetzliche Bestimmungen des Ordnungsrechts reagiert oder gesetzliche Pflichten zum Schutz solcher Personen erfüllen möchte, die ihm zum Schutz befohlen sind und so die Veränderungshandlung in ihrer Motivation eher ein Rechtstreueinteresse darstellt, das der Eigentümer nur durch die Inanspruchnahme seiner Eigentumsbefugnisse im Sinne des § 903 BGB erfüllt. Andererseits ist es aber auch denkbar, dass ein Eigentümer aus reinem Sicherheitsinteresse mit Bezug auf sich selbst, mit Bezug auf Dritte oder mit Bezug auf sein Vermögen Änderungshandlungen vornehmen möchte. Grundsätzlich lässt sich festhalten, dass in der Praxis in den Fällen, wenn Eigentümer sich auf Sicherheitsinteressen beriefen, diese nicht nur als relevant, sondern auch als höchst beachtlich eingestuft wurden[453].

Beiden Szenarien ist gemein, dass sie in den von § 903 BGB beschriebenen Schutzbereich des Sacheigentums fallen, wie es von Art. 14 I GG geschützt ist. Der erste beschriebene Fall ist hierbei ein Unterfall des oben behandelten Gebrauchsinteresses[454]. Im Fall der ohne Normdruck erfolgenden Änderungen liegt allerdings keine Gebrauchsinteressenlage vor. Dem Eigentümer geht es vielmehr um die Sicherheit im Gebrauch des Eigentumsgegenstandes und nicht um den Gebrauch selbst, der auch ohne die Änderung weiter möglich wäre. Die Änderungshandlung ist hier viel weniger von privatnützigen und vermögenswerten Aspekten des Sacheigentums im Sinne des Art. 14 I GG motiviert, sondern stützt sich im Wesentlichen auf Interessen in Bezug auf einen geordneten Betriebsablauf oder Interessen in Bezug auf die körperliche Unversehrtheit, die ihrerseits eher den Schutzbereichen der Art. 2 II und 12 I GG zuzuordnen sind. Hieraus wird ersichtlich, dass § 903 BGB nicht nur für Art. 14 I GG eine konkretisierende und ausgestaltende Funktion hat. Die Norm schützt vielmehr auch die Eigentümer in ihren Befugnissen, die sich nicht direkt vom Eigentumsrecht und vom Eigentumsgegenstand herleiten. Aus diesem Grund verstärkt sich bei einer durch Sicherheitsinteressen motivierten Änderungshandlung die rechtlich relevante Interessenlage noch durch die angesprochenen zusätzlichen Schutzbe-

453 KG Berlin in ZUM 1997, 208, 212 – Abänderung der Bauplanung; D/S-Schulze, § 14, Rn 26; F/N-Dustmann, § 14, Rn 70; W/B-Bullinger, § 14 UrhG, Rn 32.

454 Siehe S. 75 ff..

reiche. Hieraus ergibt sich für solche Fälle ein besonderes Gewicht zu Gunsten der Eigentümer in der später durchzuführenden Abwägungsnetscheidung.

ii) Interessen Dritter

Grundsätzlich sind Belange Dritter nicht in die Interessenabwägung mit einzubeziehen. Dies gilt auch für Interessen der Öffentlichkeit, die dem Allgemeinwohl dienen[455]. Fußen sie doch regelmäßig weder auf dem Eigentum noch auf dem Urheberrecht der betroffenen Streitparteien. Allerdings können solche Interessen Dritter dann rechtliche Relevanz erhalten und insoweit neben den auf Art. 14 GG fußenden Interessen der Beteiligten in die Abwägungsentscheidung einfließen, wenn einer der Beteiligten gesetzlich zur Wahrung dieser Interessen verpflichtet ist[456]. Dies wird vor allem in solchen Fällen relevant sein, in denen ein öffentlich-rechtlicher Träger die Eigentumsposition gegenüber dem Urheber ausübt. Jedoch ist dies keine notwendige Bedingung. Wie etwa im Bereich der privatrechtlich organisierten Deutschen Bahn ist dies auch für solche Eigentümer denkbar, die gerade nicht öffentlich-rechtlichen Vorschriften unterliegen, §§ 3 und 4 AEG. Zu beachten ist auch, dass faktische, tatsächliche oder vertraglich übernommene Pflichten nicht hierunter fallen. Würden diese einbezogen, so könnten vor allem die Eigentümer sich eine gegenüber dem Urheber geradezu willkürlich starke Rechtsposition im Rechtsstreit verschaffen und das UPR faktisch entwerten[457].

Festzuhalten bleibt, dass Interessen Dritter nicht generell unbeachtlich sind. Sie sind rechtlich relevant, wenn sie sich durch eine gesetzliche Verpflichtung einer Partei ergeben und somit Eigeninteressen dieser Partei werden. Handelt es sich bei der die betroffene Partei verpflichtenden Norm nicht um eine Inhalts- und Schrankenbestimmung im Sinne des Art. 14 I GG, so sind die Zusatzinteressen für die spätere Abwägung auf ihre rechtliche Schwere und Relevanz gesondert zu untersuchen und sodann zu bewerten.

jj) Veräußerungsinteresse

Die Veräußerung des Eigentumsgegenstandes fällt zwar unter den Schutz des Art. 14 I GG, spielt aber im Bereich der Konflikte mit Urhebern keine Rolle.

455 OLG Stuttgart in GRUR-RR 2011, 56, 59 – Stuttgart 21.

456 OLG Stuttgart in GRUR-RR 2011, 56, 59, 60 – Stuttgart 21; Czychowski in GRUR-Prax 2011, 15, 15; dagegen Obergfell in GRUR-Prax 2010, 233, 233, die noch vor dem Urteil des OLG Stuttgart zu Stuttgart 21 keine solchen Gründe zugunsten des Eigentümers für die Umbauten am Bahnhof sah und auch das vorliegen triftiger Gebrauchszweckinteressen ablehnte.

457 OLG Stuttgart in GRUR-RR 2011, 56, 60 – Stuttgart 21.

Nach der rechtmäßigen Erstveräußerung tritt für die Urheber hier die Erschöpfung ihrer Einflussmöglichkeiten über das Verbreitungsrecht gem. § 17 II UrhG ein. Eine Beeinträchtigung durch die Präsenz eines Eigentümers, der durch seine Persönlichkeit wie etwa der Zugehörigkeit zu Rechts- oder Linksradikalen sowie sonstigen verfassungsfeindlichen oder kriminellen Gruppen den ideellen Interessen des Urhebers widerspricht, ist zwar theoretisch denkbar, ein Verbotsrecht der Urheber hiergegen scheitert aber an der oben angesprochenen Erschöpfung. Die Urheber können allenfalls gegen den Einsatz ihrer Werke durch solche Eigentümer vorgehen, wenn sie Beeinträchtigungen auf das im Werkstück verkörperte Werk nachweisen können. Vor allem Umfeldeinwirkungen drängen sich hier auf.

2. Die Interessen der Religionsgemeinschaften

Wie schon im Fall der einfachen Eigentümer muss auch hier der Bewertung der Interessen der Religionsgemeinschaften in Bezug auf ihr Eigentum eine Analyse ihrer spezifischen Rechtsposition vorangehen.

a) Das Recht der Religionsgemeinschaften als Eigentümer

Für die Religionsgemeinschaften gelten in Deutschland besondere Rechte, auf die andere Personen sich teilweise nicht berufen können. Zu nennen ist vor allem das Recht auf Selbstbestimmung und Eigentum, wie es durch Art. 140 GG in Art. 137 III, 138 II WRV festgeschrieben ist. Darüber hinaus können sich die Religionsgemeinschaften und insbesondere die Kirchen nicht selten in ihrem Handeln auf die Glaubensfreiheit des Art. 4 I und II GG stützen, der seinerseits insbesondere den Bereich der eigenen Angelegenheiten aus Art. 137 III WRV ebenfalls erfasst[458]. Abschließend steht ihnen wie jedem anderen Eigentümer auch Art. 14 GG zur Seite.

Schon in der Vergangenheit hat es Rechtsstreitigkeiten zwischen Religionsgemeinschaften und Urhebern gegeben. Einige Fälle betrafen hierbei auch das Urheber-Eigentümer-Verhältnis. Manche hieraus hervorgegangene Entscheidung ist noch heute wegweisender Bestandteil der urheberrechtlichen Rechtsprechung des BGH, wie etwa die Entscheidung zur Kircheninnenraumgestaltung oder die erst 2008 ergangene St.-Gottfried-Entscheidung zur Anpassung eines Kirchengebäudes an die liturgischen Folgen des Zweiten Vatikanischen Konzils[459].

---

458 J/P-Jarass, Art. 4 GG, Rn 14, 15.

459 BGH in GRUR 1982, 107 – Kircheninnenraumgestaltung; BGH in GRUR 2008, 984 – St. Gottfried.

Gerade im Bereich der Umgestaltung von Bauwerken wird der Bereich der Konflikte mit der Urhebergemeinde vonseiten der Religionsgemeinschaften und insbesondere der christlichen Kirchen in Zukunft noch zunehmen. Im Zuge sinkender Mitglieder- und Kirchgängerzahlen kämpfen die beiden großen Kirchen in Deutschland schon seit Jahren mit einem Überschuss an Gebäuden und Raum. Vor allem die in den 50er- und 60er-Jahren des vergangenen Jahrhunderts entstandenen Kirchenbauten, für die regelmäßig noch urheberrechtlicher Schutz besteht, sind hierbei neuerdings im Fokus von umfassenden Umbau- sowie Renovierungs- bzw. Sanierungsmaßnahmen einerseits und der Finanznot geschuldeten Veräußerung an weltliche Dritte andererseits. Bei Letzterem, den sogenannten Profanisierungen, fordern die zukünftigen bzw. neuen Eigentümer hierbei oft entweder vor dem Verkauf bereits Änderungen am Gebäude oder nehmen solche Änderungen später als neue Eigentümer selbst vor, da sie die Gebäude regelmäßig nicht mehr im Sinne eines Sakralbaus betreiben wollen. Die einfachste und konfliktfreieste Lösung ist hierbei der Verkauf zum Abriss und zur Umwidmung des Grundstücks, da der Abriss, wie oben gezeigt, keine urheberrechtlich relevante Handlung darstellt[460]. Beide großen Kirchen haben für den Fall des Verkaufs von Kirchengebäuden mittlerweile Richtlinien erlassen, die allerdings auf die möglicherweise bestehenden Urheberrechte kaum oder gar nicht eingehen und sich vornehmlich mit Fragen um die Verhinderung der Nachnutzung im Widerspruch zum kirchlichen Auftrag beschäftigen[461]. Festzuhalten ist, dass es solcher urheberrechtlicher Bedenken aufseiten der veräußernden Religionsgemeinschaften auch regelmäßig nicht bedarf. Denn regelmäßig wird erst der neue Eigentümer Änderungen an den veräußerten Werkstücken vornehmen, sodass erst er mit der Urheberschaft im Zweifel in Konflikt kommt. Die Veräußerung selbst tangiert das UPR nämlich nicht.

Für die Fälle, in denen Werkänderungen durch Religionsgemeinschaften vorgenommen werden, ist zu untersuchen, auf welche Rechtspositionen sich diese hierbei berufen können und insbesondere, ob diese inhaltlich über die Befugnisse und geschützten Eigentümerinteressen des Art. 14 I GG hinausgehen.

---

460 Siehe S. 38 ff..

461 Für die VELKD: Leitlinien des theologischen Ausschusses 122/2003; Für die evangelische Kirche im Rheinland: http://www.ekir.de/ekir/674_36946.asp;
Für die katholische Kirche in Deutschland: http://www.ctu-uk.cz/downloads/NBK_Umnutzung.pdf, die zwar ein eigenes Unterkapitel zu rechtlichen Fragen bereithält, auf eventuelle Probleme mit Urheberrechten aber nicht eingeht; für die katholische Kirche in der Schweiz: http://www.kath.ch/sbk-ces-cvs/pdf/reaffectation_d.pdf.

aa) Kirchliches Selbstbestimmungs- und Eigentumsrecht gem. Art. 140 I GG i. V. m. Art. 137 III, 138 II WRV

Das sogenannte kirchliche Selbstbestimmungsrecht gilt als sogenannte Lex regia der Religionsgemeinschaften für sämtliche Religionsgemeinschaften unabhängig von ihrem Status als Körperschaft des öffentlichen Rechts oder ihrer Rechtsfähigkeit. Das GG gewährt in Art. 140 I GG i. V. m. Art. 137 III WRV den Religionsgemeinschaften hierbei das Recht, ihre eigenen Angelegenheiten frei von staatlicher Bevormundung und Aufsicht und innerhalb der gesetzlichen Grenzen selbst zu verwalten und diese auch selbst zu bestimmen[462]. Art. 137 III WRV kommt somit allen durch Art. 4 I und II GG erfassten Religionsgemeinschaften sowie Weltanschauungsgemeinschaften zu[463]. Dem kirchlichen Selbstbestimmungsrecht kommt dabei neben Art. 4 I und II GG selbstständige Bedeutung zu. Beide Normen stehen nicht in einem Verhältnis von Spezialität und Subsidiarität, sondern sind nebeneinander anwendbar. Die geschützten Verhaltensweisen sind teilweise von beiderlei Rechtspositionen umfasst. Zur Anwendung kommt immer das am weitesten Schutz vermittelnde Recht[464].

Festzuhalten bleibt allerdings, dass Art. 4 I und II GG meist weitgehender als das Selbstbestimmungsrecht der Religionsgemeinschaften ist. Jedoch gewährt das Grundrecht des Art. 4 I und II GG als Abwehrrecht keine Möglichkeit der Selbstorganisation, sodass in diesem Bereich Art. 137 III WRV den nötigen Entfaltungsspielraum erst eröffnet[465]. Art. 137 III WRV ist somit nicht ein spezieller Teil des Art. 4 I und II GG, wohl aber logische Konsequenz des in Art. 4 I und II GG aufgezeigten Begriffs der Religionsfreiheit[466]. Von Art. 9 GG unterscheidet sich das Selbstbestimmungsrecht insoweit, als der Begriff des Vereins, der seine Konstitution von seinen Mitgliedern her ableitet, nicht auf Religionsgemeinschaften übertragbar ist, die sich regelmäßig durch eine höhere Macht konstituiert sehen. Darüber hinaus verfolgt eine Religionsgemeinschaft regelmäßig keine vereinstypischen Partikularinteressen, sondern strebt eine Regelung über das gesamte Leben als solches an[467].

---

462 BVerfG in NJW 1986, 367, 367; BGH in GRUR 2008, 984, 987 – St. Gottfried; v. Campenhausen, S. 99; Jeand'Heur/Korioth, Rn 171.

463 v. Campenhausen, S. 106; Jeand'Heur/Korioth, Rn 172; Maunz/Dürig-Maunz, Art. 137 WRV, Rn 16.

464 v. Campenhausen, S. 100; Classen, Rn 262; Jeand'Heur/Korioth, Rn 171, 176.

465 Classen. Rn 262; Jeand'Heur/Korioth, Rn 176.

466 Jeand'Heur/Korioth, Rn 177.

467 Classen, Rn 264.

Insbesondere der Bereich der Verwaltung und Ordnung der Gemeinschaft fällt inhaltlich in den Bereich des Selbstbestimmungsrechts[468]. Zu beachten ist, dass das kirchliche Selbstbestimmungsrecht dabei kein Grundrecht oder grundrechtsgleiches Recht im Sinne des § 90 I BVerfGG darstellt. Die Religionsgemeinschaften müssen, wollen sie eine Verletzung hierin feststellen lassen, im Bereich der Beschwerdebefugnis beim BVerfG eine Verletzung des Art. 4 I und II GG darlegen[469]. Da das Gericht im Fortgang der Prüfung nicht auf Verletzungen von Grundrechten beschränkt ist, prüft es auch Verstöße gegen das Recht auf Selbstbestimmung aus Art. 137 III WRV. Inhaltlich zerfällt das Selbstbestimmungsrecht, wie bereits aufgezeigt, in das Recht, die eigenen Angelegenheiten zu ordnen und diese zu verwalten. Dies geht sogar soweit, dass dem Staat die Einwirkung auf die Bereiche der kirchlichen Rechtsetzung versagt ist, die über den Bereich der Ordnung Inhalt des Selbstbestimmungsrechts sind[470]. Demgegenüber erfasst der Bereich der Verwaltung der eigenen Angelegenheiten das Handeln der Organe der Religionsgemeinschaft zur Verwirklichung ihrer Aufgaben bis hin zur freien Ämterbesetzung[471].
Der Bereich der Ordnung der eigenen Angelegenheiten ist nicht Teil dieser Arbeit. Allein fraglich ist daher, ob der Umgang mit dem Eigentum der Gemeinschaften unter den Verwaltungsbegriff des Art. 137 III WRV fällt. Hierzu ist beachtlich, dass Art. 137 III WRV stets weit auszulegen ist[472]. Was unter die eigenen Angelegenheiten fällt, die der geschützten Verwaltung der Religionsgemeinschaften unterliegen, war lange Zeit umstritten. Zunächst wurde der geschützte Verhaltensbereich des Art. 137 III WRV so gegenüber dem rein staatlichen Bereich abgegrenzt, dass alle solche Anliegen geschützt sind, die materiell, der Natur der Sache oder ihrer Zweckbestimmung nach als eigene Angelegenheiten der Religionsgemeinschaft anzusehen sind[473]. Was der Natur der Sache nach oder nach deren Zweckbestimmung eine Angelegenheit der Religionsgemeinschaften ist, ist freilich nicht ohne Weiteres erkennbar und somit nach wie vor für die Gerichte eine Abwägungsfrage. Eine prinzipielle, also rein dogmatische und objektive Trennung von staatlichen und religiösen Angelegenheiten ist somit nicht möglich, sodass der BGH und das BVerfG die oben beschriebene Bereichsscheidungslehre nicht mehr vertreten. Weiter widerspräche eine objektive Tren-

468 BVerfG in NJW 1986, 367, 368.
469 v. Campenhausen, S. 100; Jeand'Heur/Korioth, Rn 177.
470 v. Campenhausen, S. 101; Classen, Rn 265.
471 v. Campenhausen, S. 101; Jeand'Heur/Korioth, Rn 181.
472 v. Campenhausen, S. 101; Classen, Rn 258.
473 BVerfG in NJW 1965, 961, 961; v. Campenhausen, S. 102, Claasen, Rn 256; Jeand'Heur/Korioth, Rn 183, 184.

nung der beiden Bereiche auch den Wertungen der in Art. 4 I und II GG festgelegten Religionsfreiheit, da nicht Gerichte abschließend befinden können, was eine eigene Angelegenheit einer Religionsgemeinschaft ist. Eine solche ergibt sich vielmehr aus dem Selbstverständnis der Gemeinschaft selbst, sodass diese hierfür die Darlegungslast trägt[474]. Der Staat hat richtigerweise dieses Selbstverständnis zu respektieren[475]. Zwar hat der religiös-neutrale Staat grundsätzlich verfassungsrechtliche Begriffe nach neutralen, allgemeingültigen, nicht konfessionell oder weltanschaulich gebundenen Gesichtspunkten zu interpretieren[476]; wo aber in einer pluralistischen Gesellschaft die Rechtsordnung gerade das religiöse oder das weltanschauliche Selbstverständnis wie bei der Kulturfreiheit voraussetzt, würde der Staat die den Kirchen, den Religions- und Weltanschauungsgemeinschaften nach dem Grundgesetz gewährte Eigenständigkeit und ihre Selbstständigkeit in ihrem eigenen Bereich verletzen, wenn er bei der Auslegung des sich aus einem bestimmten Bekenntnis oder einer Weltanschauung ergebenden Religionsausübung deren Selbstverständnis nicht berücksichtigen würde[477]. Aus diesem Grund wird heute vertreten, dass eigene Angelegenheiten aus Rücksicht auf die Religionsfreiheit der Betroffenen all jene Verhaltensweisen sind, die nach dem Selbstverständnis der Religionsgemeinschaft zur Erfüllung ihres Auftrags erforderlich sind[478]. Zu diesem Auftrag kann dann beispielsweise auch der karitative Bereich gerechnet werden, wenn die Religionsgemeinschaft dies schlüssig darlegen kann. Insgesamt ist es unbeachtlich, ob die nach dem Selbstverständnis der Religionsgemeinschaft beschriebene eigene Angelegenheit rein geistlicher Natur ist oder in den weltlichen, also staatsbürgerlichen Bereich hineinreicht. Lehre und Kultus sowie Kirchenverfassung, innere Organisation und Ämterbesetzung sind unbestritten solche eigenen Angelegenheiten[479]. Auch die Ausbildung der Geistlichen zählt heute wieder dazu[480]. Eigene Angelegenheit im Sinne des Art. 137 III WRV ist aber auch die Vermögensverwaltung der Religionsgemeinschaften. Hierzu zählt insbesondere die Errichtung, Nutzung und Ausstattung der Gebäude und sonstigen Eigentumsgegenstände der Religions-

474 BVerfG in NJW 1986, 367, 368, 370; Classen, Rn 259; Jeand'Heur/Korioth, Rn 184.

475 BVerfG in NJW 2002, 663, 666 – Schächten; BGH in GRUR 2008, 984, 987 – St. Gottfried; v. Campenhausen, S. 103; Classen, Rn 261; Jeand'Heur/Korioth, Rn 184.

476 So geschehen in BVerfGE 19, 226, 238 ff.; 19, 1, 8.

477 BVerfG in GRUR 1969, 137, 139 – Aktion Rumpelkammer.

478 BVerfG in NJW 1986, 367, 368; BVerfGE in NJW 1981, 1829, 1830; v. Campenhausen, S. 103; Jeand'Heur/Korioth, Rn 184.

479 v. Campenhausen, S. 104.

480 v. Campenhausen, S. 105; Jeand'Heur/Korioth, Rn 188.

gemeinschaften, die ihrerseits zusätzlich durch Art. 140 I GG i. V. m. Art. 138 II WRV einen besonderen Schutz genießen[481].
Dieser Schutz wird zusätzlich noch durch Art. 4 I und II GG verstärkt, wenn die Gestaltung der Kirchengebäude durch liturgische Aspekte motiviert ist[482]. Art. 14 GG wiederum wird bezüglich der Eigentumsposition der Kirchen von Art. 140 GG i. V. m. Art. 138 II WRV übertroffen, der neben dessen Bestand vor allem die religiöse Funktion des Kirchenguts schützt[483]. Noch intensiveren Schutz genießt hierbei der gesamte Komplex der Res sacrae, die gegenüber dem übrigen eigentumsfähigen Kirchengut nochmals privilegiert sind[484]. Art. 138 II WRV schützt besonders die Verfügungsmacht der Kirchen sowie ihr freies Wirken durch und mit dem Kirchengut. Zusammengefasst beziehen die Religionsgemeinschaften daher neben Art. 14 GG und dem kirchlichen Selbstbestimmungsrecht über Art. 140 I GG i. V. m. Art. 138 II WRV einen speziellen Eigentumsschutz. Das hier verankerte Kirchengutsrecht, das neben dem Eigentum das gesamte Vermögen zur Verwirklichung des religiösen Auftrags der Religionsgemeinschaften betrifft, trägt der Tatsache Rechnung, dass eine religiöse Betätigung und ihre Entfaltung oftmals eines materiellen Substrats bedarf und ergänzt somit die schützende Rechtsposition des Art. 137 III WRV[485]. Art. 138 II WRV enthält weiter ein striktes Säkularisierungsverbot, das über Art. 14 III GG hinausgeht und insbesondere die sogenannte Res sacrae betrifft. Für alle Vermögensgegenstände, die ihrerseits nicht zu den Res sacrae zu zählen sind, entscheidet sich die Frage der Enteignungsfähigkeit an deren Religionsbezug[486], da die Anwendbarkeit des Art. 138 II WRV sich auf solches Eigentum einer Religionsgemeinschaft beschränkt, das einem religiösen Zweck gewidmet ist. Der Eigentumsbegriff ist hierbei der des Art. 14 I GG[487].
Die Frage der religiösen Widmung unterliegt entgegen dem Wortlaut des Art. 138 II WRV aus Gründen der Religionsfreiheit im Sinne des Art. 4 I und II GG dem Selbstverständnis der Religionsgemeinschaft und bedarf somit nur der Darlegung der Notwendigkeit des Eigentumsrechts für den religiösen Auftrag

---

481 BGH in GRUR 1982, 107, 110 – Kircheninnenraumgestaltung; BGH in GRUR 2008, 984, 987 – St. Gottfried; v. Campenhausen, S. 106, 189; Jeand'Heur/Korioth, Rn 190.
482 BGH in GRUR 2008, 984, 987 – St. Gottfried.
483 v. Mangoldt-Depenheuer, Art. 14 GG, Rn 105; Kästner in JuS 1995, 784, 785.
484 v. Mangoldt-Depenheuer, Art. 14 GG, Rn 105; v. Mangoldt-v. Campenhausen, Art. 140 GG, Rn 34 ff.
485 v. Campenhausen, S. 269, 270; Classen, Rn 284.
486 v. Campenhausen, S. 273, 274; Goerlich in JZ 1984, 221, 224; Kästner in JuS 1995, 784, 786.
487 Classen, Rn 285.

der Gemeinschaft nach deren Selbstverständnis[488]. Geschützt ist also das Eigentum an sich, dessen Besitz und Gebrauch sowie seine „widmungsgemäße Funktion bei der Erfüllung der durch die Religionsgemeinschaft eigenständig gesetzten Aufgaben“[489]. Kirchengebäude sowie Kultusgegenstände zählen zu den hier speziell geschützten Res sacrae. Allerdings sind auch Krankenhäuser, Schulen oder andere Einrichtungen der Religionsgemeinschaften im Einzelfall erfasst, wenn sie auch regelmäßig nicht zu den Res sacrae zählen mögen[490].

Das Recht aus Art. 137 III WRV gilt nicht schrankenlos. Es wird durch die für alle geltenden Gesetze beschränkt[491]. Diese haben inhaltlich die gleiche Funktion wie die allgemeinen Gesetze des Art. 5 II GG. Sie dürfen sich also zunächst nicht gegen eine Religionsgemeinschaft als solche richten und müssen einem anderen Rechtsgut von Verfassungsrang dienen. Hierbei stehen sie in Wechselwirkung mit dem einzuschränkenden Recht. Ziel ist daher der Ausgleich der beiden in Konflikt stehenden Rechtspositionen, um sie beidseitig optimal durch Güterabwägung zur Geltung zu bringen[492]. Es besteht also eine Wechselwirkung zwischen der Kirchenfreiheit und dem Schrankenzweck des Art. 137 III WRV[493]. Grundvoraussetzung ist, dass das betreffende Gesetz für jedermann gilt[494].

Vonseiten des BVerfG wurde demgegenüber herausgestellt, dass eine Schranke des Art. 140 I GG i. V. m. Art. 137 III WRV nur gegeben sei, wenn diese für die Religionsgemeinschaft dieselbe Bedeutung habe wie für jedermann und sie diese daher mit keiner besonderen Härte träfe[495]. Allerdings hat das Gericht diese Rechtsprechung rasch wieder zugunsten der oben aufgeführten Definition aufgegeben und ist zur Güterabwägung zwischen dem in Wechselwirkung zur Selbstbestimmung stehenden Schrankenzweck und dieser selbst zurückgekehrt – was insofern auch als richtig erscheint, als es etwa im Bestattungsrecht Regelungen gibt, die bestimmte Religionsgemeinschaften härter treffen und von Verfassungswegen sogar gefordert sind. Gleiches gilt für das Recht zum Austritt aus der Religionsgemeinschaft. Insofern kommt es auf die spezifische Härte nicht

---

488 Classen, Rn 286; M/D-Korioth, Art. 138 WRV, Rn 17.

489 BVerwG in ZevKR 36 1991, 56, 60; v. Campenhausen, S. 274.

490 v. Campenhausen, 274; Classen, Rn 287.

491 BVerfGE 31, 229, 238 – Kirchen- und Schulgebrauch; 49, 382, 392 – Kirchenmusik; BGH in GRUR 2008, 984, 987 – St. Gottfried.

492 v. Campenhausen, 107, Classen, Rn 275; Jeand’Heur/Korioth, Rn 201, 203, 204.

493 BGH in GRUR 2008, 984, 987 – St. Gottfried.

494 v. Campenhausen, S. 111; Jeand’Heur/Korioth, Rn 201.

495 BVerfG in NJW 1976, 2123, 2126 – Bremer-Mandatsbeschluss; Badura, S. 889; v. Campenhausen, S. 111; Classen, Rn 276.

an, sondern vielmehr darauf, ob das Gesetz wie bei Art. 5 II GG einem Rechtsgut dient, das von Art. 137 III WRV unabhängig durch das GG als schützenswert bezeichnet wird[496].

Ein solches für alle geltendes Gesetz ist daher eine die Selbstbestimmung der Religionsgemeinschaft beschränkende Norm, die den „zwingenden" Erfordernissen des friedlichen Zusammenlebens von Religionsgemeinschaft und Staat in einem weltanschaulich und religiös neutralen Gemeinwesen entspricht. Dies sind nicht zuletzt im Sinne des Art. 9 II EMRK solche Gesetze, die die Freiheiten und Rechte Dritter schützen. Bau-, polizei- oder zollrechtliche Normen etwa sind hiernach selbstverständliche Schranken in diesem Sinne und für die Religionsgemeinschaften verbindlich[497]. Nichts anderes kann für das UrhG gelten.

Liegt eine mögliche Schranke des Selbstbestimmungsrechts vor, so muss ein Ausgleich zwischen den in Konflikt stehenden Rechtspositionen erfolgen, der durch eine Abwägungsentscheidung zu finden ist. Es ist praktische Konkordanz unter Beachtung der Verhältnismäßigkeit herzustellen[498]. Bei der Abwägungsentscheidung wird die Nähe der Schranke zum Auftrag der Religionsgemeinschaft eine Rolle spielen müssen. Die Frage der Nähe wiederum ist aber, wie schon bei den eigenen Angelegenheiten erläutert, eine aus Gründen der Religionsfreiheit folgende Frage des Selbstverständnisses der Religionsgemeinschaft selbst, sodass auch hier erneut nur eine Schlüssigkeitsprüfung des Sachvortrags der Gemeinschaften gerichtlich erfolgen kann[499].

bb) Glaubens- und Bekenntnisfreiheit nach Art. 4 I und II GG

Neben dem Recht auf Selbstbestimmung stehen den Religionsgemeinschaften ihre Rechte aus Art. 4 I und II GG zur Seite. Nicht selten berufen sie sich bei ihren ein fremdes Urheberrecht betreffenden Maßnahmen auf ihr Recht auf Gestaltung ihres Eigentums aus Glaubensgründen und machen so von der kollektiven Glaubens- und Bekenntnisfreiheit des Art. 4 I und II GG Gebrauch.

Aus Art. 4 I und II GG leitet sich ein einheitliches Grundrecht der Glaubens- und Bekenntnisfreiheit ab, das auch die Kultusfreiheit erfasst[500]. Das angesprochene Grundrecht bildet hierbei ein einheitliches Ganzes mit den durch Art. 140

496 BVerfGE 53, 366, 400; v. Campenhausen, S. 111; Classen, Rn 276, 277.
497 v. Campenhausen, S. 109, 112.
498 BVerfG in NJW 1986, 367, 371; v. Campenhausen, S. 112; Classen, Rn 277.
499 v. Campenhausen, S. 113.
500 BVerfGE 24, 236, 245; v. Campenhausen, S. 392; J/P-Jarass, Art. 4 GG, Rn 1.

I GG in die bundesdeutsche Rechtsordnung eingeführten Artikeln der WRV[501]. Die Normen sind aufeinander abgestimmt zu interpretieren[502].
Inhaltlich schützt Art. 4 I und II GG den und das Glauben sowie das Haben und Leben einer bestimmten Weltanschauung. Die beiden Bereiche werden auch als Forum internum und Forum externum bezeichnet[503]. Glauben und Weltanschauung liegt hierbei eine „Gewissheit über bestimmte Aussagen zum Weltganzen sowie zur Herkunft bzw. zum Ziel menschlichen Lebens" zugrunde[504]. Weiter liegt dem Glauben wie auch der Weltanschauung eine Gewissensentscheidung zugrunde, sodass sich Verpflichtungen ergeben, die als bindend wahrgenommen werden[505]. Der Glaube ist demnach eine Vorstellung vom Menschen in der Welt und seinen Beziehungen zu höheren Mächten und tieferen Seinsschichten[506]. Auf die „zahlenmäßige Stärke" der Anhängerschaft kommt es hingegen nicht an[507]. Denn schon für den Einzelnen erfasst Art. 4 I und II GG das Recht, sein gesamtes Verhalten an seinen Glaubensüberzeugungen auszurichten, selbst dann, wenn diese im Widerspruch zu den Glaubensüberzeugungen der Gemeinschaft stehen, der er angehört[508]. Insbesondere geschützt ist damit auch das Abhalten kultischer Handlungen wie Gottesdienste sowie alle Tätigkeiten zur Verwirklichung der eigenen Glaubensüberzeugung[509]. Eingeschränkt wird dieser Schutzbereich nur dadurch, dass der Gläubige seine Handlungen als innerlich bindend erfahren muss, sie also nicht ohne innere Gewissensnot unterlassen kann[510]. Ob aber eine solche zwingende Verhaltensregel vorliegt, hängt vom Selbstverständnis des Rechtsträgers ab, der auch nur eine Teilgruppe einer größeren Glaubensgemeinschaft sein kann[511]. Dem Betroffenen obliegt hierzu allerdings die Darlegungslast[512].

501 BVerfG in NVwZ 1999, 753, 754; J/P-Jarass, Art. 4 GG, Rn 3.
502 J/P-Jarass, Art. 4 GG, Rn 3.
503 Detterbeck, Rn 560.
504 BVerwGE 90, 112, 115; v. Campenhausen, S. 395; J/P-Jarass, Art. 4 GG, Rn 8.
505 BVerwGE 89, 368, 368, 370, 371; J/P-Jarass, Art. 4 GG, Rn 8.
506 Detterbeck, Rn 561.
507 BVerfGE 32, 98, 106.
508 BVerfGE 41, 29, 49; J/P-Jarass, Art. 4 GG, Rn 9, 12.
509 J/P-Jarass, Art. 4 GG, Rn 10.
510 J/P-Jarass, Art. 4 GG, Rn 13.
511 BVerfG in NJW 2002, 663, 665 – Schächten; BVerfG in GRUR 1969, 137, 137 – Aktion Rumpelkammer.
512 BVerwG in NVwZ 1994, 578, 579 – Befreiung vom Sportunterricht; J/P-Jarass, Art. 4 GG, Rn 13.

Für die Glaubens- und Religionsgemeinschaften, die als juristische Personen ebenfalls Adressaten des Art. 4 I und II GG sind[513], ist das Kriterium der Gewissensnot nur schlecht anwendbar. Bei ihnen gilt Art. 4 I und II GG wie bei natürlichen Personen auch ausgehend von deren Selbstverständnis über die eigene Glaubensüberzeugung. Die eigenen Angelegenheiten im Sinne des Art. 140 I GG i. V. m. Art. 137 III WRV fallen jedenfalls in den Schutzbereich des Art. 4 I und II GG, sodass auch die Verwaltung des Kirchenguts sowie des Eigentums und des sonstigen zur Verwirklichung des religiösen Auftrag dienenden Vermögens erfasst ist[514]. Geschützt sind auch alle Einrichtungen der Glaubens- bzw. Weltanschauungsgemeinschaften, insofern sie in Erfüllung ihres religiösen oder weltanschaulichen Auftrags handeln[515].
Allerdings werden auch die Rechte aus Art. 4 I und II GG nicht schrankenlos gewährt. Jedenfalls bilden solche Gesetze Schranken des Art. 4 I und II GG, die ihrerseits Ausdruck des mit Art. 4 I und II GG kollidierenden Verfassungsrechts sind. Art. 4 I und II GG ist somit jedenfalls verfassungsimmanenten Schranken unterworfen, sodass eine Güterabwägung zwischen den widerstreitenden Verfassungsrechten im Einzelfall erfolgen muss[516]. Ein solches mit Art. 4 I und II GG im Einzelfall kollidierendes Recht von Verfassungsrang kann somit auch das Urheberrecht als Recht des Eigentums im Sinne des Art. 14 I GG sein.
Teilweise wurde eingewandt, dass auch Art. 4 I und II GG über die verfassungsimmanenten Schranken gem. Art. 140 I GG i. V. m. Art. 137 III WRV und Art. 136 I WRV einem weiteren Schrankenvorbehalt insoweit unterlägen, als auch Gesetze im Sinne dieser Vorschriften die Glaubens- und Bekenntnisfreiheit einzuschränken vermögen[517]. Dieser Auffassung sind zweierlei Argumente entgegenzubringen. Zunächst ist aus Art. 4 I und II GG ein solcher Gesetzesvorbehalt nicht ersichtlich. Weiter bildet Art. 4 I und II GG mit den durch Art. 140 I GG eingeführten Normen der WRV zwar ein einheitliches Ganzes, jedoch nur bezogen auf einen einheitlichen Lebensbereich der individuellen sowie kollektiven Religionsfreiheit. Strukturell sind die beiden Rechte aus Art. 4 I und II GG und Art. 137 III WRV zu trennen. Dies wird nicht zuletzt daran ersichtlich, dass es sich um zwei ganz unterschiedliche Rechtstypen handelt. Art. 4 I und II GG ist ein Grundrecht, während Art. 137 III WRV nur ein sonstiges Recht von Ver-

513 J/P-Jarass, Art. 4 GG, Rn 19.
514 J/P-Jarass, Art. 4 GG, Rn 14, 15; Art 140 GG /138 WRV, Rn 3.
515 BVerfG in NJW 1968, 367, 367; J/P-Jarass, Art. 4 GG, Rn 19.
516 BVerfG in NJW 2003, 3112 – Lehrerin mit Kopftuch; BVerfG in NJW 2477, 2479 – Kruzifix; BVerwG in NJW 2002, 3344, 3345 – „islamisches Kopftuch“.
517 BVerwG in NJW 2001, 1225, 1226 – Schächturteil; v. Campenhausen, S. 421; J/P-Jarass, Art. 4 GG, Rn 33.

fassungsrang für die Religionsgemeinschaften ist und daher nicht einmal selbstständig der Verfassungsbeschwerde aufgrund der Voraussetzungen des § 90 I BVerfGG zugänglich ist. Ein solches Recht kann die Einschränkungsmöglichkeiten eines selbstständigen Grundrechts nicht schon deshalb beeinflussen oder bestimmen, weil es einen ähnlichen Anwendungsbereich haben mag. Ein Gesetzesvorbehalt bezogen auf Art. 4 I und II GG, der sich aus den von Art. 140 I GG eingeführten Artikeln der WRV in das GG ergeben könnte, ist somit abzulehnen[518].

b) Die besonderen Interessen der Religionsgemeinschaften

Neben den Interessen, die Eigentümer an ihrem Eigentum verfolgen, haben Religionsgemeinschaften oft Zusatzinteressen und -anforderungen an ihr Eigentum.

aa) Interesse an ungestörter Religionsausübung

Die ungestörte Religionsausübung ist das Hauptanliegen jeder Religionsgemeinschaft. Das Interesse der Gemeinschaften geht hierbei weit über die Vornahme kultischer Handlungen hinaus. Eine Religionsgemeinschaft richtet sich inhaltlich auf das gesamte Leben ihrer Mitglieder aus, sodass auch Handlungen im Alltag zur Religionsausübung zählen können. Vonseiten des Grundgesetzes ist dieses Interesse auch durch Art. 4 I und II GG geschützt. Die ungestörte Religionsausübung ist ein Bestandteil der dem Einzelnen wie der religiösen oder weltanschaulichen Vereinigung zustehenden Glaubens- und Bekenntnisfreiheit. Seit der WRV geht die Freiheit der Religionsausübung inhaltlich in der Bekenntnisfreiheit auf[519]. Zur Religionsausübung gehört auch die Einrichtung, Errichtung und Gestaltung von Kirchengebäuden sowie der sonstige Umgang mit dem für den Auftrag der Gemeinschaft relevanten Eigentum[520]. Zur Religionsausübung gehören somit neben den kultischen Handlungen auch die Ausübung sowie Beachtung religiöser Bräuche wie Gottesdienst, Sammlung, Gebet, Sakramenteempfang, Zeigen und Gestalten von Kirchenfahnen und Ähnlichem[521].

Die besondere Gewährleistung der gegen Eingriffe und Angriffe des Staates geschützten Religionsausübung in Art. 4 I und II GG erklärt sich historisch aus der Vorstellung eines besonderen Exercitium religionis, insbesondere aber aus der Abwehrhaltung gegenüber Störungen der Religionsausübung unter der national-

518 So im Ergebnis auch: BVerfG in NJW 1995, 2477, 2479 – Kruzifix; BVerfG in NJW 1972, 1183, 1184 – Eidesverweigerung.

519 BVerfG in GRUR 1969, 137, 138 – Aktion Rumpelkammer.

520 BGH in GRUR 1982, 107, 110 – Kircheninnenraumgestaltung; BGH in GRUR 2008, 984, 987 – St. Gottfried; v. Campenhausen, S. 106, 189.

521 BVerfG in GRUR 1969, 137, 139 – Aktion Rumpelkammer.

sozialistischen Gewaltherrschaft. Da die Religionsausübung zentrale Bedeutung für jeden Glauben und jedes Bekenntnis hat, muss dieser Begriff extensiv ausgelegt werden. Hierfür spricht auch, dass die Religionsfreiheit nicht mehr wie in § 135 WRV durch einen ausdrücklichen Gesetzesvorbehalt eingeschränkt ist, nicht mehr im Zusammenhang mit den anderen Bestimmungen über das Verhältnis von Staat und Kirche steht und darüber hinaus durch verfassungsrechtliche Sonderregelungen geschützt ist[522].

Neben Art. 4 I und II GG sind Religionsgemeinschaften auch aus den Art. 137 III und 138 II WRV berechtigt, ihre eigenen Angelegenheiten und insbesondere ihr ihrem religiösen Auftrag dienendes Eigentum frei zu verwalten. Für das Interesse der Religionsgemeinschaften auf eine ungestörte Religionsausübung bedeutet dies, dass unter Berücksichtigung des Selbstverständnisses der jeweiligen Gemeinschaft alle solche Handlungen unter dieses Verfassungsrecht fallen, die dem Auftrag der Gemeinschaft entsprechen. Gleiches gilt für den Umgang mit solchem Eigentum.

Gegenüber den Urheberinteressen kann sich eine ihr Eigentum gestaltende Religionsgemeinschaft folglich auf bis zu drei Rechtspositionen (Art. 4 I, II GG, Art. 140 GG iVm. Art. 137 III WRV und ggf. Art. 140 GG iVm. Art. 138 II WRV) neben Art. 14 GG berufen, wenn sie die Änderungshandlung zumindest auch aus religiösen Gründen vornimmt. Der Urheber ist hier in seinen Möglichkeiten beschränkt, die Interessenlage der Religionsgemeinschaften zu entkräften. Diese bestimmen nämlich selbst, was zu ihren eigenen Angelegenheiten zählt und somit, was von Art. 4 I und II GG und Art 137 III WRV erfasst ist. Einziger Angriffspunkt für den Urheber im Streitfall kann die mangelnde schlüssige Darlegung der berechtigten Interessen nach dem Selbstverständnis der Religionsgemeinschaften sein. Die Position der aus Gründen der Religionsausübung handelnden Religionsgemeinschaften jedenfalls ist rechtlich stark geschützt.

bb) Liturgisches bzw. sonstiges kultische Interesse

Eine besondere Form der Religionsausübung bildet das Abhalten einer Liturgie oder die Durchführung sonstiger kultischer Handlungen. Sie bilden regelmäßig den Kernbereich religiöser Verhaltensweisen einer Religionsgemeinschaft. Unstreitig fällt daher das Interesse an der freien Durchführung von liturgischen bzw. sonstigen kultischen Handlungen als Unterfall des Interesses an einer ungestörten Religionsausübung sowohl unter Art. 4 I und II GG als auch unter Art. 137 III WRV. Insoweit der Umgang mit Eigentum und Vermögen hierdurch

522 BVerfG in GRUR 1969, 137, 139 – Aktion Rumpelkammer.

tangiert wird, ist regemäßig auch Art. 138 II WRV betroffen. Ob liturgische oder sonstige kultische Gründe für eine Handlung einer Religionsgemeinschaft vorliegen, hängt vom darlegungsbedürftigen Selbstverständnis der Gemeinschaft ab[523]. Liegen solche Handlungen vor, so erlangt der Schutz der angesprochenen Rechtspositionen besonderes Gewicht. Insbesondere schützt Art. 138 II WRV die betroffenen Res sacrae, wie oben aufgezeigt, durch seine speziellen Wertungsentscheidungen. Obwohl der Kernbereich der Rechte von Religionsgemeinschaften durch die Rechte Dritter in diesem Handlungs- und Interessenbereich tangiert sein mag, geht auch in einem solchen Fall das Interesse der Gemeinschaften nicht grundsätzlich vor. Vielmehr ist hier ebenfalls eine Abwägungsentscheidung zwischen den beteiligten Interessen vorzunehmen[524].

c) Besonderheiten für den Fall des Rechtstreits

Im Falle eines Rechtsstreits ergeben sich für Religionsgemeinschaften grundsätzlich keine Besonderheiten. Sie sind regelmäßig rechts- und parteifähig. Das gilt auch für ihre selbstständigen Untergliederungen wie Gemeinden, Einrichtungen und Vereine[525]. Unselbstständige Untergliederungen wie etwa karitativ tätige Einrichtungen sind über die sie tragende Religionsgemeinschaft parteifähig. Voraussetzung ist lediglich, dass diese der Religionsgemeinschaft zugeordnete Einrichtung oder Untergliederung nach dem Selbstverständnis der Religionsgemeinschaft ihrem Zweck nach berufen ist, „ein Stück des Auftrags der Gemeinschaft in der Welt" wahrzunehmen[526].

3. Die Interessen der Urheber

Wie die Eigentümer unterliegen auch die Urheber ganz eigenen Interessenlagen, wenn es um eine Werkveränderung geht. Auch hier ist die Voraussetzung eines Einbezugs der unterschiedlichen Interessen in eine wertende Abwägungsentscheidung für oder wider den Urheber, dass seine Interessen rechtlich relevant sind. Daher ist auch hier zu fragen, auf welche Rechtspositionen sich die Einzelinteressen beziehen können und wie stark sie im Einzelfall schutzwürdig erscheinen.

---

523 BGH in GRUR 2008, 984, 984, 987 – St. Gottfried; BVerfG in JuS 2007, 373; BVerfG in GRUR 1969, 137, 139 – Aktion Rumpelkammer.

524 So auch am Beispiel eines Eingriffs in Art. 138 II WRV: J/P-Jarass Art. 140 GG/Art 138 WRV, Rn 4.

525 BVerfGE 53, 366, 386, 392; BVerfG in NJW 1986, 367, 367; BGH in GRUR 2008, 984, 987 – St. Gottfried; Jeand'Heur/Korioth, Rn 173.

526 BGH in GRUR 2008 984, 985 – St. Gottfried; Jeand'Heur/Korioth, Rn 173.

a) Das Urheberrecht i. S. d. Art. 14 I GG

Grundlage und Ausgangspunkt des urheberrechtlichen Interessenschutzes kann zunächst nur das Urheberrecht an sich sein. Dieses hat der Gesetzgeber im Urhebergesetz von 1965 niedergelegt. Als ausschließliches, privatnütziges und insgesamt vermögenswertes Recht fällt dieses zivilrechtliche deutsche Urheberrecht unter den oben erläuterten Eigentumsbegriff des Art. 14 I GG[527]. Dies gilt insbesondere und unstreitig für seine verwertungsrechtlichen Aspekte der §§ 15 ff. UrhG[528].

Das Urheberrecht besteht aber aus einem verwertungsrechtlichen und einem persönlichkeitsrechtlichen Aspekt gleichermaßen. Diese beiden Seiten der einen Medaille sind monistisch miteinander verwoben, sodass keiner der beiden Rechtsaspekte vom anderen zu abstrahieren ist. Eine Trennung ist nicht möglich. Eine klare Differenzierung wie im Falle des Sacheigentums gegenüber dem allgemeinen Persönlichkeitsrecht des Eigentümers scheidet daher zunächst aus. Fraglich bleibt das Verhältnis des UPR zum allgemeinen Persönlichkeitsrecht und auf welcher verfassungsrechtlichen Grundlage es steht.

aa) Verhältnis von aPR und UPR

Das allgemeine Persönlichkeitsrecht (im Folgenden: aPR) gem. Art. 2 I GG i. V. m. Art. 1 I GG schützt die Ehre, die Freiheit, das Ansehen sowie die Persönlichkeitsentwicklung und -darstellung einer Person[529]. Geschützt wird also die engere persönliche Lebenssphäre, die durch konkrete Freiheitsgarantien nicht abschließend erfasst ist. Dies beinhaltet auch das Recht, selbst zu entscheiden, wie und ob seine Persönlichkeit in der Öffentlichkeit wahrgenommen werden soll[530]. Demgegenüber unterscheidet sich das aPR vom UPR zunächst durch sein Schutzobjekt[531]. Das UPR knüpft seinen Schutz nämlich nicht allein an die Persönlichkeit des Urhebers, was es zu einem Spezialfall des aPR machen würde[532], sondern schützt gezielt das geistige Band, das durch den Schöpfungsakt zwischen dem Urheber und seinem im Werkstück verkörperten Immaterialgut – dem Werk – entsteht. Daran ist zu erkennen, dass das UPR nicht wie das an die Person anknüpfende aPR als natürlich vorgegeben erscheint, sondern einen gegen-

527 Siehe S. 68 ff.

528 Fechner, S. 152, 157, 186; Riesenkampff, S. 88; Rüll, S. 99; M/D-Papier, Art. 14 GG, Rn 197, 237a.

529 BVerfG in NJW 1980; 2070, 2071; BVerfG in NJW 1973, 891, 891; Fechner, S. 268; Federle, S. 22.

530 BVerfGE 54, 148, 153, 155; Fechner, S. 260.

531 Riesenkampff, S. 95; Fechner, S. 268; Schack, Rn 44.

532 So aber: BGHZ 13, 334, 339; Federle, S. 22; Schricker-Dietz/Peukert, § 15 UrhG, Rn 8.

ständlichen Bezug aufweist. Somit schützt das aPR die Person des Rechtsträgers unmittelbar, das UPR hingegen nur mittelbar über die Urheber-Werk-Beziehung[533]. Weiter kann man zwischen dem Schutz der geistigen und persönlichen Urheberinteressen hierbei unterscheiden, (§ 14 UrhG). Hielte man das UPR aber für einen Spezialfall des aPR, so könnten lediglich die persönlichen Interessen des Urhebers an seinem Werk geschützt sein. Die geistigen, ideellen Interessen, die auch die Werkaussage mit Bezug auf den Betrachter betreffen, könnten dann nicht erfasst sein, da sie eine reine urheberpersönlichkeitsrechtliche Eigenart darstellen, die dem aPR fremd ist. Die geistigen Interessen des Urhebers bilden gerade nicht Teile der persönlichen Interessen ab[534].

Teilweise wurde das UPR so verstanden, dass es das Werk an sich schütze, es also als verselbstständigten Teil die Urheberpersönlichkeit zur Wirksamkeit bringen solle und das Werk durch den Schöpfungsakt zu einem schützenswerten Eigenleben gekommen sei[535]. Diese Ansicht verkennt den Charakter des UPR als Persönlichkeitsrecht. Das Werk selbst mag zwar einen Teil der Urheberpersönlichkeit tragen, hat indes aber selbst keine Persönlichkeit. Es ist vielmehr ein rechtsunfähiges Rechtsgut, das seinerseits nur Anknüpfungspunkt für Rechte einer Person sein kann, nicht jedoch selbst Rechtsschutz gegenüber Dritten Personen entfaltet. Es ist mithin keinesfalls verselbstständigt, sondern steht in Abhängigkeit zur Person und dem Willen seines Schöpfers. Geschützt werden durch das UPR nämlich nicht nur das Urheberinteresse am Werkstück selbst und seiner Erscheinungsform in der Öffentlichkeit, sondern vielmehr auch die Interessen der Urheber an der Mehrung, Konkretisierung, Verteidigung oder Bildung ihres Rufes, ihrer Ehre und ihres Ansehens in der Öffentlichkeit durch die Werkaussage. Das UPR ist somit keinesfalls ausschließlich „objektbezogen". Seine objektbezogenen Aspekte dienen sämtlich dem Persönlichkeitsschutz des Urhebers in seiner Urheber-Werk-Beziehung[536].

Betrachtet man nun die §§ 12 bis 14 UrhG, die auch UPR i. e. S. genannt werden, so wird man feststellen müssen, dass die §§ 13 und 14 UrhG nicht durch das aPR erfasst werden, sondern nach der obigen Definition rein die Urheber-Werk-Beziehung schützen, also klare UPR-Schutznormen darstellen. Für § 12 UrhG wird man dies so nicht sagen können. Sowohl Absatz 1 als auch Absatz 2 des § 12 UrhG stellen zunächst auf die Urheberpersönlichkeit als solche ab. Der

533 Fechner, S. 268.

534 Federle, S. 25.

535 Fechner, S. 269; Osenberg, S. 12, 13; wohl auch: Rehbinder, S. 142, der von der Ablösung der Persönlichkeitsgüter von der physischen Persönlichkeit spricht.

536 Fechner, S. 269; Hock, S. 27.

Urheber wird ermächtigt, selbst zu bestimmen, wie und ob er in der Öffentlichkeit mit seiner Arbeit in Erscheinung treten will. Erst in zweiter Linie wird hierdurch das Verhältnis des Urhebers zu seinem Werk erfasst. Aus dem Erstveröffentlichungsrecht ergibt sich vielmehr ein Ausschlussrecht gegenüber Dritten, sodass diesen eine Veröffentlichung gegen den Urheberwillen gerade nicht möglich sein soll. Erst hierin ist ein Schutz der Beziehungen des Urhebers zu seinem Werk vor Eingriffen Dritter zu erblicken, die das Werk ggf. in einer vom Urheber nicht gewollten Form oder Weise veröffentlichen könnten. § 12 UrhG schützt also gleichsam Aspekte des aPR und des UPR.

Ein weiterer Unterschied zwischen UPR und aPR ist die grundsätzliche Vererblichkeit des UPR als Teil des monistischen Urheberrechts gem. § 28 I UrhG. Allerdings wird angenommen, dass das UPR ähnlich wie das postmortale Persönlichkeitsrecht mit der Zeit nach dem Ableben des Urhebers zunehmend verblasse[537]. Dem ist aber entgegenzuhalten, dass dies im Gesetz keinen Widerhall findet und insofern abzulehnen ist. Das UPR schützt das geistige Band zwischen dem Urheber und dem Werk. Während die Erinnerung an eine Person mit den Jahren nach ihrem Ableben langsam verblasst und die Persönlichkeit des Verstorbenen mit der Zeit hinter seine Verdienste und Leistungen tritt, trifft dies beim Urheber nicht zu[538]. Das Werk des Urhebers ist vielmehr Träger von Aspekten der Urheberpersönlichkeit und nicht nur eine reine Leistung im technischen oder geistigen Sinne. Es spiegelt die Persönlichkeit und ideellen Interessen des Urhebers in Teilen wider. Mit seinem Bestehen und Bekanntsein lässt es stets Rückschlüsse eben auf diese Aspekte zu. Beim aPR geht mit dem Tod der Rechtsträger weltlich verloren. Bezüglich seines höchstpersönlichen Teils ist das aPR daher nicht vererblich. An seine Stelle tritt nach dem tod des Rechtsrägers ein postmortaler Persönlichkeitsschutz. Allein die verwertungsrechtlich relevanten, also vermögenswerten Bestandteile des Rechts werden vererbt[539]. Beim UPR besteht demgegenüber vollständige Kontinuität[540]. Sowohl das Werk als auch das UPR bestehen vollumfänglich fort – Letzteres hierbei durch Vererbung.

---

537 BGH, GRUR 2008, 984, 986 – St. Gottfried; BGH in GRUR 1989, 106, 107 Oberammergauer Passionsspiele II; OLG S in GRUR-RR 2011, 56, 62 – Stuttgart 21; Federle, S. 56; Fechner, S. 272.

538 Jahn, S. 24, die das Urheberrecht hier als Immaterialgut darstellt und somit das vom aPR bekannte Verlassen verneint.

539 BGH in NRW 2000, 2195, 2197, 2198 – Marlene Dietrich.

540 Der postmortale Persönlichkeitsschutz des aPR wird unterschiedlich bewertet. Er hängt an der Persönlichkeit des Verstorbenen, sodass unterschiedliche Schutzdauern möglich erscheinen. So wurden Emil Nolde 30 Jahre, Berthold Brecht jedoch mindestens 40 Jahre Schutzdauer gerichtlich gewährt: BGH in GRUR 1995, 668, 668 – Emil Nolde; OLG München in ZUM 1998, 417, 421 – Brecht-Texte; Rehbinder, S. 142, 143.

Zusätzlich scheint ein Verblassen des UPR auch daher kaum möglich, weil dieses monistisch mit den Verwertungsrechten des Urheberrechts verbunden ist. Verblasste das UPR, so müssten diese gleichsam als andere Seite derselben Medaille in Mitleidenschaft gezogen werden[541]. Dies findet aber nicht statt. Möglich erscheint es indes, dass die Interessen der Träger des UPR sich mit dem Zeitverlauf verändern. Dies allerdings ist dann kein Ergebnis einer Veränderung der rechtlichen Bedeutung des UPR an sich, sondern eine unbeachtliche, rein subjektive Begebenheit. Einen allgemeinen Rechtsgrundsatz, wie teilweise behauptet, stellt das Verblassen von Persönlichkeitsrechten darüber hinaus und gerade auch deshalb nicht dar[542].
Betrachtet man die herausgearbeiteten Unterschiede zwischen dem aPR und dem UPR, so wird man sagen müssen, dass das UPR gegenüber dem aPR ein wesensverwandtes Aliud und eben keinen Spezialfall darstellt[543]. Allenfalls sind die beiden Rechte in Teilen ihres Wesens insofern verwandt, als das sie beide zumindest auch die persönlichen Interessen ihres Rechtsträgers schützen. Das UPR geht hierüber aber, wie aufgezeigt, deutlich hinaus. Richtig indes ist, dass das UPR ein umfassendes Herrschaftsrecht des Urhebers über sein Werk darstellt, das von geistigen und persönlichen Interessen geprägt ist, die wiederum miteinander verwoben sind. Das UPR besteht also aus vom aPR bekannten Aspekten des Persönlichkeitsschutzes einerseits und weiteren Schutzaspekten des geistigen, ideellen Immaterialgüterrechts bezogen auf die Rezipienten andererseits. Diese hat der Gesetzgeber 1965 zu einem Mischrecht – auf dem Stand der damaligen Debatte um das geistige Eigentum und das Persönlichkeitsrecht der Urheber –zusammengeführt[544]. Daher hat das UPR wie das aPR einen Kernbereich, der auf die Menschenwürde des Art. 1 I GG zurückgeht. Ob es aber darüber hinaus dem Art. 2 I GG entspringt, wie dies beim aPR der Fall ist, kann aufgrund seiner einzigartigen Konstruktion und dem urheberrechtlichen Monismus bezweifelt werden.

bb) verfassungsrechtliche Grundlage des UPR

Unabhängig von der Frage nach dem Verhältnis von aPR und UPR wird die Frage nach der verfassungsrechtlichen Grundlage des UPR gestellt. Während die

541 Obergfell in GRUR-Prax 2010, 233, 233; D/S-Schulze, Vor § 12 UrhG, Rn 8; W/B-Bullinger, Vor § 12 ff. UrhG, Rn 10; so wohl auch Schricker-Dietz/Peukert, § 15 UrhG, Rn 5, der darauf hinweist, dass die Verletzung von Verwertungsrechten gleichzeitig eine zum Schadensersatz verpflichtende UPR-Verletzung sein kann.
542 So aber: OLG Stuttgart in GRUR-RR 2011, 56, 61 – Stuttgart 21.
543 So auch: Federle, S. 25.
544 Federle, S. 27.

vermögensrechtliche Seite des Urheberechts auf Art. 14 I GG fußt, sollen sich die persönlichkeitsrechtlichen Belange des Urheberrechts wie das aPR auf den Art. 2 I i. V. m. Art. 1 I GG stützen[545]. Doch schon hier wird klar, dass die Frage nach der verfassungsrechtlichen Grundlage des UPR nicht unabhängig von der Frage beantwortet werden kann, wie sich das aPR zum UPR verhält. Die obige Antwort auf die Verortung des UPR in Art. 2 I i. V. m. Art. 1 I GG rückt dieses nämlich in den verfassungsrechtlichen Bereich des aPR und trägt der weit verbreiteten Auffassung Rechnung, dass das UPR ein Spezialfall des aPR sei. Dass dies nicht so ist, wurde oben aufgezeigt[546]. Fraglich ist daher, ob sich hieraus Auswirkungen auf die verfassungsrechtliche Verortung des UPR ergeben.

Das UPR hat einen über den Monismus des Urheberrechts geprägten vermögensrechtlichen Charakter[547]. Dieser ist dem aPR und auch Art. 2 I i. V. m. Art. 1 I GG fremd. UPR und APR lassen sich also nicht gleichsetzen[548]. Demgegenüber hat das BVerfG angeführt, dass Eigentum im Sinne des Art. 14 I GG alle vermögenswerten Rechte und damit verbundene Befugnisse seien, die der Berechtigte in eigenverantwortlicher Entscheidung zu seinem privaten Nutzen ausüben darf[549]. Voraussetzung hierfür sei nicht die uneingeschränkte Verfügbarkeit oder Übertragbarkeit der fraglichen Rechte[550]. Welche Rechte dies im Einzelnen sind, kann der Gesetzgeber als Besonderheit des Art. 14 I GG gem. Art. 14 I 2 GG selbst bestimmen[551]. Besonders der Institutsgarantie des Art. 14 I GG kommt hier besonderes Gewicht zu, da sie den Gesetzgeber verpflichtet, durch einen Grundbestand an Normen die Existenz und Funktion des Eigentums in seiner jeweiligen Ausprägung etwa als Sacheigentum oder Urheberrecht zu ermöglichen und zu gewährleisten[552].

Auf Art. 2 I GG wiederum kann man sich nur berufen, wenn die spezielle Form der Freiheitsbetätigung nicht in den Schutzbereich eines anderen Grundrechts fällt. Allerdings bildet das allgemeine Persönlichkeitsrecht ein eigenes Grundrecht, dass lediglich auf Art. 2 I i. V. m. Art. 1 I GG fußt, mitunter aber nicht an dessen Auffangfunktion Teil hat[553]. Daher wird behauptet, dass der dem Urhe-

---

545 Fechner S. 105 ff, 256, 263; Riesenkampff, S. 88, 94; Schricker-Schricker, Einl. Rn 12; Schricker-Dietz, § 14 UrhG, Rn 2.

546 Siehe S. 99 ff...

547 Federle, S. 26; Riesenkampff, S. 34, 35.

548 Fechner, S. 260, 263.

549 BVerfG in NJW 2006, 1191, 1192, 1193; Palandt-Bassenge, Überbl. V. § 903 BGB, Rn 2.

550 BVerfG in NJW 1991, 1807, 1807 – Vorkaufsrecht; Riesenkampff, S. 89.

551 BVerfG in NJW 1987, 1251, 1252; Fechner, S. 199; Riesenkampff, S. 90.

552 Riesenkampff, S. 90.

553 Fechner, S. 257, 258; dagegen Schricker-Dietz/Peukert, § 15 UrhG, Rn 8, der dem aPR eine Auffangfunktion zuschreibt.

berrecht innewohnende Monismus von vermögensrechtlichen und persönlichkeitsrechtlichen Aspekten hierbei nicht im Widerspruch zur unterschiedlichen verfassungsrechtlichen Verortung der beiden Aspekte des Urheberechts steht, da dieser schon dem Rang nach unterhalb des Verfassungsrechts angesiedelt ist und Rückschlüsse auf die verfassungsrechtliche Rechtsgestaltung daher unzulässig seien[554]. Zu beachten ist hier aber, dass das aPR dem Schrankenkanon des Art. 2 I GG mit der Ausnahme seines durch Art. 1 I GG erfassten Kernbereichs der Menschenwürde unterliegt[555]. Zählte man das UPR ebenfalls zum Anwendungsbereich dieser Norm, so unterläge es ebenfalls diesem Schrankenkanon. Demgegenüber würden für die Schranke des verwertungsrechtlichen Teils des Urheberrechts die Schranken des Art. 14 I GG zur Anwendung kommen. Geht man vom Monismus und vom vermögensrechtlichen Charakter des Urheberrechts und damit des UPR aus, so scheint dies widersprüchlich. Eine Verletzung von Verwertungsrechten tangiert auch immer die urheberpersönlichkeitsrechtliche Seite des Urheberrechts. Eine unterschiedliche rechtliche Behandlung in Bezug auf ihre Zulässigkeit im verfassungsrechtlichen Sinne ist mithin überhaupt nicht möglich, da sie gegen die von Art. 14 I GG akzeptierte und in den verfassungsrechtlichen Eigentumsbegriff passende Dogmatik des Urheberrechts verstieße. Richtig indes ist, dass einfachgesetzliche Regelungen Rückschlüsse auf das Verfassungsrecht nicht zulassen. Allerdings gilt dies mit der Ausnahme des Art. 14 I GG insoweit, als dass das GG den Eigentumsbegriff des Zivilrechts akzeptiert, wenn sich dieser innerhalb der Schranken des verfassungsrechtlichen Eigentumsbegriffs bewegt. Genau dies ist beim Urheberrecht der Fall.

Das UPR steht als eigenständiges Recht neben dem aPR. Der Bezugspunkt ist das Werk in seiner vom Schöpfer verliehenen Form und Gesamtaussage. Nicht geschützt ist die Persönlichkeit des Schöpfers als solche. Das UPR schützt das geistige Band zwischen Schöpfer und Schöpfung und ist ein vermögenswertes, privatnütziges und ausschließliches Recht im Sinne des Art. 14 GG. Beim aPR ist ein vom Grundrechtsträger ausgehendes Schutzobjekt nicht erkennbar. Alleiniger Schutzgegenstand ist die Ausprägung der Persönlichkeit desselben. Das Urheberrecht ist weiter kraft seiner einfachgesetzlichen Konkretisierung im UrhG von 1965 ein besonderes Recht. Es ist eine monistische Symbiose aus ideellen, persönlichen und materiellen Interessenpositionen der Urheber, die eine Rechtseinheit als Mischrecht bilden[556]. Dies widerspricht dem Gedanken der klar von den vermögenswerten Rechten getrennten Persönlichkeitsrechte.

554 Fechner, S. 186; Riesenkampff, S. 88.
555 Fechner, S. 261.
556 Jänecke, S. 37; Riesenkampff, S. 35.

Art. 14 I GG wird unstreitig auch durch das UrhG inhaltlich bestimmt und beschränkt. Aus dem das UrhG bestimmenden Monismus, wie er aus den §§ 11 und 29 S. 1 UrhG unschwer herauszulesen ist, ergibt sich in der Folge, dass Art. 14 I GG – die Wertungen des Gesetzgebers akzeptierend – das Urheberrecht in seiner monistischen Form erfasst und schützt. Es ist gerade das Besondere des Urheberrechts, dass sämtliche Beeinträchtigungen der ideellen und der persönlichkeitsrechtlichen Seite der Urheberrechte auch vermögensrechtliche Beeinträchtigungen des Urheberrechts im dogmatischen Sinne bedeuten. Denn auch die Verwertungsrechte des Urhebers haben einen persönlichkeitsrechtlichen Kern[557]. Weiter ist das UPR bei sämtlichen Werkarten beachtlich[558]. Das Urheberrecht muss man sich als Baum vorstellen, aus dem vielerlei Ansprüche als Äste des Ganzen erwachsen[559]. Legt man allerdings die Axt an den Stamm des Baumes als die Einzelansprüche tragendes Element an, so kann man nicht nur das UPR oder die Verwertungsrechte isoliert damit treffen, sondern man erschüttert den Baum und damit das Urheberrecht als Ganzes und in sich. Aus diesem Grund ist im Bereich des UPR nicht auf Art. 2 I GG i. V. m. Art. 1 I GG abzustellen. Denn dieses ist vollumfänglich Teil des insgesamt vermögenswerten Urheberrechts und daher Schutzgegenstand des Art. 14 GG.
Der Einwand, dass der Monismus des Urheberrechts bedinge, dass stets die Rechte aus Art. 14 I GG und Art. 2 I i. V. m. Art. 1 I GG gleichsam betroffen seien und es insofern nicht darauf ankomme, welches Grundrecht im Einzelfall spezieller, subsidiär oder einfach sachnäher sei, geht fehl. Die fraglichen Grundrechte stehen nicht nebeneinander in Idealkonkurrenz[560]. Einer solchen Konstruktion bedarf es aus den obigen Erwägungen nicht. Art. 14 I GG schützt i. V. m. Art. 1 I GG das gesamte Urheberrecht einschließlich des auf die Menschenwürde zurückgehenden Kerns des UPR.

b) Die berechtigten Interessen der Urheber

Der Darstellung des Urheberechts und seiner persönlichkeitsrechtlichen Seite kann sodann die Analyse der Urheberinteressen folgen. Das Änderungsverbot des Urheberrechts bezieht sich in seiner Schutzfunktion hierbei immer auf das objektivierte Urheberinteresse, sodass rein subjektive und objektiv nicht nachvollziehbare Interessensituationen aufseiten der Urheber von vornherein aus-

557 D/S-Schulze, Vor § 12 UrhG, Rn 3.
558 D/S-Schulze, Vor § 12 UrhG, Rn 4.
559 Ulmer, S. 116; Schricker-Dietz/Peukert, § 15 UrhG, Rn 1.
560 So aber: Rehbinder, S. 143; Windthorst § 7, Rn 53; für ein Abstellen auf das im Einzelfall sachnähere Grundrecht: Riesenkampff, S. 98.

scheiden. Auch sind keinesfalls Aspekte der Allgemeinheit am Erhalt des Werkes in den Kreis der objektivierbaren Urheberinteressen mit einzubeziehen[561]. Teilweise wurde in der Rechtsprechung darauf abgestellt, ob der Urheber ein Werk im Auftrag oder frei geschöpft hat. Richtig ist daran, dass die Interessenlagen beider Urhebertypen unterschiedlich sein können. Ob die Schöpfung im Auftrag und unter Bezahlung aber die Interessen des Urhebers als weniger gewichtig erscheinen lässt, ist eine Frage der Abwägungsentscheidung und hat noch keine Auswirkung auf die Berechtigung der urheberrechtlichen Einzelinteressen.

aa) Interessen am Kunstwerk

Die Rechte am Kunstwerk gem. Art. 5 III GG dürfen grundsätzlich weder beschränkt noch entzogen werden[562]. Fraglich ist daher, ob Art. 5 III GG das in Art. 14 GG geregelte Urheberrecht ergänzt oder gar überlagert, wenn das von Änderungshandlungen betroffene Werk ein Kunstwerk im Sinne der Kunstfreiheit darstellt. Der Versuch der Definition des Begriffs *Kunst* hat zu mehreren Definitionen geführt, die nebeneinander angewandt werden[563]. All diesen Definitionen ist aber gemein, dass es fraglich bleibt, ob sie Werke der „kleinen Münze“ ausreichend erfassen. Weiter besteht Einigkeit darüber, dass Datenbankwerke sowie Zeichnungen technischer und wissenschaftlicher Art nicht unter den Kunstbegriff fallen, sodass schon auch hieraus ersichtlich wird, dass der Kunstbegriff nicht deckungsgleich mit dem urheberrechtlichen Werkbegriff sein kann[564]. In einem solchen Fall stünde den urheberrechtlichen Interessen generell Art. 5 III GG zur Seite, wenn es sich beim betroffenen Werk um ein Kunstwerk handelte. Grundsätzlich gilt, dass die Kunstfreiheit als grundgesetzliche Grundsatznorm auch im Verhältnis zwischen zwei Privaten zu beachten ist[565]. Hierbei schützt die Kunstfreiheit die künstlerische Tätigkeit (sogenannter Werkbereich) und das Recht, diese der Öffentlichkeit wahrnehmbar zu machen (sogenannter Wirkbereich)[566]. Der Wirkbereich ermöglicht somit zwar die Kommunikation des Rezipienten mit den Inhalten der Kunst, der Bestand eines Werkes hingegen fällt nicht in den Schutzbereich des Art. 5 III GG. Ein solcher Integritätsschutz kann sich allenfalls aus Aspekten des UPR sowie des aPR ergeben,

561 W/B-Bullinger, § 14 UrhG, Rn 6.
562 So: Ridder zu BVerfG in GRUR 1980, 44, 45 – Kirchenmusik.
563 BVerfGE 67, 213, 225; Riesenkampff, S. 92.
564 Fechner, S. 290; Riesenkampff, S. 93.
565 BVerfG in NJW 2008, 39, 20 – Esra; Beck-OK-Kempen, Art. 5 GG, Rn 167.
566 BVerfG in GRUR 1972, 481, 483 – Schulbuchprivileg; Riesenkampff, S. 93; Beck-OK-Kempen, Art. 5 GG, Rn 169, 170, 171; J/P-Jarass, Art. 5 GG, Rn 68.

wenn das UPR nicht betroffen ist[567]. Geschützt werden also der Schöpfungsakt und vor allem die Erstveröffentlichung eines Kunstwerkes. Bei bereits veröffentlichten Werken im Sinne des Urheberrechts soll hingegen die Kunstfreiheit daher gerade nicht mehr zur Anwendung kommen[568]. Änderungshandlungen vonseiten des Werkstückeigentümers, die nicht auf den Urheber zurückgehen, können aber nur vorgenommen werden, wenn das Werk bereits veröffentlicht wurde. Gemeint ist hierbei nicht die Veröffentlichung im Sinne der §§ 12 I, 6 I UrhG, für die eine Verbreitungshandlung erst zur Veröffentlichung genügt, wenn diese auf die Erlangung von Öffentlichkeit für das Werk zielt[569]. Die Anforderungen der einfachgesetzlich geregelten urheberrechtlichen Veröffentlichung können nicht auf das Verfassungsrecht der Kunstfreiheit übertragen werden. Eine Veröffentlichung liegt hier vielmehr vor, wenn der Künstler sein Kunstwerk willentlich etwa durch Veräußerung ohne urheberrechtliche Veröffentlichungshandlung aus seiner Privatheit entlassen hat. Maßstab für Beschränkungen des Urheberrechts durch Änderungshandlungen am Werkstück ist daher nur Art. 14 GG. Art. 5 III GG scheidet hier richtigerweise aus[570].

Generell lässt sich anmerken, dass künstlerische Aspekte zur Bewertung der Interessenlage der Urheber und ihrer Berechtigung kritisch gesehen werden müssen. Der künstlerische Rang ist nämlich zunächst von der schöpferischen Eigenart zu unterscheiden[571]. Er ist als kunsthistorische Einordnung des Werkes und seines Schöpfers als rechtliches Kriterium fragwürdig, da dies eine künstlerische Bewertung für die Interessenabwägung mit sich bringen würde, die ein Gericht richtigerweise nicht vornehmen kann[572]. Weiter könnte eine Anerkennung des künstlerischen Ranges eines Werkes als Kriterium in der Interessenabwägung dazu führen, dass bekannte Urheber einen höheren Schutz als unbekannte Urheber erhalten, weswegen das künstlerische Ansehen des Urhebers bei der Beurteilung der schöpferischen Eigenart eines Werkes keine Rolle spielen sollte[573]. Daraus lässt sich folgern, dass sich die Urheber als Künstler jedenfalls nicht neben ihrer Urheberposition für den Integritätsschutz des Werkes auf Aspekte ihrer Kunstfreiheit berufen können.

---

567 Fechner, S. 319 zum künstlerlisch tätigen Urheber; Riesenkampf, S. 94;
568 BVerfG in GRUR 1972, 481, 483 – Schulbuchprivileg.
569 W/B-Marquardt, § 6 UrhG Rn 3.
570 So wohl auch: BVerfG in GRUR 1980, 44, 46 – Kirchenmusik.
571 W/B-Bullinger, § 14, Rn 17.
572 BGH in GRUR 1989, 106, 107 – Oberammergauer Passionsspiele II; BGH in GRUR 1982, 107, 109 – Kircheninnenraumgestaltung; W/B-Bullinger, § 14 UrhG, Rn 17.
573 W/B-Bullinger, § 14 UrhG, Rn 17.

bb) Integritätsinteresse

Das UPR schützt das Interesse des Urhebers, sein Werk nur in der von ihm geschaffenen Form in der Öffentlichkeit zu sehen[574]. Das Werk in seiner unveränderten Form zu erhalten, ist demgegenüber oft das primäre Interesse der Urheber. Dieses Interesse wurde teilweise als Bestands-, als Erhaltungs- oder als Integritätsinteresse bezeichnet. Begrifflich richtig scheint indes nur das Integritätsinteresse zu sein. Wie bereits oben bezüglich der Frage der Einordnung der Werkvernichtung geklärt wurde[575], ist das Erhaltungsinteresse im wörtlichen Sinne eines Kulturkonservatismus Sache des Denkmalschutzes und nicht Teil der durch das UrhG geschützten Interessen der Urheber. Demgegenüber ist das Bestandsinteresse ein typisches Eigentümerinteresse, wie ebenfalls oben schon ausgeführt[576], da es hier um den Fortbestand der Sachsubstanz geht. Wichtig für den Urheber aus ideeller wie auch aus persönlicher Sicht ist hingegen nur die Integrität des Werkes. Zunächst stellt die Integrität des Immaterialguts also den inhaltlichen Gehalt der Schöpfung in Bezug auf den Werkrezipienten sicher. Darüber hinaus dient die Werkintegrität der Vermeidung von missdeutenden Rückschlüssen auf Aspekte der Urheberpersönlichkeit, die in der Werkverkörperung zum Ausdruck kommen. Es ist daher generell von einem Integritätsinteresse beim Urheber auszugehen[577]. Es besteht insbesondere bei Umbauten im Bereich der äußeren Ansichten des Werkstücks[578]. Darüber hinaus wurde behauptet, dass es mit der Schöpfungshöhe an rechtlichem Gewicht gewinne, da die urheberpersönlichkeitsrechtlichen Interessen insgesamt besonders schwer wiegen würden, wenn das Werk komplex sei und somit ein hohes Maß an Individualität aufweise[579]. Richtigerweise ist es aber nicht auf die Individualität als solche abzustellen, sondern diese als objektive Bedingung für eine starke Urheber-Werk-Beziehung anzusehen. In diesem Sinne verstärkt sich damit das Integritätsinteresse des Urhebers mit dem Ansteigen der Intensität dieser Beziehung aufgrund der Schöpfungshöhe des Werkes[580].

Das Integritätsinteresse ist somit Kernanliegen der Urheber. Alle anderen Urheberinteressen lassen sich nur unter Wahrung der Integrität des Werkes erreichen.

---

574 Skrzipek, S. 15.

575 Siehe S. 38 ff..

576 Siehe S. 68 ff..

577 D/S-Schulze, § 14 UrhG, Rn 16; F/N-Nordemann, § 39 UrhG, Rn 23.

578 Goldmann in GRUR 2005; 639, 642; W/B-Bullinger, § 14 UrhG, Rn 29.

579 BGH in GRUR 2008, 984, 986; Riesenkampff, S. 125; Steinbeck in Anmerkungen zu BGH in GRUR 2008, 984, 988 – St. Gottfried; D/S-Dreier, § 14 UrhG, Rn 31; F/N-Dustmann, § 14 UrhG, Rn 26; W/B-Bullinger, § 14 UrhG, Rn 16, 17.

580 So auch: Riesenkampff, S. 125; Schöfer, S. 98.

Es wird vom UrhG durch das allgemeine urheberrechtliche Änderungsverbot erfasst.

Teilweise wurde angenommen, ein höheres Ausmaß des Eingriffs in die Werkintegrität erhöhe das Integritätsinteresse der Urheberschaft[581]. Füge sich der Eingriff in das Gesamtwerk ein, sei auch das Integritätsinteresse geringer[582]. Gleiches wurde für den Fall behauptet, dass der Eigentümer in ein Unikat, ein Originalstück oder das letzte Vervielfältigungsstück eingreift und dadurch der Verlust der Authentizität des Werkes mangels weiterer Vervielfältigungen zu befürchten sei[583]. Dem ist aber entgegenzuhalten, dass sämtliche besonderen Arten des Eingriffs eine Frage der Rechtfertigung desselben sind. Die hier aufgeworfenen Fragen sind Fragen der Erforderlichkeit oder Angemessenheit des Eigentümerhandelns. Mithin haben sie gerade keine Auswirkungen auf die Intensität des rechtlichen Schutzes der Urheberinteressen. Vielmehr wird unter dem Punkt der Abwägungsentscheidung zu untersuchen sein, ob ein besonders schwerer Eingriff – egal welcher Art – dazu führt, die Frage der Abwägung zugunsten der einen oder anderen Konfliktpartei zu beantworten.

cc) Rufinteresse

Neben dem Integritätsinteresse ist auch das Rufinteresse der Urheber durch das UPR erfasst[584]. Teilweise wird es als Bedingung für den Bestand des Integritätsinteresses gesehen[585]. Das Rufinteresse steigt mit dem Grad der Öffentlichkeit, der das veränderte Werk zur Kenntnis gegeben wird[586]. Ebenso hat der objektiv messbare Rang des Werkes und insbesondere seine kunsthistorische Bedeutung Auswirkungen auf das Rufinteresse der Urheber[587]. Die hiermit in Zusammenhang stehende Problematik der gerichtlichen Feststellbarkeit eines spezifischen künstlerischen Rangs wurde oben bereits angesprochen[588].

Das UPR schützt die persönlichen und ideellen Interessen am Werk, die sich in der Urheber-Werk-Beziehung spiegeln. Der Ruf des Urhebers ist hierbei Teil

581 BGH in GRUR 2008, 984, 985 – St. Gottfried; BGH in GRUR 1999, 230, 231 – Treppenhausgestaltung; BGH in GRUR 1974, 675, 676 – Schulerweiterung; W/B-Bullinger, § 14 UrhG, Rn 16.

582 BGH in GRUR 2008, 984, 985 – St. Gottfried.

583 Riesenkampff, S. 56; W/B-Bullinger, § 14 UrhG, Rn 19.

584 F/N-Dustmann, § 14 UrhG, Rn 27.

585 F/N-Dustmann, § 14 UrhG, Rn 25.

586 BGH in GRUR 1971, 35, 38 – Maske in Blau; Paschke in GRUR 1984, 858, 866; W/B-Bullinger, § 14 UrhG, Rn 19.

587 Steinbeck in Anmerkungen zu BGH in GRUR 2008, 984, 988 – St. Gottfried; F/N-Dustmann, § 14 UrhG, Rn 25, 27; Schricker-Dietz, § 14 UrhG, Rn 31.

588 Siehe S. 11, 12.

seiner persönlichen Interessen. Je wichtiger ein Werk für seinen Ruf in der Öffentlichkeit und in der Fachwelt ist, umso stärker ist sein objektives Interesse, diesen durch die Wahrung der Integrität des betreffenden Werkes zu verteidigen. Der Einwand, das Rufinteresse des Urhebers sei Bedingung für das Integritätsinteresse desselben, geht jedoch fehl. Denn es ist auch möglich, dass sich das Integritätsinteresse gerade aus den ideellen Interessen eines Urhebers am Werk ergibt. Diese stehen aber nicht in Verbindung mit seinem Ruf. Zwar kann sich der Ruf eines Urhebers aufgrund der besonderen ideellen Tendenz seiner Werke gebildet haben, jedoch wird diese Tendenz ihm vom Betrachter als charakterliche Eigenschaft seiner Urheberpersönlichkeit zugeschrieben, die der Urheber im Folgenden verteidigen kann. Das Rufinteresse schützt demnach lediglich die persönlichen Interessen des Urhebers und ist somit nicht Bedingung für das Integritätsinteresse desselben als solches. Wohl spiegelt sich ein hohes Rufinteresse aber in einem hohen Integritätsinteresse wider.

c) Der Urheber als Schöpfer mit Zusatzanliegen

Aufseiten der Eigentümer ist klar geworden, dass neben Interessen, die auf Art. 14 I GG fußen, auch solche anderen Eigentümerinteressen beachtlich sind, die von anderen Rechtsgütern von Verfassungsrang abgeleitet werden oder zu deren Beachtung der Eigentümer per Gesetz verpflichtet ist. Fraglich ist, inwiefern solcherlei Interessen auch auf der Urheberseite beachtlich sind. Rechtliche Verpflichtungen scheiden aus. Hat der Urheber sein Werkstück zu fremdem Eigentum veräußert, treffen ihn hieran keine gesetzlichen Pflichten mehr, die seinen Umgang mit der Sache regeln. Interessant ist aber die Frage, ob nicht der Schöpfer mit Zusatzanliegen im Rahmen dieser objektiv nachweisbaren Zusatzanliegen Interessen am Werk weiterverfolgen darf, nachdem er es veräußert hat. Infrage kommen hier zum Beispiel Fälle, in denen der Urheber ein Werk gerade für den kirchlichen Gebrauch geschaffen hat und in das eigene Glaubensüberzeugungen derart eingeflossen sind, dass sie aus der Gestaltung ablesbar sind. In einem solchen Fall handelte es sich nämlich um ein vom UPR erfasstes ideelles Interesse am Werk, das seinerseits nicht nur auf Art. 14 I GG fußt, sondern seine besondere Berechtigung auch in Art. 4 I und II GG finden würde. Der Fall ist mit dem beschriebenen Interesse am Kunstwerk nicht zu vergleichen, da durch die Kunstwerkschöpfung an sich noch kein identifizierbares ideelles Interesse manifestiert wird. Richtig erscheint indes dem Urheber einen durch das UPR erfassten und somit nur ergänzenden Schutz durch andere Güter von Verfassungsrang in den beschriebenen Fällen durchaus zuzubilligen. Wenn das UPR gerade ideelle Interessen schützt, so sind dadurch auch solche Interessen erfasst, die der

Verfassungsgeber als besonders herausragend erkannt und somit im GG normiert hat. Diese Wertungen sind auf das Verhältnis von Eigentum und Urheberrecht zu übertragen. Kann sich der Urheber also auf eine spezielle ideelle Interessensituation berufen, so gibt diese in der Abwägungsentscheidung dem Urheberinteresse ein erhöhtes Gewicht. Dies gilt umso mehr, wenn der Verfassungsgeber das betreffende Zusatzinteresse als lediglich qualifiziert beschränkbares oder gar uneinschränkbares Rechtsgut ausgestaltet hat.

4. Fazit

a) Ist die Rechtswidrigkeit der Beeinträchtigungshandlung mangels Widerlegung indiziert, so muss in einer Gesamtabwägung zur Herstellung praktischer Konkordanz der beteiligten Rechtsgüter ermittelt werden, ob im Einzelfall eine Rechtsverletzung zulasten der Urheber im Eigentümerhandeln zu erblicken ist. Einzubeziehen sind sämtliche gleichrangige Rechtspositionen. Konkret ist das Urheberrecht gegenüber dem Sacheigentum zum Ausgleich zu bringen. Beide Positionen gehen ihrerseits auf Art. 14 I GG zurück, weswegen die Aussagen dieser Verfassungsnorm mit Bezug auf die beiden Rechtspositionen zu ermitteln sind.

b) Der Eigentumsbegriff des GG beschreibt das Eigentum als umfassendes, privatnütziges, vermögenswertes und ausschließliches Herrschaftsrecht. Der zivilrechtliche Eigentumsbegriff bewegt sich sodann innerhalb dieser definitorischen Schranken, aber keinesfalls deckungsgleich individuell mit Bezug auf jedes Eigentumsrecht in seiner einfachgesetzlichen Normierung. Inhaltlich werden die Innehabung, die Nutzung und Verwertung sowie der Gebrauch des Eigentums geschützt. Die Verfügbarkeit ist hingegen kein konstitutives Kriterium. Für das Sacheigentum ist sie vollumfänglich durch die Konkretisierung aus § 903 BGB erfasst. Dies gilt nicht für das Urheberrecht.

c) Die Rechte der Baufreiheit und des Gebrauchs des Sacheigentums sowie der Sachmodernisierung stehen im Zusammenhang mit der Institutsgarantie des Art. 14 I GG und stellen daher für die Sacheigentümer einen besonderen Schutz gegenüber fremden Rechtspositionen dar. Dies gilt für die Modernisierungsinteressen aber nur, wenn ansonsten das „Ob“ der Brauchbarkeit des Eigentumsgegenstands betroffen wäre.

d) Das Vermögen selbst fällt weder unter den verfassungsrechtlichen noch einen zivilrechtlichen Eigentumsbegriff.

e) Wirtschaftliche sowie sonstige finanzielle Interessen der Eigentümer sind als typische Vermögensinteressen nicht über die Eigentumsposition geschützt. Der allgemeine Vermögensschutz, den Art. 2 I GG gewährleistet, wird vom Urheberrecht, das in Art. 14 I GG beinhaltet ist, wirksam und verhältnismäßig beschränkt. Daher sind die genannten Interessenpositionen für die Frage der Abwägung der Eigentümer- gegenüber den Urheberinteressen für den Bereich der Angemessenheit einer Eigentümermaßnahme ohne Belang.

f) Auch ästhetische Interessen der Eigentümer sind grundsätzlich von ihrer Eigentumsposition aus Art. 14 I GG erfasst, wie schon aus § 903 BGB leicht zu erblicken ist. Somit sind sie für die Abwägung der widerstreitenden Interessen auch beachtlich.

g) Sicherheitsinteressen der Eigentümer sind stets beachtlich. Beinhalten sie zusätzlich Rechtstreueinteressen, so tangieren sie regelmäßig die Frage der generellen Brauchbarkeit des Eigentumsgegenstands, sodass der Bereich der Institutsgarantie des Art. 14 I GG berührt ist und die Interessensituation besonderes Gewicht erlangt. Gleiches gilt für Fälle, in denen Sicherheitsinteressen durch das Interesse an der Erfüllung von gesetzlichen Schutzpflichten begründet werden. Im Falle einschlägiger Sicherheitsinteressen wird die Eigentumsposition oft durch berechtigte Interessen an der körperlichen Unversehrtheit oder der gefahrlosen Ausübung des Berufs verstärkt.

h) Interessen Dritter spielen grundsätzlich keine Rolle in der Abwägung der widerstreitenden Interessen. Dies gilt aber nur, solange der Gesetzgeber nicht eine Partei gesetzlich zur Wahrung eben dieser konkreten Interessenlagen verpflichtet hat. In einem solchen Fall werden diese Fremdinteressen zu Eigeninteressen der verpflichteten Partei und korrelieren mit einem Rechtstreueinteresse. Nur in diesem Sonderfall sind sie für die Abwägung beachtlich.

i) Den Religionsgemeinschaften kommen neben Art. 14 GG besondere Rechtspositionen zu. Sie sind im Umgang mit ihrem Eigentum über Art. 140 I GG i. V. m. Art. 137 III WRV besonders geschützt. Insbesondere für den Umgang mit Eigentum, das zu liturgischen Zwecken dient, sind sie gegenüber den normalen Eigentümern auch aufgrund von Art. 4 I und II GG und insbesondere bei den

Res sacrae aus Art. 138 II WRV privilegiert. Die widmungsgemäße Funktion bei der Erfüllung der durch die Religionsgemeinschaft eigenständig gesetzten Aufgaben muss hierbei lediglich nach dem darlegungsbedürftigen Selbstverständnis der Gemeinschaft gegeben sein. Der Staat und seine Gerichte haben dieses sodann im Rechtsstreit auch mit Privaten zu beachten.

j) Liegt nach dem substanziiert dargelegten Selbstverständnis einer Religionsgemeinschaft oder eines gläubigen Eigentümers eine Änderung aus religiösen, liturgischen oder kultischen Interessen vor, so sind diese vom Eigentumsrecht der Gemeinschaft oder des gläubigen Eigentümers erfasst und müssen mit den Urheberinteressen abgewogen werden. Sind Res sacrae betroffen, so verstärkt sich das Schutzniveau abermals.

k) Das UPR ist gegenüber dem aPR ein wesensverwandtes Aliud und kein Spezialfall. Die Rechte unterscheiden sich im Schutzobjekt sowie in ihrer inhaltlichen Tragweite erheblich. Unterschiede ergeben sich auch bei der Frage der rechtlichen Kontinuität im Todesfall des Rechtsinhabers. Ein postmortales Verblassen des UPR findet gerade aus dogmatischen Gründen im Gegensatz zum aPR nicht statt, wenn man den Monismus des Urheberrechts ernst nimmt. Das UPR besteht also aus vom aPR bekannten Aspekten des Persönlichkeitsschutzes einerseits und weiteren Schutzaspekten des geistig- ideellen Immaterialgüterrechts andererseits. Diese hat der Gesetzgeber zu einem Mischrecht – auf dem Stand der damaligen Debatte um das geistige Eigentum und das Persönlichkeitsrecht der Urheber – zusammengeführt. Hierbei spiegeln die ideellen Schutzaspekte des UPR vor allem die Interessen des Urhebers an seinem Werk wieder, die gegenüber dem Rezipienten des Werkes vermittelt sehen möchte.

l) Das UPR entspringt verfassungsrechtlich allein Art. 14 I GG und steht hierbei in Verbindung mit Art. 1 I 1 GG. Eines Rückgriffs auf den das aPR tragenden Art. 2 I GG i. V. m. Art. 1 I 1 GG bedarf es hierbei nicht.

m) Für die Urheber sind vor allem die Integritäts- sowie Rufinteressen rechtlich beachtlich. Auf Aspekte der Kunstfreiheit können sie sich allerdings zum Integritätsschutz ihrer Werke nicht berufen. Kann der Urheber aber ein ideelles Zusatzanliegen geltend machen, das seinerseits rechtlichen Schutz neben dem Anwendungsbereich des urheberrechtlichen Eigentumsschutzes genießt, so erlangt seine ideelle Interessenposition ein zusätzliches besonderes Gewicht gegenüber der Eigentümerschaft.

Kapitel 6 – Die Abwägungsentscheidung

Das Verbietungsrecht des Änderungsverbots steht unter dem ungeschriebenen Vorbehalt einer Interessenabwägung[589], der dem vom Grundgesetz gewählten Menschenbild des Menschen als sozialem Wesen Rechnung trägt[590]. Dieser existiert nicht isoliert, sondern lebt in sozialer Gemeinschaft, weswegen die Rechte der Mitbürger durch eine Abwägung der widerstreitenden Interessen Berücksichtigung finden müssen. Ein Werkschutz ohne Interessenabwägung könnte daher vor allem auch die Allgemeinheit behindern, da Werke, gerade wenn sie besonderen Zwecken dienen, sonst nicht ausreichend veränderten Bedingungen angepasst werden könnten[591]. Nach den oben durchgeführten Analysen sowohl des Änderungsverbots[592] als auch der änderungsrechtlich relevanten Interessen von Eigentümern und Urhebern[593] soll nun als letzter Schritt die Interessenabwägung selbst im Fokus der Betrachtung stehen. Es stellen sich Fragen nach den zu beachtenden Grundsätzen einer solchen Abwägung, der anzuwendenden Abwägungsprinzipien sowie der Gewichtung der Einzelinteressen bezogen auf die jeweilige Fallkonstellation.

1. Der Interessenausgleich im Wege der praktischen Konkordanz

Im Konfliktfall sind die widerstreitenden Interessen der Beteiligten gegeneinander abzuwägen, um praktische Konkordanz der in Konflikt stehenden Rechtsgüter herzustellen. Das Prinzip der praktischen Konkordanz besagt, dass grundsätzlich keine Position die andere dominiert und somit ein Ausgleich zwischen den fraglichen Rechtspositionen im Wege einer Gesamtabwägung zu erfolgen hat. Praktische Konkordanz heißt also, dass durch die Abwägung alle widerstreitenden Rechtspositionen Wirklichkeit und optimale Wirksamkeit gewinnen[594]. Insbesondere aus der Unbeschränkbarkeit einiger Grundrechte mit Ausnahme des Art. 1 I 1 GG oder einzelnen Vorbehalten in den einzelnen Grundrechtsnor-

589 BGH in GRUR 2008, 984, 985, 986 – St. Gottfried; BGH in GRUR 1974, 675, 676 – Schulerweiterung; BGH in GRUR 1999, 230, 231 – Treppenhausgestaltung; Goldmann in GRUR 2005, 639, 642; D/S-Dreier, § 14 Rn 8 UrhG; Federle, S. 46; F/N-Dustmann § 14 UrhG, Rn 21; F/N-Nordemann, § 39 UrhG, Rn 23; W/B-Bullinger, § 14 UrhG, Rn 10.

590 Riesenkampff, S. 109.

591 W/B-Bullinger, § 14 UrhG, Rn 10.

592 Siehe S. 24 ff..

593 Siehe S. 68 ff..

594 BVerfG in NJW 1995, 2477, 2479 – Kruzifix; Hesse, Rn 72; Riesenkampff, S. 101, 102; Schöfer, S. 73; J/P-Jarass, Einl. Rn 7; Vorb. Art. 1 GG, Rn 49.

men lässt sich aber noch kein Vorrang dieser oder der von ihnen abgeleiteten einfachen Rechte gegenüber anderen Rechtsgütern im Einzelfall ableiten[595]. Insgesamt sind aber bei der Interessenabwägung die Wertungen des Gesetzes in Bezug auf Vorrangig- und Nachrangigkeit von widerstreitenden Rechten sowie die Art und Umstände des konkreten Einzelfalls beachtlich, in denen die Interessenlagen der Beteiligten zur Kollision kommen[596]. Bei der Untersuchung der Vor- und Nachrangigkeit der einzelnen Positionen können auch gesellschaftliche Erkenntnisse sowie sonstige wertethische Grundsätze eine Rolle spielen[597].

Die Interessenabwägung dient also der Lösung von Konflikten zwischen mehreren Rechtspositionen durch Abgrenzung der kollidierenden Lebensbereiche der fraglichen Rechte, um so den konkreten Umfang der unbestimmten Rechte aus ihren Generalklauseln im Einzelfall zu konkretisieren. Aufgefunden werden sollen sich hieraus ergebende konkrete Verbots- oder Gebotsnormen[598]. Als Interesse bezeichnet man hierbei die Beziehung von Menschen zu Gütern und Werten, weshalb der Begriff nicht nur auf subjektive Bedürfnisse beschränkt ist. Somit ist vor allem auch im Einzelfall durch Auslegung des Gesetzes und der Untersuchung ebendieser Beziehungen der Begriff des Interesses mit Leben zu füllen[599]. In der Abwägung beachtlich können aber nur rechtlich geschützte Interessensituationen sein. Grund hierfür ist, dass bereits die Normsetzung durch den Gesetzgeber von den Interessen der Beteiligten geprägt ist. Gleiches gilt für die Übertragung der Normaussagen auf den konkreten Einzelfall[600]. Sachfremde Erwägungen, die nicht in einer natürlichen Beziehung zu der zu lösenden Rechtsfrage stehen, sind ebenfalls unerheblich und nicht einzubeziehen[601].

Es kommt also entscheidend auf die Zielsetzung der Rechtsträger bei der Bestimmung der Interessenlage und der Abwägung zwischen den Interessen an. Diese ist immer individuell und subjektiv, sodass die infrage stehenden Rechtsgüter mit Bezug auf die subjektive Interessenlage in ein objektives Verhältnis zueinander setzen sind[602]. Insgesamt kann man aus dem Gesagten ableiten, dass für die Gesamtabwägung zur Herstellung praktischer Konkordanz kaum feste Maßstäbe bestehen, weswegen primär auf die in der Rechtsordnung enthaltenen

595 Mizdalski, S. 124; Schöfer, S. 73.
596 Larenz, S. 121; Riesenkampff, S. 110 ff.
597 BVerfGE 7, 198 – Lüth; BVerfGE 27, 71; BGHZ 31, 308, 313; Riesenkampff, S. 111.
598 Hubmann, AcP 155 (1956) 85, 93; Larenz, S. 413; Riesenkampff, S. 110.
599 Larenz, S. 120; Pawlowski, Rn 129; Riesenkampff, S. 110.
600 Riesenkampff, S. 110.
601 Riesenkampff, S. 112.
602 Hubmann, AcP 155 (1956) 85, 96, 97; Riesenkampff, S. 111.

Wertentscheidungen für die betroffenen Rechtsgüter abzustellen ist[603]. So kann sich das Gewicht einer Rechtsposition durch ihren besonderen verfassungsrechtlichen Schutz und einer möglichst geringen Einschränkungsmöglichkeit der betroffenen GG-Position deutlich erhöhen. Sind aber wie im Falle des Urheberrechts und des Sacheigentums in beiden Fällen grundrechtlich geschützte Rechtspositionen betroffen, so besteht mangels einer Wertrangordnung im GG grundsätzlich kein Übergewicht zur einen oder zur anderen Seite[604].

2. Abwägungsvoraussetzungen

Bevor auf die Abwägungsinhalte eingegangen werden kann, sollen zunächst die Voraussetzungen der Abwägungsentscheidung zur Herstellung praktischer Konkordanz dargelegt werden. Wichtigste Voraussetzung ist die Gleichrangigkeit der Interessen. Kein Interesse überwiegt also generell das andere[605]. Maßgeblich für die konkrete Entscheidung sind stets die Umstände des konkreten Einzelfalls, die im Rahmen einer Güter- und Interessenabwägung gegenüberzustellen sind[606]. Insofern lassen sich starre, allgemeingültige Richtlinien, welche Änderungen per se zu gestatten sind, nicht aufstellen[607]. Dies widerspricht nicht der Tatsache, dass das Urheberrecht und das Eigentum klar voneinander abgrenzbare Kompetenzen enthalten; diese sind nur insofern so weit voneinander abhängig, als ihre Reichweite vom konkreten Einzelfall dergestalt abhängt, dass das andere Kollisionsrecht nicht verletzt wird. Auch aus der Verknüpfung des UPR mit Art. 1 I GG lässt sich so lange keine Vorrangigkeit des Urheberechts über die übrigen Rechtsgüter erschließen, solange nicht der persönlichkeitsrechtliche Kern des UPR betroffen ist[608]. Ist aber der Kern der Menschenwürde durch die Eigentümerhandlung tangiert, stellt diese einen auch für Private unbedingt zu achtenden Wert dar, sodass ihr eine unmittelbare Drittwirkung zukommt[609].

603 So auch: Sachs-Sachs, Art. 20 GG, Rn 155.
604 Sachs-Sachs, Art. 20 GG, Rn 156.
605 Mizdalski, S. 123; Steinbeck in Anmerkung zu BGH in GRUR 2008, 984, 988 – St. Gottfried; v. Gamm § 14 Rn 9.
606 D/S-Schulze, § 39 UrhG, Rn 16.
607 BGH in GRUR 1971, 35, 37 – Maske in Blau.
608 BVerfG in JZ 1987, 1075, 1076; Riesenkampff, S. 101; kritisch Schöfer, S. 73.
609 Beck-OK-Hillgruber, Art. 1 GG, Rn 8; M/D-Herdegen, Art. 1 GG, Rn 78.

3. Die Verhältnismäßigkeit als zu beachtendes Abwägungsprinzip

Seit der sogenannten Schulerweiterungsentscheidung des BGH aus dem Jahr 1974 wenden deutsche Zivilgerichte auf die Abwägung der Urheber- gegenüber den Eigentümerinteressen nicht mehr die volle Verhältnismäßigkeitsprüfung an. Kern der Abwägungsentscheidung ist seitdem die Frage der Zumutbarkeit der konkreten Maßnahme gegenüber den Urheberinteressen. Die Frage, ob eine von der Eigentümerschaft gewählte Veränderung des Werkstücks zur Befriedigung des Änderungsinteresses erforderlich ist – also das mildeste Mittel hierzu darstellt –, wird nicht mehr geprüft[610]. Der Eigentümer soll zwar gehalten sein, die Urheberbelange zu schonen; prüfen wollen die Gerichte allerdings hypothetisch mildere, gleich geeignete Mittel zur Verwirklichung der Eigentümerinteressen nicht[611]. Diese Rechtsprechung hat in zahlreichen Fällen zu einer Verschiebung der Gewichte im Streit zwischen Urhebern und Eigentümern geführt. Im Ergebnis räumt sie den Eigentümern einen übergroßen Spielraum in ihrer Gestaltungsmacht gegenüber der Urheberschaft ein[612], der sich aus den grundrechtlichen Wertungen des Art. 14 I GG nicht erkennen lässt.

Demgegenüber scheint nicht klar, warum der BGH der Meinung war, dass das Erforderlichkeitskriterium der Verhältnismäßigkeitsprüfung nicht mehr auf die beschriebenen Fälle anzuwenden sei. Die Wertentscheidungen des GG und insbesondere die Grundrechte sind generell bei der Auslegung einfachen Rechts aufgrund ihrer Ausstrahlungswirkung auf das einfache Recht zu berücksichtigen, da die verfassungsrechtlichen Grundentscheidungen für alle Bereiche des Rechts Geltung haben[613]. Die im Privatrechtsstreit stehenden Parteien können daher jeweils für sich Grundrechte und verfassungsrechtliche Prinzipien in Anspruch nehmen, die über ihre Ausstrahlungswirkung Einfluss auf die zivilrechtliche Rechtsposition nehmen[614]. Auch das Verhältnismäßigkeitsprinzip des Art. 20 III GG wirkt über diesen Weg zwischen Privaten[615]. Der Gesetzgeber muss, auch wenn er die Rechtsverhältnisse Privater zueinander ordnet – wie er es durch das BGB und das UrhG getan hat –, den Grundsatz der Verhältnismäßigkeit schon

610 BGH in GRUR 1974, 675, 676 – Schulerweiterung; Goldmann in GRUR 2005, 639, 643.

611 BGH in GRUR 1974, 675, 675, 678; BGH in GRUR 2008, 984, 988 – St. Gottfried; Bielenberg in Anmerkung zu BGH in GRUR 1974, 675, 679 – Schulerweiterung; Riesenkampff, S. 116.

612 Riesenkampff, S. 119.

613 BVerfG in NJW 1987, 827, 827 – Grundrechte im Privatrecht; Hagen in JZ 1994, 373, 381; J/P-Jarass, Einl. Rn 6; Vorb. Art 1 GG, Rn 58, 59.

614 BVerfG in GRUR 2011, 223, 224 – Vergütungspflicht für Drucker.

615 Canaris in AcP 184 (1984), 201, 245; Hanau, S. 141; Riesenkampff, S. 98; Sachs-Sachs, Art. 20 GG, Rn 148.

aufgrund seiner Grundrechtsbindung im Sinne des Art. 1 III GG beachten. Gleiches gilt für die diese Normen auslegenden Zivilgerichte, die ebenfalls an den Verhältnismäßigkeitsgrundsatz als Staatsgewalt gebunden sind[616]. Das alle staatliche Gewalt bindende Übermaßverbot gewährt dem Rechtsuchenden somit ein subjektives Recht auf verhältnismäßige Entscheidung, das sich aus dem Rechtsstaatsprinzip ableitet[617]. Diese muss nicht nur im engeren Sinne angemessen sein, sondern darf ihn nur so weit belasten, dass seine Rechte gewahrt bleiben. Im Falle kollidierenden Verfassungsrechts kann das einzuschränkende Grundrecht nämlich nur bis zur Grenze der Verhältnismäßigkeit eingeschränkt werden[618]. Nichts anderes ergibt sich für kollidierendes einfaches Recht, denn das das Verhältnismäßigkeitsprinzip begründende Übermaßverbot des GG ist ein generell geltender Rechtsgrundsatz unserer Gesamtrechtsordnung. Hieraus wird ersichtlich, dass gerichtliche Entscheidungen, die die Grenze der Erforderlichkeit einer Entscheidung inhaltlich überschreiten, gegen das Übermaßverbot und das Rechtsstaatsprinzip verstoßen.

Beim Ausgleich im Wege der praktischen Konkordanz spielt daher auch die Verhältnismäßigkeit bei der Grenzziehung zwischen den Positionen eine entscheidende Rolle[619]. Jede Änderung muss also einem legitimen Änderungsinteresse dienen und für seine Durchsetzung geeignet und erforderlich sein. Dies bedeutet, dass der Eigentümer stets auf das mildeste Mittel zur Erreichung seiner Ziele zu verweisen ist[620]. Richtig ist indes, dass dem Eigentümer keine bestimmten Änderungen aufgezwungen werden können[621]. Dies wird aber auch nicht durch die Anwendung einer Erforderlichkeitsprüfung verlangt. Dem Urheber kann aber ebenfalls keine Änderung des Werkstücks zugemutet werden, die für die Erreichung der möglicherweise legitimen Ziele der Eigentümerschaft nicht notwendig und somit nicht als mildestes Mittel erforderlich sind. Es besteht also eine Pflicht zum kleinstnötigen Eingriff.

Richtig indes ist ebenfalls, dass Zivilgerichte in Deutschland unter Anwendung des Beibringungsgrundsatzes sicher nicht angehalten sind, eigene Erwägungen derart anzustellen, dass sie mildere Mittel als Vergleichsmaßnahme heranziehen müssten, die von der am Prozess beteiligten Gegenseite nicht in denselben eingeführt wurden. Das deutsche Zivilgericht – soweit es sich nicht um offenkundi-

---

616 Beck-OK-Hillgruber, Art. 1 GG, Rn 72; Sachs-Sachs, Art. 20 GG, Rn 148.

617 J/P-Jarass, Art, 20 GG, Rn 80.

618 J/P-Jarass, Vorb. Art. 1 GG, Rn 49.

619 Mizdalski, S. 125; Riesenkampff, S. 102.

620 Riesenkampff, S. 124.

621 v. Gamm in BauR 1982, 97, 118; Schack, Rn 357; Schricker-Dietz, § 14 UrhG, Rn 36; Riesenkampff, S. 117.

ge Tatsachen im Sinne des § 291 ZPO handelt – darf dies aufgrund des herrschenden Beibringungsgrundsatzes im Zivilprozess gerade nicht[622]. Ist dies aber geschehen, so muss sich das Gericht richtigerweise mit den vorgetragenen Maßnahmen beschäftigen und verhältnismäßig, also auch im Sinne einer Erforderlichkeitsprüfung entscheiden. Zu beachten ist hier – wie es auch ständige Rechtsprechung der Gerichte in anderen Fällen der Anwendung des Verhältnismäßigkeitsprinzips ist[623] – dass mildere Mittel nur dann vorliegen, wenn sie den Eigentümer in Bezug auf die gewählte Maßnahme nicht wesentlich höher belasten[624]. Problematisch scheint hier allerdings zu sein, ob man einen höheren finanziellen Aufwand des Eigentümers als eine solche Belastung ansehen kann. Aus dem oben Gesagten ergibt sich, dass die Eigentumsposition keinen Schutz finanzieller Interessen gewährleistet[625]. Zu diesem richtigen Ergebnis ist zu sagen, dass dies für die Berechtigung der Eigentümerinteressen im Bereich der später durchzuführenden Angemessenheitsprüfung gilt. Für die Frage, ob eine höhere finanzielle Belastung eine Mehrbelastung im Sinne einer Prüfung des mildesten Mittels darstellt, ist diese Feststellung hingegen nicht von Belang. Es wäre lebensfremd, davon auszugehen, dass eine solche dann gesteigerte Belastungslage nicht vorliegen würde. Die Frage der Qualifikation als mildestes Mittel ist vielmehr aus einer faktischen Gesamtschau der Situation des Eigentümers als Individuum zu treffen. Weiter wird so vermieden, dass in Erforderlichkeitsprüfungen argumentiert wird, dass der Eigentümer immer seine Gebrauchsinteressen auch in der Errichtung etwa eines neuen Gebäudes verwirklichen und das Werk also unberührt bleiben könne. Im Rahmen der zur Erforderlichkeitsprüfung durchzuführenden Gesamtschau über den den Fall umgebenden Lebenssachverhalt sind daher finanzielle Aspekte mit zu berücksichtigen[626].

---

622 MüKo-ZPO-Prütting, § 291 ZPO, Rn 13.

623 BVerfG in GRUR 1980, 44, 47 – Kirchenmusik; BVerfGE 31, 229, 243 – Schulbuchprivileg wenden das Verhältnismäßigkeitsprinzip auch auf die Beschränkung von Verwertungsrechten an.

624 Insbesondere für staatliche Maßnahmen, aber als allgemeiner Rechtsgrundsatz des Rechtstaatsprinzip wohl übertragbar: BVerfGE 88, 145, 164; M/D-Grzeszick, Art. 20 GG, Rn 114.

625 Siehe S. 80 ff.

626 So im Ergebnis auch: Schöfer, S. 108, die aber nicht zwischen rechtlich schutzwürdigen Interessen für die Abwägungsentscheidung einerseits und der nötigen Abwägungen der nach dem Verhältnismäßigkeitsprinzip durchzuführenden Erforderlichkeitsprüfung andererseits ausreichend differenziert.

Prüfungspunkte:
Im Folgenden werden die durchzuführenden Prüfungspunkte im Wege der Abwägung nach dem Verhältnismäßigkeitsprinzip in gebotener Kürze dargestellt.

a) Legitimer Änderungszweck
Jede Änderung muss einem legitimen Änderungszweck dienen[627]. Legitim sind Änderungszwecke, wenn die ihnen unterliegende Interessensituation von der ausgeübten Rechtsposition getragen wird. Infrage kommen hier also vor allem die in Kapitel 5 genannten rechtlich relevanten Eigentümerinteressen.

b) Geeignetheit
Weiter muss die konkrete Änderung geeignet sein, dem Änderungszweck zu dienen. Hier wird der Eigentümer einen weiten Prognosespielraum haben. Insgesamt ist eine Änderung aber geeignet, wenn sie eine Steigerung der Wahrscheinlichkeit des Eintritts der Zweckerfüllung der Maßnahme mit Bezug auf den der Maßnahme zugrunde liegenden Änderungszweck erreicht[628].

c) Erforderlichkeit
Die erste tatsächliche Hürde für die Eigentümer wird indes die durchzuführende Erforderlichkeitsprüfung sein. Im Mindesten ist der Einsatz des mildesten, gleich oder besser wirksamen Mittels zur Verwirklichung des Zwecks der Änderungsmaßnahme zu fordern[629]. Gleich oder besser wirksam ist eine Maßnahme demgegenüber immer, wenn sie keine geringere Wahrscheinlichkeit zur Zweckerfüllung gegenüber der ursprünglich geplanten Maßnahme in sich trägt[630]. Ein Anspruch des Urhebers auf Kontaktierung durch den Eigentümer zur Ermittlung des mildesten Mittels durch Kompromissfindung[631] ist aber als zu weit gehend abzulehnen. Gleichwohl ist eine solche Kontaktaufnahme ratsam und wird regelmäßig den Weg zu gütlichen Einigungen im Vorfeld eröffnen.

d) Angemessenheit
Erst bei der Frage der Angemessenheit der Maßnahme ist die Kernfrage der Interessenabwägung der beteiligten Interessen zu stellen. Eine Maßnahme ist somit immer dann angemessen, wenn sie nach einer Gesamtabwägung der beteiligten

627 BGH in GRUR 1999, 230, 232; Goldmann in GRUR 2005, 639, 643.
628 Mizdalski, S. 125; Sachs-Sachs, Art. 20 GG, Rn 150.
629 Sachs-Sachs, Art. 20 GG, Rn 152.
630 Jakobs, S. 76, 77; M/D-Grzeszick, Art. 20 GG, Rn 113; Sachs-Sachs, Art. 20 GG, Rn 152.
631 So aber: Honscheck in GRUR 2007, 944, 948.

Interessen noch zumutbar erscheint. Sie darf also nicht außer Verhältnis zum verfolgten Zweck bzw. Interesse stehen und muss alle angestrebten Ziele sowie beeinträchtigte Rechts- und Interessenpositionen berücksichtigen[632]. Ist dies der Fall, ist praktische Konkordanz der beteiligten Rechtsgüter erreicht.

4. Die Abwägung gegenüber Werkentstellungen

Praktisch ungeklärt ist auch die Frage, wie mit Werkentstellungen im Wege der Interessenabwägung umzugehen ist. Weder in der Literatur noch in der Rechtsprechung lässt sich hierzu eine einheitliche Tendenz erkennen. Wird einerseits vertreten, dass in solchen Fällen keine Abwägung mehr stattfinden müsse[633], wird andererseits die Durchführung einer Interessenabwägung für jeden Fall des Eigentümerhandelns gefordert, sodass die besondere Schwere des entstellenden Eingriffs in das Werkstück erst hier zu berücksichtigen sei[634]. Bei der Güterabwägung orientiere sich die Rechtsprechung sodann an den zu den §§ 14 und 39 UrhG entwickelten Grundsätzen, sodass selbst entstellende Änderungen über die Güterabwägung gerechtfertigt werden können[635]. Argumentativ wird angeführt, dass ein absolutes Entstellungsverbot die Allgemeinheit behindern würde, da vor allem Werke, die einem Gebrauchszweck dienen, *veränderten Anforderungen* dann nicht ausreichend angepasst werden könnten[636]. Ins Leere hingegen läuft die Begründung, dass eine Abwägung schon deshalb vorzunehmen sei, um zu klären, ob eine taugliche Verletzungshandlung vonseiten der Eigentümer überhaupt vorliege[637], denn diese Frage ist, wie dargestellt, weit vor der Frage der abschließenden Interessenabwägung als Voraussetzung der Prüfungsnotwendigkeit ohnehin zu klären und ist von der Interessenabwägung völlig unabhängig. Auch gibt es Tendenzen, innerhalb der Auffassung von der stets durchzuführenden Abwägung Einschränkungen vorzunehmen. Bei offensichtlichen Entstellun-

632 Sachs-Sachs, Art. 20 GG, Rn 154.

633 BGH in GRUR 1974, 675, 675, 676 – Schulerweiterung; BGH in GRUR 1971, 35, 38 – Maske in Blau; Ulmer in Anmerkungen zu BGH in GRUR 1971, 35, 41 – Maske in Blau; F/N-Nordemann, § 39 UrhG, Rn 7, 24.

634 KG Berlin in ZUM 1997, 208, 212 – Abänderung der Bauplanung; OLG Celle in ZUM 1994, 437, 438; D/S-Schulze, § 14 UrhG, Rn 8; HK-UrhR-Dreyer, § 14 UrhG, Rn 33; Federle, S. 44; Goldmann in GRUR 2005, 639, 642; Honscheck in GRUR 2007, 944, 946; Schricker-Dietz, § 14 UrhG, Rn 4; W/B-Bullinger, § 14 UrhG, Rn 10, 11.

635 KG Berlin in ZUM 1997, 208, 212 – Abänderung der Bauplanung; Goldmann in GRUR 2005, 639, 642.

636 W/B-Bullinger, § 14 UrhG, Rn 10.

637 So aber mit Verweis auf die Rechtmäßigkeit von Bearbeitungen, die nicht in die Öffentlichkeit geraten: W/B-Bullinger, § 14 UrhG, Rn 11.

gen soll eine Abwägung unnötig sein, da hier die Belange der Urheber regelmäßig gleichsam offensichtlich verletzt seien[638]. Hierzu ist zu sagen, dass diese Aussage richtig ist. Allein erscheint es fraglich, wann eine Entstellung offensichtlich ist und woher sich die Unterscheidung zwischen einer einfachen und einer offensichtlichen Entstellung ableitet, da das Gesetz diese Differenzierung nicht kennt und die Vertreter dieser Auffassung auch nicht darlegen, ob eine offensichtliche Entstellung eine erneute Qualifikation einer einfachen Entstellung darstellt. Ähnlich verhält es sich mit der Position, die Entstellungen zumindest aufgrund des Gebrauchszwecks für zulässig hält, wenn diese nicht erheblich sind[639].

Auch wird eingewandt, dass bei genereller Abwägungspflicht eine Ausnahme für Parodien bestehe[640]. Auch dies ist zweifelsfrei richtig. Denn, wie oben dargestellt, entfällt bei Parodien schon die Indizwirkung der Eigentümerhandlung zur Eignung als Urheberrechtsverletzung[641]. Allein gehört diese Frage eben nicht in den Bereich der Interessenabwägung, sondern an die eben genannte Position im dreischrittigen Prüfungsaufbau.

Richtig indes bleibt, dass sich auch aus der Verknüpfung des UPR mit Art. 1 I GG so lange keine Vorrangigkeit des Urheberechts über die übrigen Rechtsgüter ableiten lässt, solange nicht der persönlichkeitsrechtliche Kern des UPR betroffen ist[642]. Ist aber der Kern der Menschenwürde durch die Eigentümerhandlung tangiert, so stellt diese einen auch für Private unbedingt zu achtenden Wert dar, sodass ihr eine unmittelbare Drittwirkung zukommt[643]. Daher ist eine Entstellung des Werkes, also das Antasten des UPR-Kerns über die Verfälschung des Gesamtcharakters des Werkes, nicht zu rechtfertigen[644]. Nur so lassen sich dogmatisch saubere Ergebnisse erzielen. Die Würde der Urheberpersönlichkeit stellt die absolute Grenze der Befugnisse Dritter gegenüber den persönlichen Rechten der Urheber dar. Diese aus den verfassungsrechtlichen Wertungen folgende Überlegung, die gleichsam auf die einfachgesetzlich ausgestaltete Urheberpersönlichkeitsrechtsposition ausstrahlen und wirksam sind, macht ein Abwägen gegenüber Entstellungen unmöglich. Die Entstellung von im Werkstück zur Gel-

---

638 D/S-Schulze, § 14 UrhG, Rn 8.

639 W/B-Wandtke/Grunert, § 39 UrhG, Rn 37.

640 D/S-Schulze, § 14 UrhG, Rn 24.

641 Siehe S. 67.

642 So auch: BVerfG in JZ 1987, 1075, 1076; Riesenkampff, S. 101; kritisch Schöfer, S. 73.

643 So auch: Beck-OK-Hillgruber, Art. 1 GG, Rn 8; M/D-Herdegen, Art. 1 GG, Rn 78.

644 BGH in GRUR 1974, 675, 676 – Schulerweiterung; Prof. Dr. Eugen Ulmer in Anmerkungen zu BGH in GRUR 1971, 35, 41 – Maske in Blau; F/N-Nordemann, § 39 UrhG, Rn 7, 24, 35; v. Gerlach in GRUR 1976, 613, 622;.

tung kommenden Aspekten der Urheberpersönlichkeit in der Öffentlichkeit kann nicht hingenommen werden und stellt einen groben Verstoß gegen geltendes Recht dar. Auch ein zum Gebrauch geschaffenes Werk ist vollumfänglich vom UPR-Schutz erfasst und betroffen, sodass sich hierdurch nichts anderes ergeben kann. Der Gesetzgeber ist zum Schutz der Menschenwürde vielmehr unmittelbar durch Art. 1 I 2 GG verpflichtet. Schon dies gebietet eine verfassungskonforme Auslegung des allgemeinen urheberrechtlichen Änderungsverbots mit Bezug auf die hier relevanten Entstellungsfälle. Im Übrigen sah auch der Gesetzgeber ein absolutes Entstellungsverbot als gegeben an, als er das UrhG 1965 verabschiedete. Die Relativierung aus § 14 2. Hs UrhG beziehe sich ausschließlich auf die Beeinträchtigung des Werkes[645]. Auch dem Argument, dass unerwünschte Härten entstünden, wenn ein stark das UPR beeinträchtigender Eigentümer sich gegenüber dem Urheber noch durchsetzen könne, wohingegen ein leicht das Werk entstellender Eigentümer dies ohne Abwägung nicht mehr könne, geht fehl[646]. Eine Unterscheidung zwischen einer Beeinträchtigung und einer Entstellung ist nämlich gerade nicht unmöglich, kann sie auch im Einzelfall schwierig sein. Diese Schwierigkeiten zu lösen, obliegt wie bei jedem auszulegenden Rechtsbegriff den Gerichten anhand objektiver Maßstäbe. Entgegen der vorgebrachten Einwände stellt eine Entstellung nämlich nicht lediglich ein quantitativ hohes Maß einer Beeinträchtigung dar[647], sondern ist eine besondere Qualifizierung derselben, wie oben bereits dargelegt[648]. Ein Werk zu entstellen, heißt, es inhaltlich und somit in seiner Aussage und Wirkung zu verstümmeln oder es in seinen Wesenszügen zu verzerren[649]. Erst die Entstellung verzerrt damit die Wesenszüge eines Werkes und verletzt somit entscheidende Teile des UPR. Erst die Entstellung berührt begrifflich den Kernbereich des UPR und damit die Würde des Urhebers als schöpfendes Individuum. Es ist gerade nicht zwingend die Häufigkeit oder Zahl der Beeinträchtigungen an einem Werk, die diesen Effekt hervorrufen muss, sondern die besondere Form der Entstellungshandlung selbst, die den Unterschied macht. Aus der Feststellung, dass lediglich ein gradueller Unterschied zwischen einer Beeinträchtigung und einer Entstellung besteht, kann nicht gefolgert werden, dass der Eigentümerhandlung zum Überschreiten der

645 Federle, S. 43 zum Kurzprotokoll des Unterausschuss Urheberrecht vom 16.11.1964 des 4. Deutschen Bundestages; Honscheck in GRUR 2007, 944, 946.

646 So aber Federle, S. 44.

647 Federle, S. 44.

648 Siehe S. 33 ff..

649 KG in GRUR 2004, 497, 498 – Schlacht um Berlin; LG München in GRUR-RR 2007, 226, 228 – Fantasiefigur; D/S-Schulze, § 14 UrhG, Rn 7; W/B-Bullinger, § 14 UrhG, Rn 2, 3.

Grenze zur Entstellung nicht ein ganz eigener qualitativer Aspekt – nämlich die Verletzung des UPR-Kerns – zugerechnet werden muss. Aus diesen Gründen findet eine Interessenabwägung im Falle der Entstellung richtigerweise nicht mehr statt. Das Urheberrecht wird hierdurch stets verletzt.

5. Die Abwägungssituationen im Einzelnen

Nachdem bereits die einzelnen Interessen der Beteiligten dargelegt und bezüglich ihrer rechtlichen Relevanz bewertet wurden, sollen im Folgenden die gefundenen Interessensituationen im Kontext möglicher Veränderungshandlungen angesprochen werden. Ziel ist die Darstellung möglicher Grundsätze für die Gewichtung der Einzelinteressen im Wege der Angemessenheitsprüfung zur Herstellung praktischer Konkordanz der im Widerstreit stehenden Rechtsgüter.

a) Abwägungen in den durch § 39 beschriebenen Fällen

§ 39 UrhG regelt explizit die Fälle der Werkveränderungen durch den Nutzungsrechtinhaber. Regelmäßig hat der Eigentümer aber gerade kein Nutzungsrecht am in seinem Werkstück verkörperten Werk[650]. Lediglich der Gebrauch steht ihm kraft seiner Eigentumsposition, wie bereits herausgearbeitet, zu. Wurde beim Eigentümer jedoch auch ein Nutzungsrecht festgestellt, so ist dies bei der Interessenabwägung zu berücksichtigen[651]. Besonders, wenn ein Nutzungsrecht mit Änderungsbefugnis vereinbart wurde, ist dies beachtlich[652]. Allerdings fallen solche Fallkonstellationen nicht in das Spannungsfeld zwischen Urheberrecht und Sacheigentum. Der nutzungsberechtigte Eigentümer erhält vielmehr eine neben seiner Eigentumsposition stehende Rechtsposition gegenüber dem Urheber, die über die Nutzungsrechtabrede im Einzelfall auch wirtschaftliche und finanzielle Interessen des Nutzungsberechtigten umfasst[653]. Allerdings wird sich für den Eigentümer hieraus nur ein Vorteil ergeben können, wenn er sich bei seiner Veränderungshandlung auf die Notwendigkeit zur Nutzung des Werkes und eben nicht zum Gebrauch des Werkstücks berufen kann. Denn je weniger das Werk für die betreffende Nutzungsart geändert werden muss, umso geringer ist

650 BGH in GRUR 1999, 420, 425 – Verbindungsgang; BGH in GRUR 1999, 230, 231 – Treppenhausgestaltung; BGH in GRUR 1974, 675, 676 – Schulerweiterung; W/B-Wandtke/Grunert, § 39 UrhG, Rn 36.

651 W/B-Bullinger, § 14 UrhG, Rn 2.

652 W/B-Bullinger, § 14 UrhG, Rn 12.

653 So auch: Federle, S. 58 mit Bezug auf die wirtschaftlichen und finanziellen Interessen beim Nutzungsberechtigten.

der erlaubte Spielraum für Änderungen durch den Nutzungsberechtigten[654]. Räumte der Urheber ein, dass eine Änderung zur Erreichung des Nutzungszwecks nötig und auch in seinem Sinne möglich wäre – auch wenn die vom Eigentümer vorgeschlagenen oder vorgenommene Lösung dies nicht sei –, so solle dies zur geringeren Beachtung seiner Interessen führen[655]. Diesem Ansatz ist allerdings entgegenzutreten. Der Urheber gibt mit solchen Einlassungen lediglich Hinweise auf die Erforderlichkeit einer Maßnahme. Seine Interessen an einer intakten Urheber-Werk-Beziehung werden hierdurch jedoch nicht tangiert.
Die betrieblichen Interessen müssen aber beispielsweise Berücksichtigung finden, wenn etwa eine Nutzung zu Werbezwecken vereinbart wurde[656]. Diese sind, anders als beim lediglich zur Übereignung und Besitzverschaffung verpflichtenden Kaufvertrag sowie beim zur Herstellung verpflichtenden Werkvertrag, in einem solchen Fall Bestandteil der Nutzungsrechtabrede. Ändert sich beispielsweise die Farbgestaltung für den umworbenen Gegenstand, so kann es unumgänglich sein, die für die Anzeige vorgesehen Farbe ebenfalls zu ändern[657].

b) Vorübergehende Veränderungen, Provisorien
Wie bereits oben beschrieben, werden vorübergehende Veränderungen und Provisorien, wenn sie als solche wenigstens erkennbar sind, nicht vom Änderungsverbot umfasst[658]. Jedenfalls gehen die Interessen des Eigentümers bei Interimslösungen regelmäßig vor[659]. Muss etwa wegen Sanierungsarbeiten an einem Gebäude eine provisorische Fluchtwegtreppe an einem Gebäude angebracht werden, oder werden etwa Teile einer Plastik oder eines anderen Kunstwerks zu Restaurierungszwecken verhängt, sodass die betroffenen Werke zunächst auf den Betrachter anders wirken, als dies ursprünglich vom Urheber gewollt war, so ist dies als Provisorium unbeachtlich. Die Urheberinteressen müssen hier schon aufgrund des geringen Grades der Eignung zur Verletzung solcher vorübergehenden Beeinträchtigungen hintanstehen. Wie lange eine Beeinträchtigung noch als Provisorium zu sehen ist, obliegt hierbei der Bewertung der Gerichte im Einzelfall. Ein Provisorium wird hierbei umso eher hinzunehmen sein, als sein nicht vom Urheber herrührender Charakter erkennbar ist. Sollte der vorü-

654 D/S-Schulze, § 39 UrhG, Rn 13.
655 OLG Hamm in BauR 1984, 298, 300.
656 D/S-Schulze, § 39 UrhG, Rn 16; Schricker-Dietz, § 39 UrhG, Rn 24.
657 LG München in LGZ 41, 4.
658 Siehe S. 35.
659 BGH in GRUR 1982, 107, 107 – Kircheninnenraum; F/N-Dustmann, § 14 UrhG, Rn 72; W/B-Bullinger, § 14 UrhG, Rn 33.

bergehende Charakter aber nicht erkennbar sein, so gilt zumindest der absolute Entstellungsschutz, wie dargelegt.

c) Änderungen an Originalwerken

Fraglich ist, ob es für die Interessenabwägung von Belang ist, ob der Eigentümer in ein Originalwerk oder eine Vervielfältigung in seinem Eigentum ändernd eingreift[660]. Da vor allem bei Bauwerken zumeist nur ein Werkstück angefertigt wird, könnten bei der Annahme eines besonderen Originalschutzes sich für diese Fälle Besonderheiten ergeben. Bis auf die §§ 26 und 44 UrhG sind Originale und Vervielfältigungstücke vom UrhG gleichgestellt. Beide Normen behandeln das veräußerte, also zu fremden Eigentum gewordene Werkstück[661]. Gemäß § 26 VIII UrhG gilt das Folgerecht aber nicht für Werke der Baukunst und der angewandten Kunst. Insofern hat der Gesetzgeber eine Besonderheit im Verhältnis von Urheber und Eigentümer gesehen. Erfasst werden von beiden Normen aber ausschließlich die verwertungsrechtlichen Aspekte des Urheberrechts. Inhaltlich geht es um die Frage der Vergütung der urheberrechtlichen Leistung bei Weiterveräußerungen im Wege des Folgerechts sowie um die Frage der Einräumung von Nutzungsrechten an den Erwerber und dessen Veröffentlichungsbefugnisse. Allein das Erstveröffentlichungsrecht als Teil des UPR aus § 12 I UrhG wird neben den verwertungsrechtlichen Aspekten in § 44 II UrhG angesprochen. Allerdings kann der Urheber seine Rechte zur Erstveröffentlichung durch Ausschluss des § 44 II UrhG im Rahmen des Veräußerungsprozesses wahren.
Wie oben bereits beschrieben, schützt § 12 UrhG vor allem das aPR und wird erst über das Verbietungsrecht zur Veröffentlichung des Werkes gegenüber jedermann zu einer die Urheber-Werk-Beziehung schützenden Norm[662]. Nur mit Bezug auf die Veröffentlichung in einer dem Urheber nicht gefälligen Art betrifft sie also das UPR. Gerade diese Art der Veröffentlichung kann aber der Urheber gem. § 44 II UrhG durch Beibehaltung seines Erstveröffentlichungsrechts weiterhin unterbinden. Der Gesetzgeber hat also Besonderheiten bei Originalwerken der bildenden Kunst und Lichtbildwerken in fremdem Eigentum gesehen, aber durch seine Normsetzung gleichsam klargemacht, dass die Besonderheiten nicht im Bereich des UPR, sondern in der Gestaltung der verwertungsrechtlichen Interessensituation der Beteiligten liegen. Ein Eigentümer eines solchen Originals ist aus Sicht des Kunstmarktes und der Verkehrskreise im Besitz eines besonders

660 Für viele: D/S-Schulze, § 14, Rn 25; dagegen: BGH in GRUR 2002, 532, 534 – Unikatrahmen.
661 Riesenkampff, S. 56.
662 Siehe S. 99 ff..

wertvollen Stücks urheberlichen Schaffens. Der Wert ergibt sich hier nicht einmal aus der besonderen Individualität des Originals, da sämtliche Vervielfältigungsstücke das gleiche Schöpfungsniveau qua Definition erreichen. Vielmehr ergibt sich der Wert rein monetär aus den Einschätzungen und Wertungen des Kunstmarktes und der beteiligten Verkehrskreise. Schon die Qualifikation als Original hängt von der Einschätzung dieser Personen ab. Denn beim Originalbegriff kann es anders als bei der Urheberschaft auf das Verständnis der Verkehrskreise und des Kunstmarktes ankommen, wie es auch die Folgerechtsrichtlinie (2001/84/EG) in Art. 2 II beschreibt[663]. An diesem besonderen Wert, der sich teilweise erst lange nach der Erstveräußerung durch Änderung der Anschauungen in den beteiligten Verkehrskreisen ergibt, soll der Urheber gerecht beteiligt werden. Diese finanzielle und ggf. verwertungsrechtliche Sondersituation war Grund für die Normierung der §§ 26 und 44 UrhG als Spezialnormen für Originalwerke. Hieraus verallgemeinernd und entgegen den Wortlaut des § 26 VIII UrhG zu schließen, dass Originalwerke grundsätzlich mit Bezug auf die Urheber-Werk-Beziehung oder im Verhältnis von Eigentümer und Urheber besonderen Schutz vermitteln, verkennt die ansonsten klaren Wertungen des UrhG. Es ist das Wesen des urheberrechtlichen Änderungsverbots, gerade nicht zwischen Originalen und Vervielfältigungen zu differenzieren, wie aus allen das UPR betreffenden Normen ersichtlich wird[664]. Beide Werkstücksarten spiegeln in vollem Umfang die persönlichen und ideellen Belange des Urhebers wider. Unterschiede sind mit Bezug auf das UPR nicht zu finden. Dies gilt jedenfalls dann, wenn der Grundsatz aufrechterhalten wird, dass subjektive Aspekte der Beteiligten ohne Belang sind und Entscheidungen nur anhand objektiver Bewertungskriterien getroffen werden sollen. Die Einführung des Originalbegriffs in das UrhG war allein zur Wahrung der berechtigten finanziellen Interessen der Urheber nötig, die bei der Erstveräußerung ihres Originals – jedenfalls, wenn sie mit ihrem Schaffen ihren Lebensunterhalt verdienen und nicht Jahre mit der Veräußerung warten können – regelmäßig noch nicht wissen, wie sich die Nachfrage- und Preissituation auf dem Kunstmarkt für ihr Werk entwickelt. Rückschlüsse auf urheberpersönlichkeitsrechtliche Aspekte, die für diese Arbeit allein interessant sind, lässt dies jedenfalls nicht zu. Es besteht daher für die hier vorzunehmende Interessenabwägung kein Unterschied, ob der Eigentümer in ein Original oder eine sonstige Vervielfältigung eingreift.

663 Jänecke, S. 57; Riesenkampff, S. 56, 57, 58; Schöfer, S. 31.
664 Im Ergebnis auch so: BGH in GRUR 2002, 532, 534 – Unikatrahmen.

d) Änderungen zu Erhalt, Modernisierung oder Erweiterung des Gebrauchszwecks

Eines der Hauptmotive für Änderungen durch die Eigentümerschaft ist der Erhalt, die Modernisierung oder die Zweckänderung der Brauchbarkeit einer Sache. Im Fokus dieser Veränderungshandlungen stehen fast immer Werke der angewandten Kunst und speziell Werke der Baukunst. Gerade für die Eigentümer solcher Werke, die oft erhebliche finanzielle Mittel zum Erwerb ihrer Eigentumsposition eingesetzt haben, ist es von großem Interesse, weitreichende Änderungsbefugnisse für sämtliche Eventualitäten gegenüber der Urheberschaft zu haben. Teilweise wurde daher auch für die Fallkonstellationen der Werke mit Gebrauchszweck ein besonderes Eigentümerinteresse gegenüber den UPR-Interessen behauptet. Hierzu wurde insbesondere vertreten, dass das besondere Eigentümerinteresse, Änderungen zum Erhalt oder zur Erweiterung des Gebrauchszwecks vorzunehmen, schon auf dem Erwerb des Eigentums zum Gebrauch der Sache fuße, wovon der Urheber seinerseits bei der Schaffung oder Veräußerung eines Werkes mit Gebrauchsmöglichkeit ausgehen konnte und musste[665]. Die Vorhersehbarkeit von Änderungsinteressen ist indes kein Kriterium, das sich dem UrhG oder dem Inhalt von Urheberrecht und Eigentum, wie oben aufgezeigt, entnehmen ließe[666]. Vielmehr ergeben sich das Gebrauchsinteresse und das Gebrauchsrecht des Eigentümers als fundamentales Element des Sacheigentums aus seiner Rechtsposition als Eigentümer selbst. Die Brauchbarkeit einer im Eigentum befindlichen Sache ist hierbei im Kern mit der Institutsgarantie verbunden und stellt somit eines der wichtigsten und tragfähigsten Eigentümerinteressen gegenüber allen fremden Rechtspositionen dar, wie oben dargestellt[667]. Demgegenüber überzeugt auch das allgemein gehaltene Argument nicht, dass der Urheber sich in einen Widerspruch zu seinem in der Veräußerung zu sehenden Vorverhalten setze, wenn er gegen die Durchsetzung der Gebrauchsinteressen der Eigentümerschaft vorgehe[668]. Richtig ist indes, dass der Urheber schon aus der Natur des Urheberrechts über sein UPR nicht pauschal disponieren kann. Er kann auf es ferner, wie aufgezeigt, nicht verzichten. Auch kann er sich nicht bereiterklären, für unbestimmte Fälle sein Recht nicht auszuüben, da dies einem pauschalen und unzulässigen Rechtsverzicht gleichkäme. Aus diesem Grund kann er mit der Veräußerung des Werkes zu fremdem Eigen-

---

665 OLG Hamm in BauR 1984, 298, 300; Honscheck in GRUR 2007, 944, 947; Jestaedt, S. 102 ff.; Schöfer, S. 104.

666 Siehe S. 63 ff..

667 Siehe S. 68 ff..

668 so aber: Nahme in GRUR 1966, 474, 477; Schöfer, S. 104.

tum auch keinerlei solche weitreichenden rechtserheblichen Erklärungen – sei es auch nur konkludent – abgeben, zu denen er sich im späteren zeitlichen Verlauf in Widerspruch setzen würde. Vielmehr ist es das bewusste Risiko des Eigentümers, der sich eine Sache mit urheberrechtlichem Schutz des in ihr verkörperten Werkes übereignen lässt, diese Sache nur unbeschadet der mit ihr verbundenen Urheberrechte nutzen zu können, wie dies auch § 903 BGB aufzeigt. Art. 14 I GG einerseits und seine einfachgesetzliche Ausprägung des § 903 BGB andererseits weisen den sonstigen am Eigentumsgegenstand bestehenden Rechten gerade keinen geringeren Wert zu als dem Eigentum selbst. Die beschriebenen Möglichkeiten der Änderungsvereinbarung in den oben dargelegten Grenzen bleiben hiervon natürlich unberührt[669].

Es muss egal sein, ob ein Werk zum Gebrauch geschaffen wurde oder nicht. Das Gebrauchen des Eigentums ist elementarer Kernbestandteil des Eigentumsbegriffs. Die ideelle Widmung oder das Wissen des Werkschöpfers, dass sein Werk in seiner Verkörperung dem Gebrauchswillen und Gebrauchsrecht eines fremden Eigentümers unterliegt oder unterliegen soll, kann hierzu nichts beitragen. Die Frage der Kenntnis des Urhebers von einer solchen Gebrauchsnutzung kann allenfalls eine Aussage darüber treffen, ob er sich im Wege einer stillschweigenden und zulässigen Änderungsvereinbarung selbst im konkreten Einzelfall gebunden hat und er aufgrund dieser geschlossenen Vereinbarung dem zunächst vorgesehenen Gebrauch und der Anpassungen des Werkes zu dessen Erhalt nicht mehr ohne Weiteres widersprechen kann. Ändert der Eigentümer jedoch seine ursprüngliche Gebrauchsabsicht, was zunächst durch § 903 BGB völlig gedeckt ist, so liegt der Fall anders und der Urheber kann sich wieder voll auf sein UPR berufen, selbst wenn man von einer zunächst hinreichend konkreten Änderungsvereinbarung ausgegangen ist. Auf den neuen Gebrauchszweck kann sich nämlich eine ursprüngliche Änderungsvereinbarung mit dem Urheber nicht beziehen. Auch soll hier nochmals hervorgehoben werden, dass selbst für den ursprünglichen, dem Urheber bekannten Gebrauchszweck pauschale Änderungsvereinbarungen unzulässig sind. Da der Urheber in Entstellungen nie auch nur konkludent einwilligen kann, kann er sich in jedem Fall der Eigentümerhandlung auf seinen absoluten Entstellungsschutz berufen. Dies ist völlig unabhängig von Änderungsvereinbarungen.

Besonderheiten durch die rein abstrakte Brauchbarkeit eines Werkes der angewandten Kunst oder im Speziellen der Baukunst gegenüber anderen Werkarten ergeben sich durch das UrhG nämlich dogmatisch gerade nicht, wie schon im

---

669 Siehe S. 59 ff..

Kapitel zum Werkbegriff dargelegt. Dies steht auch im Einklang mit dem zum pauschalen Rechtsverzicht und zur Änderungsvereinbarung oben Gesagten[670]. Denn eine Selbstbindung mit Bezug auf sämtliche gebrauchsmotivierten und damit unkonkreten Änderungen quasi als Bindung an eine vermeintliche Vertragsgrundlage[671] käme ebenfalls einem unzulässigen pauschalen Rechtsverzicht des Urhebers in seiner Wirkung gleich. Daher wirkt die Kenntnis des Urhebers vom konkreten Gebrauchszweck nicht dergestalt, dass dem Eigentümer eine besonders starke Interessenposition hieraus erwächst.

aa) Änderungen zum Erhalt der Brauchbarkeit

Die Stärke der Gebrauchsinteressen gegenüber den Urheberinteressen ergibt sich folglich aus ihrer besonderen rechtlichen Schwere, wie in Kapitel 5 herausgearbeitet wurde. Dies bedeutet aber keinesfalls, dass Änderungen, die dem Gebrauchszweck dienen, regelmäßig zulässig sind[672]. Dies würde schon deshalb nicht überzeugen, weil dies die Schwere der Urheberinteressen im Einzelfall unberücksichtigt ließe. Deshalb reicht richtigerweise eine schlichte Berufung auf die Notwendigkeit der Änderung zur Erreichung des dem Urheber bei Schöpfung bekannten Gebrauchszwecks ebenso wenig aus[673] wie der Verweis auf die Notwendigkeit der Änderungsmaßnahme zum Erhalt des Gebrauchszwecks an sich. Vielmehr sind Änderungen zwar in solchen Fällen eher zuzulassen[674], allerdings kann dies kein Gesetz für solche Abwägungslagen postulieren, da für den Fall der Entstellung nicht weniger als auf Art. 1 I 1 GG gestützte Aspekte des Urheberrechts betroffen wären und diese eine abwägungsfeindliche Barriere unserer Rechtsordnung darstellten. Festhalten lässt sich daher lediglich, dass sich im Falle von Änderungen aus gebrauchserhaltenden Gründen, die keine Entstellungen mit sich bringen, stets das Eigentümerinteresse aufgrund der hohen rechtlichen Relevanz des Änderungsmotivs „Gebrauchszweck" durchsetzen wird[675]. Dies gilt umso mehr bei von der Gestaltungshöhe her auf niedrigem Ni-

670 Siehe S. 64 ff..

671 So wohl aber zu verstehen: Jaestedt, S. 105, für den Nutzungsberechtigten; und wohl auch Riesenkampff, S. 122, die auch Rechtsnachfolger der Urheber an diese „Vertragsbestandteile" gebunden sehen.

672 So aber: Nahme in GRUR 1966, 474, 477.

673 BGH in GRUR 1974, 675, 677 – Schulerweiterung.

674 Honscheck in GRUR 2007, 944, 947; W/B-Wandtke/Grunert, § 39 UrhG, Rn 37.

675 OLG München in ZUM 1996, 165, 166 – Dachgauben; Binder/Kosterhon, Rn 176 mit Bezug auf den angestellten Urheber; Thode/Wirth/Kuffer, § 32, Rn 35; W/B-Wandtke/Grunert, § 39 UrhG, Rn 37.

veau angesiedelten Zweckbauten[676]. Will ein Eigentümer daher etwa ein Gebäude durch umfangreiche Sanierungsarbeiten derart wieder in Stand setzen, dass das Ergebnis der Sanierung vom ursprünglichen Werk des Urhebers abweicht und sind die Maßnahmen für den Erfolg der Sanierung notwendig, weil sich etwa die ursprünglichen Fenster oder andere Werkstückelemente nach dem Standard der Zeit nicht mehr besorgen lassen, so gehen die Interessen des Eigentümers hier den Urheberinteressen vor, solange keine Entstellung vorliegt.
Liegt also weder eine Entstellung noch eine konkrete Änderungsvereinbarung vor, setzt sich das Eigentümerinteresse an der Erhaltung der Brauchbarkeit stets schon dann durch, wenn die Maßnahme notwendig, also erforderlich ist. Der Urheber muss den Gebrauchszweck also gegen sich gelten lassen[677], insofern es um die Brauchbarkeit an sich geht[678]. Insbesondere der Erhalt einer Immobilie – wenn hierzu denn eine Änderungshandlung überhaupt erforderlich ist – fällt in den Kernbereich der Eigentumsgarantie, die vom Urheber nicht tangiert werden darf[679]. Die reine, fachgerechte und originalgetreue Wiederherstellung des Werkstücks ist hierbei mangels Beeinträchtigungscharakter nicht Inhalt dieser Frage und stets zulässig.

bb) Änderungen zur Modernisierung

Ist die Veränderung keine die Brauchbarkeit erhaltende, sondern eine sie erweiternde oder verbessernde Veränderung, so ist nicht mehr der Kernbereich der Institutsgarantie des Eigentums betroffen, wie oben festgestellt[680], sodass weitere Überlegungen angestellt werden müssen. Rechtspolitisch richtig erscheint zunächst, dass das Urheberrecht „nicht dazu führen kann, dass Bauwerke vom technischen Fortschritt ausgeschlossen werden“[681]. Teilweise hat man sich daher dafür ausgesprochen, Modernisierungsmaßnahmen, die der Verbesserung der ursprünglichen Brauchbarkeit einer Sache und deren Gebrauchszweck dienen, als vom Bestandsinteresse motiviert zu sehen[682]. Dem ist aber entgegenzutreten. Die Modernisierung einer Sache durch den Eigentümer erhält nicht lediglich die

676 BGH in GRUR 2008, 984, 986 – St. Gottfried; BGH in GRUR 1974, 675, 676 – Schulerweiterung; W/B-Wandtke/Grunert, § 39 UrhG, Rn 37.
677 Nahme in GRUR 1966, 474, 476; Schöfer, S. 109; F/N-Nordemann, § 39 UrhG, Rn 34.
678 Wohl auch so im Ergebnis: OLG Hamm in BauR 1984, 298, 298; Jestaedt, S. 105; Riesenkampff, S. 122.
679 So auch: Riesenkampff, S. 122.
680 Siehe S. 68 ff..
681 Goldmann in GRUR 2005, 639, 643; Locher, Rn 547.
682 Riesenkampff, S. 123; im Ergebnis auch so: Honscheck in GRUR 2007, 944, 948, der die Auffassung vertritt, dass der Urheber Modernisierungen nicht verhindern könne.

Brauchbarkeit. Vielmehr ist in einem solchen Eigentümerhandeln die Anpassung an die Bedürfnisse der Zeit oder die Befriedigung mit in wirtschaftlichen Erwägungen im Zusammenhang stehenden Bedürfnissen zu sehen. Eine Modernisierung ist damit immer eine Erweiterung, wenn auch keine völlige Änderung der Brauchbarkeit. So ändert der Anbau eines Fahrstuhls an ein Gebäude nicht dessen ursprünglichen Gebrauchszweck, erweitert jedoch dessen Brauchbarkeit erheblich. Die Erweiterung der Brauchbarkeit ist ein logisches Mehr zu deren Erhalt. Der durchgeführten Analyse des Sacheigentums folgend, ist lediglich die Brauchbarkeit an sich vom Kern des Eigentumsbegriffs für das Sacheigentum erfasst. Die Erweiterung der Brauchbarkeit ist lediglich eine in § 903 BGB ebenfalls zum Ausdruck kommende Kompetenz des Eigentümers, die im Konflikt mit den Rechten Dritter am Eigentumsgegenstand steht. Muss sich der Eigentümer bei zum Erhalt der Brauchbarkeit notwendigen Maßnahmen, wie dargestellt, nur des mildesten Mittels bedienen, mit der er die Brauchbarkeit, ohne das Werk zu entstellen, wiederherstellen kann, so muss die Maßnahme bei einer die Brauchbarkeit erweiternden Maßnahme folglich aufgrund des niedriger anzusetzenden Schutzes seiner Interessensituation weiteren Angemessenheitsanforderungen standhalten.
Zuzugeben ist, dass der Eigentümer im Laufe der Gebrauchsnutzung schon aufgrund der Länge der urheberrechtlichen Schutzdauer irgendwann an den Punkt kommen wird, an dem er sein Werkstück – oftmals wird es ein Gebäude sein – den Bedürfnissen der Zeit anpassen wollen wird. Richtig ist auch, dass gerade bei Gebäuden die Architekten als Urheber aus ihrer täglichen Praxis oft davon wissen, dass dieser Tag kommen mag. Wie aber bereits dargestellt, wäre es auch hier falsch, nur aufgrund der Tatsache, dass sich die Anforderungen an Gebäuden oder anderen Werken der angewandten Kunst mit der Zeit ändern, darauf zu schließen, dass dies irgendwelche Auswirkungen auf die hier infrage stehende Interessensituation hätte. Weder der Sacheigentumsbegriff noch das UPR wird durch diese Erwägung rechtlich berührt. Auch ist es eine erhebliche Schwachstelle dieser Ansicht, dass sich die aufgestellte, rein rechtspolitische Behauptung nicht für alle Fälle belegen lässt. Denn so wird man besonders bei monumentalen Werken der Baukunst, wie etwa der Berliner Reichstagskuppel, schon aufgrund der symbolträchtigen Bedeutung des Werkes nicht unbedingt davon ausgehen können, dass sich Änderungen durch den Eigentümer ergeben werden. Vielmehr wird der Architekt und auch der objektive Dritte hier davon ausgehen, dass das Werk die Zeiten weit über den Ablauf der urheberrechtlichen Schutzdauer weit überdauert, genau hierauf angelegt ist und dass ihm bis auf den Erhalt keinerlei Veränderungen widerfahren. Insofern gehen Erwägungen zur Vorher-

sehbarkeit von Änderungshandlungen und Verweise auf die lange Schutzdauer des Urheberrechts hier ebenso fehl wie oben im Bereich des Bestandsinteresses[683].

Darum ist festzuhalten, dass Modernisierungsinteressen grundsätzlich starke, aber nicht mehr mit der Institutsgarantie des Eigentumsbegriffs verbundene Eigentümerinteressen darstellen. Die Urheber müssen daher nicht jegliche Beeinträchtigung hinnehmen. Allerdings sind Modernisierungsinteressen eng mit den Bestandsinteressen der Eigentümer verwandt und stehen oft in einem engen Zusammenhang mit für die Angemessenheitsprüfung irrelevanten wirtschaftlichen und finanziellen Interessen der Eigentümer. Da diese Interessenlagen aber Eingang in die Prüfung der Erforderlichkeit einer Veränderungsmaßnahme finden, erwächst den Eigentümern zumindest hier eine gegenüber den Urhebern starke Position. Für die Angemessenheit der Maßnahme bedeutet dies, dass von einer starken Eigentümerposition auszugehen ist, die sich dann durchsetzt, wenn vonseiten der Urheberschaft keine überwiegenden gegenläufigen Interessen nachgewiesen werden können. Die Überdurchschnittlichkeit bemisst sich hierbei an den unten noch herauszuarbeitenden allgemeinen Abwägungskriterien für die Gewichtung der Individualinteressen, die für jede hier infrage stehende Abwägungsentscheidung als Leitprinzipien anzuwenden sind. Für den oben angeführten am Gebäude angebrachten Fahrstuhl bedeutet dies, dass der Eigentümer sich nicht allein auf die Erforderlichkeit der Maßnahme stützen kann solange keine Entstellung des Werkes vorliegt. Er muss vielmehr nachweisen, dass beispielsweise im Hinblick etwa auf die Gestaltungshöhe des beeinträchtigten Werkes der Eingriff noch nicht die Interessen der Urheberschaft unangemessen verletzt. Zusammenfassend kann damit festgehalten werden, dass die Eigentümerinteressen bei Modernisierungsmaßnahmen nicht stets wie reine Bestandsinteressen vorgehen, jedoch von erheblichem rechtlichem Gewicht sind, sodass ihnen in der Praxis vor allem bei durchschnittlichen Zweckbauten oft der Vorzug zu geben sein wird.

Nicht unerwähnt soll bleiben, dass eine Sondersituation für bestandssichernde Modernisierungen besteht. Hierunter sind solche Modernisierungshandlungen zu verstehen, die – wie oben in Kapitel 5 beschrieben – die Brauchbarkeit erst wiederherstellen oder ermöglichen, aber nicht als reine Erhaltensmaßnahme zu sehen sind[684]. Solche Modernisierungen dienen zusätzlichen Interessenlagen und sind wie reine Erhaltungsmaßnahmen zu behandeln, da sie den Kern der Brauchbarkeit der Sache berühren. So wird der Eigentümer, der sein Gebäude

683 Siehe S. 136 ff..
684 Siehe S. 81 ff.

verbessert und damit einen Konstruktionsfehler behebt, solange auf die reine Erforderlichkeit der Maßnahme verweisen können, wie er keine Entstellung des Werkes vornimmt[685]. Auch sind Eigentümer betroffen, die derart modernisieren, um zwingende gesetzliche Anforderungen zu erfüllen, ohne deren Erfüllung sie das Werkstück nicht mehr gebrauchen dürften[686].
Demgegenüber sind auch hier Änderungen, die sich aus rein wirtschaftlichen Motiven ergeben unbeachtlich. So schützt das Eigentum nicht die Erwerbstätigkeit des Eigentümers durch den Eigentumsgegenstand. Auch garantiert es ihm nicht die Möglichkeit zum Marktzugang mit seinem Eigentum oder einen gewünschten Marktpreis. Daher kann ein Eigentümer, der ein Werk nicht mehr in der gewünschten Weise aus Marktgründen nutzen kann – weil etwa im Falle einer Gewerbeimmobilie nur noch ein Gebrauch als Wohnimmobilie wirtschaftlich sinnvoll erscheint – sich nur auf sein parallel verlaufendes Zweckänderungsinteresse berufen. Der Rückgriff auf die hier aufgezeigten Grundsätze zur bestandssichernden Modernisierung bleibt ihm richtiger Weise versperrt.

cc) Änderungen zur Gebrauchszweckänderung
Als dritte Möglichkeit kommt die Zweckänderung durch den Eigentümer in Betracht. Diese stellt eine neue Brauchbarkeit der Sache für den Eigentümer her und ist insofern nicht mit dem Bestandsinteresse verbunden. Die zur Zweckänderung motivierenden Eigentümerinteressen entfalten gegenüber der Urheberschaft daher auch weniger Gewicht als solche Interessenlagen des Bestandsschutzes oder der Modernisierung[687]. Lediglich die Zweckänderung aufgrund eines gesetzlichen Verbots zur Ausübung des ursprünglichen Gebrauchszwecks fällt wieder in den Bereich der die abstrakte Brauchbarkeit sichernden Bestandsinteressen. Die Zweckänderung ist nach § 903 BGB eine zulässige Eigentümerhandlung. Da sie die zuvor ebenfalls bestehende Brauchbarkeit der Sache nicht betrifft, stehen ihr selbst schwächere Interessenlagen der Urheberschaft gleichrangig gegenüber. Ein überdurchschnittliches Urheberinteresse ist hier keinesfalls zu fordern. Will ein Eigentümer seine Gewerbeimmobilie in ein Wohngebäude umwandeln und weist die Immobilie eine durchschnittliche Gestaltungshöhe auf so kommt es bei der Umwandlung entscheidend darauf an inwieweit der Eigentümer in die die Gestaltung prägenden Elemente des Werkes eingreift. Versperren etwa nachträglich angebrachte Balkone für den Gebäudeeindruck ausschlaggebende Gestaltungsachsen der Fassade, sodass etwas den Eindruck

685 So wohl der Fall bei: OLG Frankfurt in GRUR 1986, 244, 244 – Verwaltungsgebäude.
686 Jestaedt, S. 106, 108.
687 Goldmann in GRUR 2005, 639, 643; Riesenkampff, S. 123.

bestimmende klare Linien aufgebrochen und der Gesamteindruck des Werkes hierdurch objektiv empfindlich gestört wird und kann der Eigentümer keine weiteren Interessen geltend machen, die die Maßnahme als angemessen erscheinen lassen, so wird sich das Urheberinteresse an der Werksintegrität hier durchsetzen. Weitere Interesen können etwa Sicherheitsinteressen sein. So werden etwa Argumente die Statik des Gebäudes nach dem Anbau der beschriebenen Balkone betreffend die Abwägung hier zu Gunsten des Eigentümers ausgehen lassen. Die auch in diesem Bereich vertretene Privilegierung der Eigentümer aufgrund der potenziellen Kenntnis der Urheberschaft von möglicherweise in Zukunft entstehenden Veränderungsverlangen aufseiten der Eigentümer[688] ist aus den gleichen Gründen, wie oben bereits ausgeführt, abzulehnen[689]. Insofern besteht ein klar ersichtliches Stufenverhältnis zwischen den drei Interessenkategorien der Gebrauchsinteressen.

e) Änderungen aus ästhetischen Gründen

Änderungen aus ästhetischen Gründen sind, wie oben dargelegt[690], durchaus durch das Eigentum geschützt[691]. Jedoch reicht das bloße Interesse des Eigentümers, dem Werk eine andere Form zu geben, als Rechtfertigung einer Veränderungshandlung regelmäßig nicht aus[692]. In der Regel braucht der Urheber daher Eingriffe nicht zu dulden, die durch geschmackliche Anschauungen des Eigentümers motiviert sind[693]. Der Käufer oder Bauherr entscheidet sich mit dem Erwerb eines Werkstücks oder der Beauftragung eines Urhebers für eine konkrete Werkform und muss diese als die gewählte ästhetische Lösung hinnehmen[694]. Bereits die frühe Entscheidung „Felseneiland mit Sirenen“ weist dem Urheber bei Veränderungen aus ästhetischen Motiven eine vorrangige Rechtsposition gegenüber dem Eigentümer zu[695]. Der Eigentümer darf somit seine geschmacklichen Vorstellungen regelmäßig nicht über die schöpferischen Ideen des Urhebers setzen[696]. Hinzu tritt, dass ästhetisch motivierte Änderungen oft lediglich wirt-

688 So hier besonders: Honscheck in GRUR 2007, 944, 948.
689 Siehe S. 129 ff..
690 Siehe S. 83.
691 Dagegen: Riesenkampff, S. 121, 122.
692 BGH in GRUR 1999, 230, 232 – Treppenhausgestaltung; Goldmann in GRUR 2005, 639, 643; Jaestedt, S. 117; D/S-Schulze, § 14 UrhG, Rn 16.
693 W/B-Bullinger, § 14 UrhG, Rn 34.
694 BGH in GRUR 1999, 230, 231 – Treppenhausgestaltung; OLG Hamm in ZUM-RD 2001, 443, 445 – Stahlplastik; im Ergebnis so auch: Schack, Kunst und Recht, Rn 806; W/B-Bullinger, § 14 UrhG, Rn 34.
695 Riesenkampff, S. 118.
696 Schack, Rn 356.

schaftlich motivierte Änderungen darstellen[697]. Treten wirtschaftliche Interessen neben die ästhetischen Interessen, so ist hinreichend zu differenzieren[698]. Da, wie oben beschrieben, wirtschaftliche und finanzielle Interessen aber nicht vom Eigentumsbegriff erfasst und geschützt sind[699], ist diese nötige Differenzierung vor allem im Bereich der Erforderlichkeitsprüfung von Relevanz. Allerdings sind auch Fälle denkbar, in denen die ästhetischen Interessen des Eigentümers vorgehen mögen. So wird es einem Eigentümer gegenüber den Urheberinteressen nicht mehr zumutbar sein, ein Werkstück zu haben, dass von der Öffentlichkeit durch seine Erscheinungsform etwa mit verbotenen oder historisch geächteten Ideologien oder Geisteshaltungen in Verbindung gebracht wird. Das Abmontieren eines Reichsadlers mit Hakenkreuz etwa kann der Urheber dem Eigentümer selbst dann nicht verbieten, wenn das Symbol den Gesamteindruck des Gebäudes erheblich bestimmt und in seinem historischen Kontext dominiert. In solchen Fällen wird der Eigentümer – möglichenfalls durch Absprache mit dem Urheber – Veränderungen vornehmen dürfen. In keinem Fall aber ist bei Veränderungen aus ästhetischen Belangen der Kern der Eigentumsposition betroffen. Vor allem mit der Brauchbarkeit der Sache hat ein solches Bestreben regelmäßig nichts zu tun. Insofern stellt die hier dargestellte Interessensituation ein im Vergleich schwaches Eigentümerinteresse gegenüber den UPR-Interessen dar.

f) Änderung aus Kostengründen, finanzielle sowie wirtschaftliche Interessen

Entgegen der Annahme, dass Kosten, finanzielle sowie wirtschaftliche Interessen beachtliche Interessensituationen der Eigentümer darstellen[700], hat die oben vorgenommene Analyse gezeigt, dass dies gerade nicht der Fall ist[701]. Die genannten Interessenlagen sind als Vermögensinteressen mitbestimmend für die Frage der Erforderlichkeit einer Maßnahme oder für die Frage der Verhältnismäßigkeit der aufzuerlegenden Rechtsfolge eines etwaigen Beseitigungsanspruchs, soweit es sich um ein Kosteninteresse handelt – nicht jedoch für die Frage der Angemessenheit. Richtig ist, dass alle diese Interessen des Eigentümers oft in Verbindung mit dem Erhalt der Werknutzbarkeit stehen und dann als Gebrauchsinteresse geschützt sein können[702]. Hier muss also hinreichend differenziert und vom Eigentümer dargelegt werden. Auch zu beachten ist, dass die Interessen am Erhalt erbrachter Aufwendungen sowie Kostenersparnisinteressen

697 Bachmann, S. 339.
698 Jaestedt, S. 117.
699 Siehe S. 80 ff..
700 OLG Hamm in BauR 1984, 298, 300; Riesenkampff, S. 123.
701 Siehe S. 80 ff.,
702 Riesenkampff, S. 122.

im Hinblick auf einen etwa nötigen Rückbau von ansonsten rechtswidrig vorgenommenen Eigentümermaßnahmen im diesen Sinne für die Abwägung unbeachtlich sind.

g) Änderung aus Sicherheitserwägungen

Sicherheitsmaßnahmen zählen als bestandssichernde Maßnahmen zur Eigentumsgarantie des Art. 14 I GG[703]. Sind sie notwendig, weil sie etwa Gefährdungen für die Nutzer eines Bauwerkes verhindern, dann sind sie wie gebrauchssichernde Maßnahmen zu behandeln und stets zulässig[704], solange sie keine Entstellungen darstellen. Der Eigentümer muss also zur Sicherrung der Brauchbarkeit stets solche Lösungen wählen, die das Werk nicht entstellen. Dies kann im Einzelfall bedeuten, dass nicht die günstigste Lösung gewählt werden darf, wenn diese eine Entstellung bedeuten würde. Ist der Erhalt der Brauchbarkeit als sicherheitserhaltende Maßnahme nur über eine Entstellung des Werkes möglich, so unterliegt das Eigentümerinteresse dem Urheberinteresse in solchen Fällen. Zwar ist der Eigentümer hier im Kernbereich seines Eigentumsrechts betroffen, jedoch finden gegenüber dem durch eine Entstellung verletzten Kern des UPR wegen Art. 1 I 1 GG keine Abwägungen statt.

Das Gleiche gilt für Maßnahmen zur Wahrung von bauordnungsrechtlichen Einwänden oder sonstigen ordnungsrechtlichen Vorschriften. Dies gilt umso mehr und besonders dann, wenn bei Nichtbeachtung die Brauchbarkeit der Sache – möglicherweise durch Nutzungsuntersagung – erlischt[705]. Die Interessenabwägung wird hier folglich stets – liegt keine Entstellung vor – zugunsten des Eigentümers ausgehen[706]. Gleiches gilt schon in der Phase der Bauausführung bei Gefahren für die Bauarbeiter und andere Beteiligte[707].

h) Änderungen aufgrund behördlicher Anordnung oder gesetzlicher Notwendigkeit

Bei erforderlichen Änderungen aufgrund gerichtlicher oder andersartig behördlicher Anordnung ist dem Urheber – soweit möglich – Gelegenheit zu geben, die

703 So auch: Riesenkampff, S. 122.

704 Goldmann in GRUR 2005, 639, 643; Jaestedt, S. 106 ff.; Riesenkampff, S. 117; F/N-Dustmann, § 14 UrhG, Rn 70; W/B-Bullinger, § 14 UrhG, Rn 32.

705 D/S-Schulze, § 14 UrhG, Rn 26.

706 W/B-Bullinger, § 14 UrhG, Rn 32, W/B-Wandtke/Grunert, § 39 UrhG, Rn 37; demgegenüber OLG Celle in NJW 1995, 890 – „durch und durch" mit einer Entscheidung zulasten der Eigentümer wegen im Ergebnis wohl so nicht erforderlicher und unangemessener Umsetzung der Sicherheitsinteressen.

707 F/N-Dustmann, § 14 UrhG, Rn 70.

geänderte Gestaltung festzulegen[708]. Allerdings verhält es sich hier ähnlich wie bei Änderungen aus Sicherheitserwägungen. In diesen Fällen kann der Eigentümer, will er die legale Brauchbarkeit seiner Sache nicht gefährden, nicht anders und muss der Anordnung Folge leisten. Notwendige Änderungen zur Modernisierung und zum Umbau aufgrund von Anordnungen oder gesetzlicher Notwendigkeit sind damit zulässig zu erachten, da sonst in die Eigentumsgarantie des Art. 14 I GG eingegriffen würde[709]. Da vom Eigentümer generell nicht erwartet werden kann, dass er sich rechtswidrig zugunsten des fremden UPR verhält, muss auch eine Änderung zur Vermeidung von Rechtsverletzungen beispielsweise im Bereich des Titel- und Markenrechts zulässig sein[710].

i) Änderung unter Berücksichtigung der Interessen Dritter

Leicht anders liegt der Fall, wenn für die eigentliche Veränderung keine Notwendigkeit besteht. In diesen Fällen greift der Eigentümer aufgrund anderer Interessen in die Werkintegrität ein. Besteht keine Notwendigkeit aufgrund gesetzlicher oder behördlicher Anordnung aufgrund eines Gesetzes, so kann grundsätzlich nach den allgemeinen Regeln verfahren werden, indem die Einzelinteressen gewichtet und gegeneinander abgewogen werden. Eine Besonderheit besteht aber in den Fällen, in denen der Eigentümer verpflichtet ist, mit seinem Eigentum besondere ihm auferlegte Pflichten zu erfüllen. So besteht etwa für die Deutsche Bahn die Pflicht aus §§ 3 und 4 AEG, eine moderne und funktionsfähige Infrastruktur zu schaffen[711]. Die Bahn ist daher verpflichtet, Interessen Dritter – nämlich der Öffentlichkeit – neben ihren Eigentümerinteressen in ihr Handeln mit einzubeziehen, wie dies etwa bei Stuttgart 21 geschehen ist. In einem solchen Fall hat der Gesetzgeber, wenn eine Maßnahme erforderlich erscheint und sie keine Entstellung darstellt, die Abwägungsentscheidung derart vorbestimmt, dass er anordnet, dass die Urheberinteressen hier hintangestellt werden müssen. Anders könnte bei einer erforderlichen Veränderung des Werkstücks der verpflichtete Eigentümer nämlich seine Pflicht nicht erfüllen. Grenze bleibt hier hingegen weiter der absolute Entstellungsschutz des UPR in seiner verfassungsmäßigen Konstruktion. Dieser zwingt die Gerichte zur verfassungskonformen Auslegung solcher Normen, die den Eigentümern Pflichten zum Drittinteressenschutz auferlegen.

---

708 OLG Celle in ZUM 1994, 437, 438 – durch und durch; F/N-Dustmann, § 14 UrhG, Rn 70.

709 Riesenkampff, S. 123; Schöfer, S. 105.

710 F/N-Nordemann, § 39 UrhG, Rn 24, 25, mit Bezug auf den Nutzungsberechtigten. Für die Eigentümer kann allerdings nichts Anderes gelten.

711 OLG Stuttgart in GRUR-RR 2011, 56, 60 – Stuttgart 21.

j) Änderung bei sonstigen gesetzlichen Änderungsverboten wie dem Denkmalschutz

Hält man wie eben dargelegt die Beachtung von gesetzlichen Geboten, die den einzelnen Eigentümer treffen, für die Abwägung der widerstreitenden Interessen für beachtlich, so stellt sich die Frage wie sich gesetzliche Verbote der Änderung einer Sache außerhalb des urheberechtlichen Änderungsverbots auf die hier fragliche Abwägungsentscheidung auswirken. Vor allem denkmalschutzrechtliche Änderungsverbote zu Lasten der Eigentümer können hier von Belang sein. Fraglich ist, ob ein solches denkmalschutzrechtliches Änderungsverbot sich auf die Abwägungsentscheidung überhaupt auswirkt. Das wäre immer dann der Fall, wenn vom Denkmalschutz Rechtswirkungen ausgingen, die die Sacheigentums- oder die Urheberrechtsposition beeinflussen würden. Hierbei ist festzustellen, dass eine Beeinflussung der Urheberrechtsposition durch den Denkmalschutz ausgeschlossen ist. Wie bereits oben festgestellt, entspricht dies auch der gesetzlichen Intention das Urheberrecht nicht zu kulturkonservatorischen Zwecken zu gebrauchen[712]. Des Weiteren wird eine Sache durch öffentlich rechtlichen Akt erst zum denkmalschutzrechtlichen Gegenstand erhoben. Mit dem Schöpfungsakt, dem Werkcharakter und dem geistig, ideellen Band des Urheberrechts und des Urhebers zu seinem Werk, haben denkmalschutzrechtliche Interessen am Erhalt des im Werk möglicherweise enthaltenen Kulturgutes nichts zu tun.

Die einzige Möglichkeit des Einbezugs des Denkmalschutzes in die Abwägung der Eigentümer- gegenüber den Urheberinteressen ist demnach eine Rechtswirkung solcher sonstigen gesetzlichen Änderungsverbote wie des Denkmalschutzes auf die Eigentumsposition. An dieser Stelle kann vorweg festgestellt werden, dass der Denkmalschutz der die Möglichkeiten des Eigentümers im Umgang mit seinem Eigentum öffentlich-rechtlich beschränkt, keinesfalls die Eigentumsposition zu stärken vermag, sodass generell Privilegierungen der Interessen der Eigentümer gegenüber der Urheberschaft im Falle sonstiger gesetzlicher Änderungsverbote ausscheiden. Möglich erscheint allenfalls eine Schwächung der Eigentumsposition gegenüber dem Urheber durch solcherlei Verbotssituationen, die quasi spiegelbildlich zur Privilegierung für die oben angeführten Fälle der gesetzlichen Gebote wirken würde. Dann müsste der Gesetzgeber mit dem Erlass des Verbots die Abwägungsentscheidung mit vorbestimmt haben, wie er dies beim Erlass eines Gebots im obigen Sinne getan hat. Eine solche Annahme erscheint hier aber problematisch. Zum einen scheint es schon fraglich, ob an-

---

712 Siehe S. 40 ff..

ders als bei einem im Zweifel zur Handlung zwingenden Gebot, eine Vorentscheidung für eine Abwägung im Verbotsfall überhaupt vorliegt, da die Einhaltung des sonstigen gesetzlichen Änderungsverbots durch schlichte Nichtänderung – also durch einfache Nichthandlung – verwirklicht werden kann. Denn der Denkmalschutz verpflichtet den betroffenen Eigentümer keinesfalls zum Erhalt des Bestands seines Eigentums. Zum anderen wirkt auch für die Eigentumsposition die Feststellung, dass das Urheberrecht keine kulturkonservatorische Komponente enthält, fort. Denn der Denkmalschutz wirkt öffentlich rechtlich zwischen dem Eigentümer und dem Staat. Keinesfalls beeinträchtigt er die privatrechtliche Eigentumsposition des Eigentümers gegenüber privaten Dritten. Um ein solches rein privatrechtliches Konfliktverhältnis geht es aber hier. Regelt der Gesetzgeber mit einem Handlungsgebot jegliches Verhältnis des Eigentümers zu Dritten, so ist dies beim Denkmalschutz und sonstigen öffentlich-rechtlichen Änderungsverboten nicht der Fall. So können sich Nachbarn bei der Veränderung eines denkmalschutzrechtlich geschützten Gebäudes nicht ohne Weiteres auf die Verletzung denkmalschutzrechtlicher Normen durch den sein Eigentum verändernden Nachbarn berufen. Dies steht nur dem öffentlich-rechtlich Berechtigten zu. Die Situation eines sonstigen öffentlich-rechtlichen Änderungsverbots ist mit der eines öffentlich-rechtlichen Gebots somit nicht vergleichbar, weswegen eine spiegelbildliche Anwendung der hierzu oben dargelegten Grundsätze ausscheidet. Es fehlen für die hier durchzuführende Abwägung relevante Rechtsauswirkungen auf die Eigentumsposition gegenüber dem Urheberrecht.

k) Änderung zur Ausübung von anderen Grundrechten, Parodien

Es sind Fälle wie die des Werkverändernden Parodisten denkbar, in denen der Eingriff in das UPR unter Berufung auf andere Rechtspositionen als das Sacheigentum vorgenommen wird. Für den genannten Fall ist die Meinungs- und Äußerungsfreiheit des Parodisten aus Art. 5 I GG regelmäßig höher zu bewerten als das Integritätsinteresse des Urhebers, weil regelmäßig die Urheberschaft des Parodisten kenntlich und so das geistige Band zwischen Urheber und Grundwerk nicht beeinträchtigt wird[713]. Liegt eine Parodie vor, so ist die weniger strenge Beurteilung der Rechtsprechung bei der Abgrenzung von § 23 UrhG und § 24 UrhG zu beachten[714]. Wie dargestellt, besteht für Parodien aber schon keine Eignung zur Interessengefährdung, sodass es bei einer Parodie auf eine Abwägung nicht mehr ankommt!

713 D/S-Schulze, § 14 UrhG, Rn 24.

714 BGH in GRUR 1994, 191, 193 – Asterix Persiflagen; BGH in GRUR 1994, 206, 208 – Alcolix; Schricker-Dietz, § 14 UrhG, Rn 11; W/B-Bullinger, § 14 UrhG, Rn 39.

Ergeben sich Konstellationen, in denen Änderung zur Ausübung anderer Grundrechte durchgeführt werden – etwa aus Glaubensgründen oder Gründen der beruflichen Tätigkeit, so gehen diese nicht automatisch dem Urheberrecht vor. Vielmehr steht ihnen auch hier das UPR in vollem Umfang entgegen. Vor allem die allgemeinen Kriterien zu Abwägung werden in solchen Fällen eine herausragende Rolle spielen. Dazu treten muss aber stets auch eine Analyse der infrage stehenden gegenläufigen Rechtsposition. Pauschale Urteile über den Ausgang einer solchen Abwägungssituation können daher nicht vorab getroffen werden. Es bedarf einer detaillierten Einzelfallbetrachtung.

l) Änderung zur Schaffung oder Erhaltung eines neuen Werkes
In der Vergangenheit beschäftigten auch Fälle die Gerichte, in denen die Eigentümer auf Basis des in ihrem Eigentum befindlichen Werkes ein neues Werk schafften. Die Urheber wandten sich hiergegen und verlangten regelmäßig Beseitigung des neu geschaffenen Werkes. Auch hier ist das Interesse an der Erhaltung eines durch Änderung neu geschaffenen Werkes durch den Eigentümer mit den Urheberinteressen des Urhebers des Ursprungswerkes abzuwägen. Allgemein hat das Urheberrecht für solche Fälle auch die Regeln der §§ 23 und 24 UrhG geschaffen. Ergibt sich zwischen neuem und alten Werk für den Betrachter eine Einheit, so überwiegt das Urheberinteresse des Urhebers des Ursprungswerkes. Er muss sich die fremde Gestaltung nicht zurechnen lassen, da hierin eine grundlegende Störung der von ihm allein zu bestimmenden Beziehung zu seinem Werk zu sehen wäre[715]. Demgegenüber ist die Frage nach dem Erhaltungsinteresse am neuen Werk keine in der Interessenabwägung hier zu behandelnde Frage. Vielmehr ist sie eine Frage der Zumutbarkeit des Beseitigungsanspruchs, der sich aus dem Überwiegen der Urheberinteressen gegenüber den Eigentümerinteressen auf der Rechtsfolgenseite ergeben kann. Der Erhalt des neuen Werkes ist nämlich ein abwehrendes Interesse des Eigentümers, das keine Aussage darüber treffen kann, ob die Änderungshandlung an sich eine Rechtsverletzung gegenüber dem UPR darstellt, da dieses spezifische Eigentümerinteresse erst mit Vollendung der vermeintlichen Rechtsverletzung als neues Bestandsinteresse entsteht. Gegenstand der an dieser Stelle durchgeführten Untersuchung ist aber die Abwägung der zur Änderung motivierenden Interessen auf ihre Stärke gegenüber den UPR-Interessen. Zur Zumutbarkeit von Rechtsfolgen wird später noch separat im Rechtsfolgenkapitel einzugehen sein.

715 BGH in GRUR 1999, 230, 232 – Treppenhausgestaltung; BGH in GRUR 1974, 675, 675 – Schulerweiterung; W/B-Bullinger, § 14 UrhG, Rn 36.

m) Änderung aus Gründen des Allgemeinwohls, Werkstücke der öffentlichen Hand

Teilweise wurde behauptet, dass bei Werken der öffentlichen Hand und all solchen Werken, die dem Allgemeinwohl mit ihrem Gebrauchszweck dienen, den Eigentümerinteressen ein besonderes Gewicht zukommt[716]. Diese These unterstützt auch die Auffassung, dass das Urheberrecht insgesamt ein Recht mit sozialer Dimension sei[717]. Indes sind Gründe für diese Theorie aus der Lage des Gesetzes nicht ersichtlich. Die deutsche Rechtsordnung unterscheidet gerade nicht zwischen öffentlichen und privaten Eigentümern dergestalt, dass eine der beiden Seiten gegenüber der anderen privilegiert wäre. Anderes kann sich nur ergeben, wenn die Eigentümer solcher dem Allgemeinwohl dienenden Werkstücke, wie oben beschrieben, durch ein Gesetz auf die Beachtung eines Allgemeinwohlinteresses im konkreten Handlungsfall und nicht nur unbestimmt pauschal verpflichtet sind[718]. Nur in einem solchen Fall wird das Drittinteresse zum eigenen Interesse, das seinen Einfluss etwa auf das Gebrauchsinteresse der Eigentümerschaft haben kann, wie bereits dargestellt. Pauschale Vorrangigkeit bleibt demgegenüber dogmatisch unbegründbar und damit abzulehnen. Das Gleiche gilt erst recht dann, wenn Privaten, wie etwa Religionsgemeinschaften, unterstellt wird, dass ihre Interessen denen des Gemeinwohls entsprächen[719]. Erstens stimmt diese Auffassung in einer Gesellschaft, in der der weitaus größte Teil der Bevölkerung keiner einheitlichen Religionsgemeinschaft oder sogar gar keiner Religionsgemeinschaft angehört, selbst soziologisch längst nicht mehr, und zweitens änderte dies nichts daran, dass die Religionsgemeinschaften nur zur Wahrung ihrer eigenen Interessen verpflichtet sind. Globale Interessen Dritter wie die des Allgemeinwohls können sie keinesfalls für sich als Eigeninteressen in Anspruch nehmen.

716 BGH in GRUR 1974, 675, 676 – Schulerweiterung; Jestaedt, S. 100; Riesenkampff, S. 123.

717 BVerfG in GRUR 1980, 44 ff. – Kirchenmusik; Mizdalski, S. 42, 49, der dies aus dem Übergang des Werkes in ein Gemeingut nach Ablauf der Schutzfrist ableitet und verkennt, dass dem Urheberrecht hieraus keinesfalls eine soziale, sondern vielmehr eine kulturelle Funktion und Dimension zu Teil wird, wie sie auch schon während der Schutzdauer in den §§ 23, 24 UrhG abzulesen ist. Das UPR hat gerade keine soziale Funktion. Ob die Verwertungsrechte in ihrer Ausgestaltung Art. 14 II GG unterfallen, ist hierbei eine gesondert zu stellende Frage.

718 Siehe S. 138.

719 So wohl zu verstehen: BVerfG in GRUR 1980, 44 ff. – Kirchenmusik.

n) Änderungen aus Glaubensgründen

Abschließend bleibt noch zu erörtern, wie mit Änderungen aus Glaubensgründen umzugehen ist. Diese können von Einzeleigentümern gleichermaßen wie von Eigentümern durchgeführt werden, die im Namen einer Religionsgemeinschaft handeln. Fraglich ist schon, ob grundsätzliche Unterschiede zwischen weltlichen und religiösen Veranstaltungen und dem damit befassten Eigentum bestehen, die eine unterschiedliche Beurteilung nicht nur rechtfertigen, sondern gebieten[720]. Die oben durchgeführte Analyse der Glaubensfreiheit des Art. 4 I und II GG und des kirchlichen Selbstbestimmungsrechts aus Art. 140 I GG i. V. m. Art. 137 III WRV hat diese Frage bejahend beantwortet[721]. Bei Änderungen aus Glaubensgründen kommt es schon für die Frage der Erforderlichkeit des Eingriffs demnach auf das Selbstverständnis des Eigentümers in diesen Fragen an. Nach substanziierter Darlegung desselben haben sich die Gerichte einer inhaltlichen Bewertung also zu enthalten[722]. Eigentümer ist bei Glaubensgemeinschaften hierbei nicht die Gesamtorganisation, sondern im Regelfall die das Werkstück nutzende Gemeinde, sodass es auf die Auffassung von deren Leitungsorgane ankommt[723]. Für sakrale Eigentumsgegenstände generell besteht ein zusätzlich starker Eigentumsschutz. In der logischen Folge bedeutet dies, dass – wenn die Glaubensüberzeugung substantiiert, also objektiv schlüssig erfolgt ist – die Änderungsmaßnahme immer erforderlich ist und, soweit sie keine Entstellung darstellt, auch immer angemessen im Sinne der Gesamtabwägung erscheint, da die Umgestaltung für die Gemeinde oder den Einzeleigentümer für die generelle Brauchbarkeit des Werkes in diesem Fall konstitutiv ist. Hier sind also unmittelbar das Recht auf Glaubensfreiheit in seiner Ausübung und der Kernbereich der Eigentumsgarantie gleichermaßen betroffen, sodass dem Urheber nur noch der absolute Entstellungsschutz verbleibt. Erst wenn sich aus dem Sachvortrag des Eigentümers ergibt, dass die Änderungsmaßnahme nicht im Glaubenssinne notwendig, sondern nur wünschenswert ist, bestehen im Bereich der Erforderlichkeit und der Angemessenheit der Maßnahme für die Gerichte Bewertungsspielräume, die diese auszuschöpfen haben. Wie schon bei Änderungen aufgrund von Gebrauchsinteressen ist also auch hier zwischen notwendigen und anderen Änderungsmaßnahmen durch die Eigentümer zu unterscheiden.

---

720 Mit Bezug auf den Charakter von weltlichen und kirchlichen Veranstaltungen: BVerfG in GRUR 1980, 44, 47 – Kirchenmusik.

721 Siehe S. 87 ff..

722 BVerfG in NJW 2002, 663; 666 – Schächten; BGH in GRUR 2008, 984, 987 – St. Gottfried.

723 BGH in GRUR 2008, 984, 987 – St. Gottfried; Sachs-Ehlers, Art. 140 GG i. V. m. 137 WRV, Rn 6.

Änderungsmaßnahmen, die nicht notwendig sind, sind daher beispielsweise so zu behandeln wie Änderungen aus ästhetischen Interessen oder Zweckänderungshandlungen, die auf einer für die Eigentümer niedrigeren Interessenschutzstufe angesiedelt sind.

6. Allgemeine Grundsätze für die Gewichtung der Individualinteressen

Nachdem die Individualinteressen im Einzelnen angesprochen wurden, soll nun auf die Frage ihrer Gewichtung unter Beeinflussung allgemeiner Grundsätze eingegangen werden.

a) Eingriffsintensität

Zunächst ist festzuhalten, dass das Urheberinteresse an der Werkintegrität richtigerweise mit der Eingriffsintensität steigt[724]. Die Eingriffsintensität steigt hierbei auch mit der Zahl der veränderten Werkstücke[725]. Diese Überlegung ist nicht zuletzt hierdurch begründbar, dass eine geringe Beeinträchtigung, die das Urheberinteresse an der Integrität des Werkes kaum berührt, da sie kaum zu erkennen ist, logischerweise die Urheberschaft weniger zu beeinflussen vermag als Entstellungen des Werkes, die dessen inhaltlichen Gesamteindruck völlig verzerrt wiedergeben. Ein Urheber wird immer ein großes Interesse haben, stärkere Eingriffe in sein Werk verbieten zu können. Eingriffe nahe an der Bagatellgrenze hingegen rechtfertigen demgegenüber keinerlei erhebliche Verbietungsrechte gegenüber der Eigentümerschaft.

Je mehr sich der Eingriff in gemeinfreie, inhaltliche oder vorgegebene Elemente des Werkstücks erstreckt, umso mehr kann er durch die berechtigten Interessen des Eigentümers gerechtfertigt sein. Umgekehrt sind Eingriffe in den geistigen Gehalt des Werkes oder in seine individuellen Züge verstärkt rechtfertigungsbedürftig[726]. Die Änderung von Elementen ohne Anteil an der schöpferischen Werkgestaltung muss daher zulässig sein[727].

---

724 BGH in GRUR 2008, 984, 986 – St. Gottfried; BGH in GRUR 1999, 230, 231 – Treppenhausgestaltung; BGH in GRUR 1974, 675, 675 – Schulerweiterung; Federle, S. 52; Goldmann in GRUR 2005, 639, 643; Honscheck in GRUR 2007, 944, 947; Riesenkampff, S. 126; Schöfer, S. 86; Löwenheim-Dietz/Peukert, § 16 UrhG, Rn 112; D/S-Schulze, § 14 UrhG, Rn 31; Schricker-Dietz, § 14 UrhG, Rn 30.

725 Honscheck in GRUR 2007, 944, 947; F/N-Dustmann, § 14 UrhG, Rn 29.

726 D/S-Schulze, § 14 UrhG, Rn 31; F/N-Dustmann, § 14 UrhG Rn 29; Schricker- Dietz § 14 UrhG, Rn 30.

727 BGH in NJW 1971, 556, 557 – Farbanstrich.

b) Eingriffsöffentlichkeit

Den Grad der Eingriffsöffentlichkeit kann man auch als Sonderfall der steigenden Eingriffsintensität betrachten. Das Ansehen des Urhebers, das sich durch das Werk ergibt, wird nämlich umso höher tangiert, umso stärker das beeinträchtigte Werk in die Öffentlichkeit tritt[728]. Das mit dem Werk verbundene Rufinteresse des Urhebers wird hierdurch gesteigert. Das steigende Rufinteresse wiederum spiegelt sich wider in einem mit der Eingriffsöffentlichkeit gleichsam ansteigenden Integritätsinteresse der Urheberschaft. So ist die Veränderung einer ganzen Auflage von Büchern beispielsweise jenseits nutzungsrechtlicher Fragen für den Urheber viel erheblicher als von wenigen.

c) Erststückseingriff

Wie oben dargestellt[729], ist ein Unterschied zwischen Eingriffen in Erst- und Vervielfältigungsstücke rechtlich unbegründbar, weswegen eine gesteigerte Eingriffsintensität aufgrund eines Eingriffs in ein Erststück ebenfalls rechtlich unbegründbar ist. Dies gilt insbesondere für das Argument, dass bei Werken der angewandten Kunst dem Erstwerk oder Original aufgrund dessen eine besondere Bedeutung zukomme, weil es nicht wie Werke der bildenden Kunst, etwa der Literatur, auf Vervielfältigung angelegt sei[730]. Eine solche Differenzierung mag zwar den Wertungen des Kunstmarktes entsprechen, der für Originale einen höheren Preis zu zahlen bereit ist als für Nachdrucke. Dem deutschen Urheberrecht indes ist eine solche Wertung nicht zu entnehmen. Sie ergibt sich weder aus den Grundsätzen des Urheberrechts selbst noch aus den einfachgesetzlichen Wertungen des UrhG von 1965. Vielmehr erscheint die Überlegung auch sachlich falsch. Wenn das UPR nämlich persönliche und geistige, also ideelle Interessen des Urhebers mit und an seinem Werk schützt, so spiegeln sich diese nicht minder in sämtlichen Vervielfältigungsformen wider[731]. Zu einem erhöhten Schutzbedürfnis beim Erststück kommt man nur, wenn man ein vom Urheber ausgehendes geschütztes Interesse an der Werksubstanz annimmt, da diese beim Erststück vom Urheber mitgeprägt wird und insofern für ihn ein besonderer emotionaler Bezug bestehen könnte. Mag ein solches Interesse auf Urheberseite auch

---

728 Federle, S. 55; Honscheck in GRUR 2007, 944, 947; W/B-Bullinger, § 14 UrhG, Rn 20.

729 Siehe S. 28.

730 Schöfer, S. 117.

731 Dagegen: Schöfer, S. 118; D/S-Schulze, § 14 UrhG, Rn 25; zutreffend aber im Ergebnis: M/N-Ahlberg, § 6 UrhG, Rn 33, der richtigerweise auch aufgrund § 2 II UrhG keinen rechtlichen Unterschied zwischen eine Werkoriginal und einer Vervielfältigung entdecken kann und ausführt: „Das vorgefertigte Gipsmodell gibt nämlich das Werk genauso wieder, wie die daraufhin gefertigte Bronzeplastik.“

bestehen, so ist es nach den oben zum UPR gemachten Ausführungen aber jedenfalls nicht vom Urheberrecht geschützt. Das UPR schützt gerade nicht die Werksubstanz. Wäre dies so, müsste auch die Werkvernichtung eine Beeinträchtigungshandlung im Sinne des UPR als Substanzverletzung sein. Wie oben gezeigt, ist dies gerade nicht so[732]. Hieraus wird erneut ersichtlich, dass nicht die Substanz oder der Eingriff in diese für den Schutz des Urhebers durch sein UPR entscheidend ist. Schutzgegenstand ist das Immaterialgut Werk und der Urheber in seinen Beziehungen hierzu, soweit diese vom UPR erfasst sind. Ein qualitativ besonderer und rechtsintensiverer Original- oder Erststücksschutz besteht daher gerade nicht. Auch spricht hiergegen nicht der Einwand, dass sich ein qualitativer Unterschied zwischen Erst- und Vervielfältigungsstücken hieraus ergebe, dass beim Verlust des Erststücks der Schaden für den Urheber im Gegensatz zum Verlust einer Vervielfältigung irreparabel sei[733]. Vielmehr verkennt auch diese Auffassung den Schutzgegenstand des Urheberrechts und seinen Schutzzweck. Kulturkonservatorisch soll das Urheberrecht nicht wirken. Das UPR schützt, wie festgestellt, das Immaterialgut und die persönlich-geistigen Urheberinteressen. Beide sind gleichermaßen von den beschriebenen Fällen erfasst und für den Fall der vollständigen Werkvernichtung ohnehin nicht einschlägig, wie aufgezeigt. Denkmalschutzrechtliche und kulturkonservatorische Aspekte sind von urheberechtlichen zu trennen.

d) Unikateingriff

Eingriffe in Unikate, also einzig bestehende Erststücke oder letztverbliebene Vervielfältigungsstücke sollen ebenfalls ein hohes Integritätsinteresse bei der Urheberschaft begründen[734]. Grund hierfür sei, dass das Werk durch die Änderungshandlung in seinem ursprünglichen Charakter für die Nachwelt hierdurch verloren ginge. Der Eingriff sei daher irreversibel[735]. Dem ist entschieden entgegenzutreten. Zunächst ist festzuhalten, dass eine Werkvernichtung ebenfalls in einem solchen Fall irreversibel wäre, diese aber – wie aufgezeigt – zulässig ist, sodass die Irreversibilität des Eingriffs grundsätzlich keine Rolle spielen kann. Eine Erhöhung des Integritätsinteresses durch einen Unikateingriff ist weiter gerade nicht festzustellen. Vielmehr wird das Interesse der Urheber am Erhalt des Werkes hiervon betroffen sein. Das Erhaltungsinteresse ist aber, wie bereits dar-

---

732 Siehe S. 38 ff..

733 So aber: Grohmann, S. 118.

734 Honscheck in GRUR 2007, 944, 947; Riesenkampff, S. 56.

735 D/S-Schulze, § 14 UrhG, Rn 31; Schricker-Dietz, § 14 UrhG, Rn 31; W/B-Bullinger, § 14 UrhG, Rn 19.

gelegt, keinesfalls Teil des UPR, sondern Sache des kulturkonservatorischen Denkmalschutzes. Auch die Eigentümer können sich, wie ebenfalls dargelegt, nur auf ihre Bestandsinteressen gegenüber den Urhebern zurückziehen. Erhaltungsinteressen haben in der Abwägung der Urheber- und Eigentümerinteressen keinen Raum. Sie stellen sachfremde Erwägungen dar. Ein Unikateingriff tangiert den Ruf des Urhebers und sein abstraktes Integritätsinteresse im persönlichen und ideellen Sinne daher nicht mehr als eine Veränderungshandlung an jedem Vervielfältigungsstück.

e) Gestaltungshöhe

Das Urheberinteresse an der Werkintegrität hingegen steigt mit der Gestaltungshöhe des Werkes gegenüber dem Eigentümerinteresse an[736]. Die Gestaltungshöhe ist auch hier nicht mit ästhetischen Aspekten oder dem künstlerischen Rang zu verwechseln, da auch dem Betrachter als wenig ästhetisch erscheinende Werke einen hohen Grad an Individualität aufweisen können[737]. Allein hierauf kommt es richtigerweise, wie bereits oben beim Werkbegriff ausgeführt, an[738]. Baut ein Eigentümer beispielsweise ein Gebäude niedriger Gestaltungshöhe, etwa ein einfaches Mietshaus um, so kann der Urheber seine Interessen gegenüber dem Eigentümer schon unabhängig von dessen berechtigten Änderungsinteressen und deren individuellen Schwere viel seltener durchsetzen, als er dies bei einem Werk hoher Gestaltungshöhe könnte - etwa einem Gebäude des späten Jugendstils mit vielerlei Fassadengestaltung und Struktur oder anderweitigen, schöpferischen Elementen.

f) Kosten der Rückgängigmachung

Teilweise wurde vertreten, dass das Eigentümerinteresse das urheberrechtliche überwiege, wenn die Kosten für die Rückgängigmachung einer Änderungshandlung als unzumutbar anzusehen wären[739]. Entgegen der in der maßgeblichen Entscheidung angeführten Gründe lässt sich dies aber allenfalls über Bestandsinteressen der Eigentümer, keinesfalls aber über nicht schutzfähige Erhaltungsinteressen begründen. Zudem erscheint der Ansatz sehr fraglich. Nimmt der Eigen-

---

736 BGH in GRUR 2008, 984, 986 – St. Gottfried; BGH in GRUR 1974, 675, 676 – Schulerweiterung; OLG Frankfurt in BauR 1986, 466, 466; Federle, S. 54; Honscheck in GRUR 2007, 944, 947; Riesenkampff, S. 125; Schöfer, S. 96; D/S-Schulze, § 14 UrhG, Rn 31; v. Gamm § 39 UrhG, Rn 8; Löwenheim-Dietz/Peukert, § 16 UrhG, Rn 112.

737 BGH in GRUR 1961, 635, 638 – Stahlrohrstuhl; Schöfer, S. 98, 99.

738 Siehe S. 5 ff..

739 BGH in GRUR 1999, 239, 232 – Treppenhausgestaltung; OLG München in ZUM 1996, 165, 167; W/B-Bullinger, § 14 UrhG, Rn 36.

tümer entgegen dem grundsätzlichen urheberrechtlichen Änderungsverbot Änderungshandlungen vor, so muss er die Notwendigkeit seines Handelns und dessen Rechtmäßigkeit aus seiner Rechtsposition als Eigentümer begründen können. Finanzielle Interessen der Eigentümerschaft werden aber richtigerweise vom Sacheigentum, wie dargelegt, nicht erfasst. Insofern steht die Behauptung, dass solcherlei Interessen in den genannten Fällen Beachtung finden müssten, da der im Einzelfall nötige Rückbau etwa bei Bauwerken zu hohen Kosten führen könne, „auf tönernen Füßen“. Vielmehr eröffnet eine solche Unzumutbarkeitsrechtsprechung dem Eigentümer gegenüber den Urhebern ein unzulässiges Änderungsrecht. Gerade im Bereich der Bauwerke sind die mit Änderungen verbundenen Kosten oft sehr hoch. Im Hinblick auf die Urheberinteressen, die gerade bei durchschnittlich individuellem, aber noch schutzfähigem Bauschaffen ebenfalls als nicht überragend anzusehen wären, würde das Urheberrecht unter der Annahme einer solchen Rechtsprechungspraxis dazu führen, dass nur noch bei Werken extremer Gestaltungshöhe eine Zumutbarkeit des Rückbaus gegeben wäre. Der Ansatz geht daher fehl. Denn ändert der Eigentümer eines größeren Verwaltungsgebäudes durchschnittlicher Gestaltungshöhe das Gebäude und passt dieses seinen Bedürfnissen etwa aus rein wirtschaftlichen Gründen an, die sonst für die Abwägung unbeachtlich wären, wären die Kosten des Rückbaus regelmäßig derart beachtlich, dass sie im Einzelfall für das Vermögen des Eigentümer sogar erdrosselnde Höhen erreichen könnten. Mit diesem Argument könnten sich Eigentümer dann oft und unter Umgehung des Urheberrechts auf ein faktisches, annähernd universelles Änderungsrecht berufen. Richtig alleine ist, dass bei solchem Bauschaffen die Eigentümerinteressen etwa über den Gebrauchszweck meist gegenüber den Urheberinteressen überwiegen. Überwiegen aber die Eigentümerinteressen nach gerichtlich objektiver Klärung nicht, beruft sich der Eigentümer auf sachfremde Erwägungen oder nicht schutzfähige Interessenlagen, so ist ein Eigentümerschutz über den Umweg der Unzumutbarkeit der Rechtsfolge schlichtweg rechtsmissbräuchlich. Der Eigentümer kann vielmehr wählen, wie er den rechtswidrigen Zustand beenden will. Er muss nicht zwingend das Werk in seiner ursprünglichen Form zu hohen Kosten wiederherstellen. Es bleibt ihm vielmehr die Möglichkeit, auch das Werk dergestalt herzurichten, dass seine Eigentümerinteressen nunmehr durch die konkrete Änderung die Urheberinteressen überwiegen. Insgesamt ist es auch rechtspolitisch nicht einzusehen, warum Eigentümer, die die Urheber vor Werkveränderungen konsultieren und in den Prozess der Änderung mit einbeziehen, sich also zurücknehmen und Kompromisse eingehen, im Ergebnis schlechter behandelt werden sollten als solche Eigentümer, die Änderungen ungefragt in erheblichem

Umfang vornehmen und sich danach ggf. auf eine Unzumutbarkeit der Rechtsfolge berufen könnten[740]. Die Kosten für die Rückgängigmachung einer Maßnahme können daher keinesfalls das Eigentümerinteresse gegenüber dem Urheberinteresse steigern.

g) Verbrauchte Aufwendungen

Ähnlich wie bei der Frage der Beachtlichkeit der Kosten der Rückgängigmachung einer Eigentümermaßnahme wurde zum Thema der verbrauchten Aufwendungen argumentiert. Der Eigentümer habe hieran ein schutzwürdiges Interesse, diese zu erhalten, insbesondere wenn sich der Urheber erst nach dem Beginn der Durchführung der Maßnahme melde[741]. Hieran ist zweierlei zu bemängeln. Zunächst ist dieses Kosteninteresse als finanzielles bzw. wirtschaftliches Interesse, wie bereits mehrfach dargelegt, nicht durch den Eigentumsbegriff des Art. 14 I GG erfasst und geschützt. Weiter führt auch diese Annahme, wie schon bei der zuvor angesprochenen, problematischen Zumutbarkeitsrechtsprechung zu den Kosten einer ggf. nötigen Rückgängigmachung der Eigentümermaßnahme, zu rechtspolitisch unbilligen Ergebnissen, weil „unfaire" Eigentümer gegenüber solchen bevorteilt werden, die mit der Urheberschaft zuvor das Gespräch suchen. Insofern stellt richtigerweise auch diese Überlegung eine sachfremde und rechtlich unbeachtliche Erwägung dar. Allenfalls kommt die Anwendung des Verwirkungsgrundsatzes zugunsten der Eigentümer in Betracht, wenn sich der Urheber allzu lang trotz Kenntnis von der Änderungsmaßnahme und ihrem Ausmaß hiergegen nicht zur Wehr zu setzen versucht und etwa absichtlich das Ende der Maßnahme abwartet[742].

7. Erwägungen ohne Belang

Aus dem Gesagten ergibt sich sodann, dass einige Erwägungen und Interessensituationen für die Angemessenheitsprüfung vorliegend ohne Belang sind. Zu

---

740 Das Problem wird auch von Bullinger in W/B-Bullinger, § 14 UrhG, Rn 36 und Riesenkampf, S. 128, gesehen. Ersterer will aber grundsätzlich von einer Möglichkeit der Unzumutbarkeit als Kriterium der Interessensabwägung ausgehen, wenn der Eigentümer den Urheber vor der Änderung konsultiert und eingebunden hat. Dies stellt aber eine unzulässige Vermischung dar. Die Interessensabwägung ist ein Teil der Rechtmäßigkeitsprüfung. Die Frage der Zumutbarkeit der Gewährung eines Beseitigungsanspruchs ist aber allein eine Frage der gerichtlichen Rechtsfolgenauferlegung und tangiert das „Ob" der Rechtmäßigkeit einer Maßnahme nicht! Riesenkampf ist daher im Ergebnis zuzustimmen.

741 Honschek in GRUR 2007, 944, 948.

742 Honschek in GRUR 2007, 944, 948.

nennen sind vor allem die sachfremden Erwägungen, zu denen auch das Interesse an der raschen Beilegung des Rechtstreits gehört[743]. Weiter zu nennen sind finanzielle und wirtschaftliche Interessen der Eigentümer. Insbesondere gehören hierzu auch Interessen am Erhalt erbrachter Aufwendungen und Kostenersparnisinteressen im Hinblick auf einen etwa nötigen Rückbau von ansonsten rechtswidrig vorgenommenen Eigentümermaßnahmen. Darüber hinaus ist auch das Berufen auf eine ergangene Baugenehmigung eine sachfremde Erwägung, da diese bestehende Urheberrechte gar nicht zum Inhalt hatte[744]. Auch Erhaltungsinteressen aus kulturkonservatorischen Gründen sind unbeachtlich. Das Gleiche gilt für die Frage, ob in ein Erststück oder Unikat eingegriffen wurde. Auch sind Interessen der Urheber an ihrem Gesamtwerk – als durch das Urheberrecht nicht geschützt – unbeachtlich.

8. Sonderfall: Der Urheber als Beauftragter

Teilweise wurde zwischen dem Urheber als Beauftragtem und dem frei schaffenden Urheber derart durch Rechtsprechung und Literatur unterschieden, als Änderungen insofern an Werken von Urhebern ersterer Gruppe eher zulässig seien als Werke von Letzteren. Der Grund hierfür sei darin zu sehen, dass der beauftragte Urheber mit der Ausübung der Eigentumsinteressen rechnen müsse[745]. Das gelte umso mehr, wenn die Änderung für den dem Urheber bekannten Gebrauchszweck erforderlich sei[746]. Habe bspw. ein Architekt sein Werk für einen fremden Eigentümer schon geschaffen und sei er hierfür entlohnt worden, so müsse er damit rechnen, dass ihm in der Ausübung seines Urheberrechts die fremden Eigentümerinteressen entgegenstünden[747].

Die Vergütung einer urheberrechtlichen Leistung durch den späteren Nutzer und Eigentümer ist eine Selbstverständlichkeit. Aus dieser Selbstverständlichkeit lassen sich gegenüber dem Urheber keine besonderen Rechte ableiten. Vielmehr

---

743 Riesenkampff, S. 127.

744 Riesenkampff, S. 128.

745 Für viele: BGH in GRUR 1974, 675, 676 – Schulerweiterung; W/B-Bullinger, § 14 UrhG, Rn 18.

746 BGH in GRUR 1974, 675, 676 – Schulerweiterung; F/N-Dustmann, § 14 UrhG, Rn 28; W/B-Bullinger, § 14 UrhG, Rn 18.

747 OLG Frankfurt in BauR 1986, 466; leicht einschränkend, aber im Ergebnis ähnlich: OLG Hamm in BauR 1984, 298, 300, mit Bezug auf Zweckbauten, bei denen der beauftragte Urheber stets Gebrauchszweck bedingte Änderungen dulden müsse, wenn durch das Unterlassen der Änderung der Zweck des Gebäudes infrage gezogen werde. Dies sei bspw. besonders dann der Fall, wenn ohne ein das Urheberrecht beeinträchtigendes Anbringen von Jalousien an das Gebäude die Innenhitze über 30 °C steige.

würdigt eine solche Auffassung die Leistung der Urheber herab und verkennt die rechtliche Stellung des Urheberrechts als Eigentum im Sinne des Art. 14 GG. Tatsächlich liegt der Überzeugung von Besonderheiten gegenüber dem im Auftrag schöpfenden Urheber die rechtlich nicht zu fundierende Idee zugrunde, dass das Urheberrecht eines frei Schöpfenden gegenüber dem des mit Gewinnerzielungsabsicht Schöpfenden prinzipiell minderwertig sei und dass die urheberpersönlichkeitsrechtlichen Interessen bei der ersteren Urhebergruppe grundsätzlich mehr im Vordergrund stünden. Diese These lässt sich weder in der Praxis noch durch eine Analyse der urheberrechtlichen Normen belegen. Die Vorhersehbarkeit von eventuellen Änderungsbedürfnissen insgesamt ist keine relevante urheberrechtliche Kategorie, solange sie nicht in einer Änderungsvereinbarung, möglicherweise durch schlüssiges, selbstbindendes Vorverhalten des Urhebers hinreichend konkret bestimmt wurde, wie ebenfalls bereits gezeigt. Dies gilt auch für Änderungen, die dem Gebrauchszweck dienen. Vielmehr haben solche Änderungen vor allem, wenn sie dem Erhalt der Brauchbarkeit einer Sache als solcher dienen, ein eigenes aus der Eigentümerposition herrührendes hohes Gewicht gegenüber den bestehenden Urheberinteressen. Diese können ihrerseits aber keinesfalls deswegen geringer wiegen, weil der Urheber eine Änderungshandlung hätte erahnen müssen. Ein solcher Gedankengang lässt sich möglicherweise aus einem allgemeinen Rechtsgefühl, nicht aber aus den Normen des Urheberrechts oder des Sacheigentums ableiten. Die Gerichte müssen daher der Versuchung widerstehen, einem subjektiven Gerechtigkeitsempfinden zum Durchbruch zu verhelfen, das der Dogmatik des Urheberrechts widerspricht. Der Gesetzgeber ist angehalten, ein spezielles Auftragsurheberrecht zu schaffen, wenn er die oben vorgetragenen Bedenken so weit teilt, dass er davon ausgehen muss, dass es einen rechtlichen Unterschied zwischen Auftragsschöpfer und freiem Schöpfer geben muss. Bisher besteht ein solcher rechtlicher Unterschied jedenfalls nicht.

9. Fazit

a) Kein Interesse überwiegt generell das andere. Maßgeblich für die konkrete Entscheidung sind stets die Umstände des konkreten Einzelfalls, die im Rahmen einer Güter- und Interessenabwägung gegenüberzustellen sind. Insofern lassen sich starre, allgemeingültige Richtlinien, welche Änderungen per se zu gestatten sind, nicht aufstellen. Allerdings können Interessenlagen beschrieben werden,

die regelmäßig den Ausschlag für die eine oder andere Seite ergeben, wenn keine außergewöhnlichen Gegenpositionen zu finden sind.
b) Die Abwägungsentscheidung muss dem Grundsatz der Verhältnismäßigkeit entsprechen. Die jeweilige Eigentümermaßnahme ist daher nur dann keine Rechtsverletzung des UPR, wenn sie einem legitimen Zweck dient und zu dessen Erreichung geeignet, erforderlich und angemessen ist.

c) Für die Eigentümer stellt die Entstellung des Werkes eine absolute Änderungsschranke dar. Ist eine Entstellung das Resultat der Eigentümerhandlung, so ist sie aufgrund der Rückbindung des UPR zu Art. 1 I 1 GG nie zulässig, da Entstellungen den Urheber im Kernbereich seines UPR in seiner Menschenwürde verletzen.

d) Die Interessen des Eigentümers gehen bei Interimslösungen und Provisorien regelmäßig vor. Das gilt umso mehr, wenn der Charakter der Änderungshandlung als solche deutlich erkennbar wird, da in solchen Fällen das urheberrechtliche Änderungsverbot nicht tangiert ist.

e) Unterschiede für die Beurteilung der Angemessenheit einer verändernden Eigentümerhandlung gegenüber dem UPR können sich nicht dadurch ergeben, dass der Eigentümer in ein Originalstück und nicht in eine Vervielfältigung eingreift.

f) Das Bestandsinteresse des Eigentümers setzt sich regelmäßig gegenüber den Urheberinteressen durch, wenn keine Entstellung vorliegt.

g) Die Gebrauchsinteressen der Eigentümer haben gegenüber der Urheberschaft ein hohes Gewicht. Hierbei ist es insbesondere aber zugunsten der Urheber ohne Belang, ob das Werk mit einem Gebrauchszweck geschaffen wurde oder nicht. Vielmehr besteht ein generelles Stufenverhältnis zwischen den Gebrauchserhaltungsinteressen der Eigentümer, ihren Modernisierungsinteressen sowie den am schwächsten geschützten Zweckänderungsinteressen.
Setzt sich das Interesse an der generellen Brauchbarkeit des Werkstücks noch regelmäßig gegenüber der Urheberschaft durch, so müssen Modernisierungen zwar möglich sein, jedoch können sie beim Vorliegen von überdurchschnittlichen Urheberinteressenlagen durchaus unangemessen erscheinen. Das Maß der Durchschnittlichkeit der Urheberinteressen bemisst sich hierbei an den für alle Abwägungen geltenden allgemeinen Grundsätze für die Gewichtung der Indivi-

dualinteressen. Bei durchschnittlichen Zweckbauten werden die Modernisierungsinteressen der Eigentümer daher regelmäßig vorgehen. Zweckänderungsinteressen wiederum kann der Urheber auch ohne den Verweis auf ein überdurchschnittliches Urheberinteresse begegnen.

h) Ästhetische Interessenlagen stellen für die Eigentümer eine schwache Position gegenüber den Urheberinteressen dar. Mit dem Erwerb eines Werkstücks akzeptiert der Eigentümer regelmäßig die Werkform und Werkgestalt, sodass ästhetisch motivierte Änderungen gegenüber der Urheberschaft stets einer besonderen Rechtfertigung bedürfen, da auch keinerlei Verbindung zu Brauchbarkeit oder dem Sachbestand als Kernanliegen des Sacheigentums besteht.

i) Änderungen aus Kostengründen, finanziellen sowie wirtschaftlichen Interessen spielen für die Frage der Angemessenheit einer Eigentümermaßnahme keine Rolle, müssen aber im Bereich der Erforderlichkeit sowie gegebenenfalls bei der Frage der Zumutbarkeit der Rechtsfolge beachtet werden.

j) Liegen bestands- oder gebrauchssichernde Eigentümerinteressen sowie Rechtstreueinteressen vor, so ist dem Eigentümerinteresse gegenüber dem Urheberinteresse regelmäßig der Vorzug zu geben. Gleiches gilt für die Fälle, bei denen der Eigentümer Änderungshandlungen unter Wahrnehmung der Interessen Dritter vornimmt, zu deren Beachtung er gesetzlich verpflichtet ist.

k) Insbesondere Bestandsinteressen an einem neu vom Eigentümer oder in seinem Auftrag fremd geschaffenen Werk finden keinen Eingang in die Angemessenheitsprüfung. Sie sind aber Teil der Prüfung der Zumutbarkeit einer möglichen Rechtsfolge.

l) Die deutsche Rechtsordnung unterscheidet bezüglich des Sacheigentums nicht zwischen privaten oder öffentlichen Eigentümern, sodass Interessen des Allgemeinwohls keinesfalls als Eigentumsinteressen in Anspruch genommen werden können. Eine Ausnahme ergibt sich nur bei konkreten gesetzlichen Anordnungen für den Eigentümer, der ihn auf ein konkretes Gemeinwohlinteresse zur Wahrnehmung verpflichtet. Der Verweis, dass die öffentliche Hand generell im Dienste sämtlicher Allgemeinwohlinteressen zu handeln habe, reicht ausdrücklich nicht aus.

m) Bei Änderungen aus Glaubensgründen muss lediglich die Notwendigkeit der Änderungshandlung vonseiten der Eigentümer substanziiert dargelegt werden. In einem solchen Fall sind die Änderungsmaßnahmen dann immer erforderlich und, soweit sie keine Entstellungen darstellen, auch immer angemessen im Sinne der Gesamtabwägung. Dies ergibt sich vor allem daraus, dass dann die Umgestaltung für die Gemeinde oder den Einzeleigentümer für die generelle Brauchbarkeit des Werkstücks in diesem Fall konstitutiv ist, also ein höchstes Schutzniveau gegenüber den Urheberinteressen genießt.

n) Für alle Abwägungen gelten unabhängig von der individuellen Interessenlage der Beteiligten allgemeine Grundsätze für die Gewichtung der Individualinteressen. Hierzu zählt, dass das Urheberinteresse gegenüber den Eigentümerinteressen generell mit der Eingriffsintensität und der Eingriffsöffentlichkeit sowie der Gestaltungshöhe des Werkes steigt.

o) Das Interesse an der raschen Beilegung des Rechtstreits, finanzielle und wirtschaftliche Interessen der Eigentümer, Interessen am Erhalt erbrachter Aufwendungen und Kostenersparnisinteressen im Hinblick auf einen etwa nötigen Rückbau von ansonsten rechtswidrig vorgenommenen Eigentümermaßnahmen, das Berufen auf eine ergangene Baugenehmigung sowie Erhaltungsinteressen aus kulturkonservatorischen Gründen sind für die Frage der Angemessenheit der Eigentümerhandlung und somit für die Frage der Rechtswidrigkeit des Vorgehens unbeachtlich. Das Gleiche gilt für die Frage, ob in ein Erststück oder Unikat eingegriffen wurde. Auch sind Interessen der Urheber an ihrem Gesamtwerk – als durch das Urheberrecht nicht geschützt – unbeachtlich. Abschließend können sich die Eigentümer nicht darauf berufen, dass der Urheber das im Werkstück verkörperte Werk im Auftrag geschaffen habe und daher seine Interessen aufgrund einer erfolgten Vergütung hintanstehen müssen.

Kapitel 7 – Die Rechtsfolgen einer Verletzung des UPR

Liegt eine Verletzung des UPR aufgrund der dargelegten Prüfung vor oder wäre diese bei späterer Umsetzung der Eigentümerpläne gegeben, so hat der Urheber grundsätzlich mehrere Möglichkeiten. Von Gesetzes wegen kann er vom Eigentümer für den Fall, dass dieser seine Änderungen am Werkstück noch nicht umgesetzt hat, vorbeugend Unterlassen gem. § 97 I 2 UrhG verlangen. Weiter besteht für ihn die Möglichkeit, sich im Wege eines Unterlassungsanspruchs nach § 97 I 1 Fall 2 UrhG vor der Gefahr der sich wiederholenden Rechtsverletzung durch den Eigentümer zu schützen. Hat der Eigentümer seine Maßnahme jedoch schon verwirklicht, so ginge ein Anspruch auf Unterlassung für die bereits erfolgte Rechtsverletzung fehl. In diesem Fall kann der Urheber allerdings einen Beseitigungsanspruch nach § 97 I 1 Fall 1 UrhG geltend machen sowie gem. § 97 II 4 UrhG immateriellen Schadensersatz verlangen. Die angesprochenen Ansprüche der Urheberschaft gegenüber rechtsverletzenden Dritten sollen im Folgenden dargestellt werden.

1. Der Unterlassungsanspruch gem. § 97 I 2 UrhG

Die beiden in § 97 UrhG normierten Unterlassungsansprüche gelten jeweils für Verletzungen der verwertungsrechtlichen Seite des Urheberrechts wie für Verletzungen von Urheberpersönlichkeitsrechten[748]. Lediglich Letztere sind Inhalt dieser Arbeit. Der Anspruch des § 97 I 2 UrhG ist ein vorbeugender Unterlassungsanspruch und erst seit der Enforcement-Richtlinie der EU im Jahr 2008 Inhalt des UrhG geworden[749]. Er war zuvor allerdings bereits lange als gefestigte Rechtsprechung und Analogie zu § 97 UrhG a. F. und § 1004 BGB anerkannt[750]. Mangels zu diesem Zeitpunkt bereits vorliegender Rechtsverletzung ist Kernvoraussetzung des Anspruchs auf Unterlassung in diesem Sinne die konkrete Erstbegehungsgefahr durch den Anspruchsgegner[751]. Sie soll bereits bei allen selbst nur vorbereitenden Maßnahmen bestehen[752], die eine künftige Verlet-

748 Schricker-Wild, § 97 UrhG, Rn 41.

749 F/N-Nordemann, § 97 UrhG, Rn 39.

750 BGH in GRUR 1955, 97, 97 – Constanze II; D/S-Dreier, § 97 UrhG, Rn 39; F/N-Nordemann, § 97 UrhG, Rn 39; Schricker-Wild, § 97 UrhG, Rn 43.

751 BGH in GRUR 2007, 890, 895 – jugendgefährdende Medien bei Ebay; BGH in GRUR 2007, 708, 711 – Internetversteigerung II; im Umkehrschluss: BGH in GRUR 2003, 958, 958 – Paperboy; F/N-Nordemann, § 97 UrhG, Rn 39.

752 BGH in GRUR 1960, 340, 343 – Werbung für Tonbandgeräte; F/N-Nordemann, § 97 UrhG, Rn 39.

zungshandlung durch den Anspruchsgegner nahelegen[753]. Hierzu reicht es schon aus, dass dieser in ähnlichen Fällen die Urheberrechte Dritter oder des Anspruchsinhabers missachtet hat[754], soweit die hiergegen zu richtenden Ansprüche nicht bereits verjährt sind[755].

Besonders im Bereich der Bearbeitungen und Umgestaltungen von Werken muss der Anspruch auf Unterlassung aber jeweils im Antrag an das Gericht oder den Antragsgegner bereits hinreichend beispielsweise in Abbildungen, Verweisen auf Anlagen, aktenkundigen Begebenheiten oder Worten konkretisiert sein. Auf ein generelles Unterlassen jeder Bearbeitung gerichtete Anträge sind daher unzulässig[756]. Auch zu starke Verallgemeinerungen führen daher zur Klageabweisung[757].

2. Der Unterlassungsanspruch gem. § 97 I 1 Fall 2 UrhG

Hat der Eigentümer bereits mit der Umsetzung von rechtswidrigen Änderungsmaßnahmen begonnen oder diese bereits abgeschlossen, so bleibt für vorbeugenden Rechtschutz kein Raum mehr. Infrage kommen sodann nur noch Ansprüche auf Unterlassung von Wiederholungshandlungen, Beseitigung sowie immaterieller Schadensersatz. Wiederholungshandlungen durch Rechtsverletzer sind vor allem bei Verletzern von Verwertungsrechten zu erwarten. Allerdings scheint es nicht ausgeschlossen, dass auch Eigentümer wiederholt mit den in ihrem Eigentum stehenden Werkstücken auf rechtswidrige Weise verfahren und so eine Gefahr zur wiederholten UPR-Verletzung aufseiten der Urheber besteht. Anspruchsvoraussetzungen sind somit für § 97 I 1 Fall 2 UrhG die bereits erfolgte Rechtsverletzung durch den Anspruchsgegner und das Bestehen einer Wiederholungsgefahr, die grundsätzlich durch die bestehende Rechtsverletzung indiziert wird[758]. Das Indiz wird darüber hinausgehend erhärtet, wenn der Verletzer außerhalb der im Prozess üblichen Rechtsverteidigung seine Maßnahme für rechtmäßig hält[759].

---

753 Schricker-Wild, § 97 UrhG, Rn 43.

754 F/N-Nordemann, § 97 UrhG, Rn 39.

755 BGH in GRUR 1994, 57, 58 – Geld-zurück-Garantie; Schricker-Wild, § 97 UrhG, Rn 43.

756 BGH in GRUR 2001, 453, 453 – TCM-Zentrum; BGH in GRUR 1991, 254, 254 – Unbestimmter Unterlassungsantrag I; F/N-Nordemann, § 97 UrhG, Rn 46.

757 F/N-Nordemann, § 97 UrhG, Rn 48.

758 BGH in GRUR 2002, 717, 718, 719 – Klagebefugnis einer Anwaltskammer; D/S-Dreier, § 97 UrhG, Rn 41; Schricker-Wild, § 97 UrhG, Rn 42.

759 D/S-Dreier, § 97 UrhG, Rn 41; Schricker-Wild, § 97 UrhG, Rn 42.

Die beiden Unterlassungsansprüche werden durch Abgabe einer angemessen strafbewährten, ernsthaften, unbefristeten, unwiderruflichen und vorbehaltlosen Unterlassungserklärung aufgrund des damit erfolgenden Wegfalls der Wiederholungsgefahr erfüllt, deren Inhalt so zu bemessen ist, dass weitere Verletzungen ausgeschlossen erscheinen[760], und die darum vom Antragsgegner anzunehmen ist[761]. Die Rechtsprechung stellt hieran regelmäßig strenge Anforderungen[762]. Bricht der Verletzer sein Unterlassungsversprechen, so wird nicht nur die Vertragsstrafe gem. § 339 BGB fällig, sondern die Wiederholungsgefahr besteht sodann bis zur Abgabe einer erneuten Unterlassungserklärung, die eine empfindlichere Vertragsstrafe zum Inhalt hat[763].

3. Der Beseitigungsanspruch gem. § 97 I 1 Fall 1 UrhG

Der Anspruch des § 97 I 1 Fall 1UrhG hat seinen Hauptanwendungsgebiet im Bereich der körperlichen Störungen[764], die oft im Bereich der Urheber-Eigentümer-Streitfälle gegeben sind. Allerdings kann auch die Beseitigung etwa unkörperlicher UPR-Verletzungen verlangt werden[765]. Der Beseitigungsanspruch entspricht hierbei nicht einem Anspruch auf Wiederherstellung, der wiederum im Sinne eines Schadensersatzanspruchs im Wege des § 249 BGB Verschulden voraussetzen würde[766]. Der Anspruch ist aber vielmehr verschuldensunabhängig[767] und unterliegt dem allgemeinen Verhältnismäßigkeitsgebot, weswegen er im Einzelfall dem Anspruchsgegner nach einer Interessenabwägung zumutbar sein muss[768]. Für Fälle, in denen dem Eigentümer kein Verschulden zur Last zu legen ist, gilt § 100 UrhG. Allerdings werden solche Fälle in der Rechtspraxis im Verhältnis Eigentümer–Urheber kaum vorkommen können. Ist die Verletzung darüber hinaus durch Unterlassung beseitigbar, so entfällt der Beseitigungsanspruch[769]. Die Vernichtung einer Sache kann zudem regelmäßig aus

---

760 BGH in GRUR 1983, 127, 128 – Vertragsstrafeversprechen; D/S-Dreier, § 97 UrhG, Rn 42; F/N-Nordemann, § 97 UrhG, Rn 32; Schricker-Wild, § 97 UrhG, Rn 42, 43.

761 BGH in GRUR 1993, 34, 37 – Bedienungsanweisung.

762 F/N-Nordemann, § 97 UrhG, Rn 31.

763 F/N-Nordemann, § 97 UrhG, Rn 37.

764 Walchner, S. 123.

765 Walchner, S. 124.

766 F/N-Nordemann, § 97 UrhG, Rn 60; Walchner, S. 123.

767 M/S-Backhaus, § 97 UrhG, Rn 51.

768 Im Ergebnis: BGH in GRUR 1999, 230, 232 – Treppenhausgestaltung; ansonsten auch: BGH in GRUR 1984, 54 – Kopierläden; D/S-Dreier, § 97 UrhG, Rn 48; M/S-Backhaus, § 97 UrhG, Rn 51, Walchner, S. 122; W/B-Bullinger, § 14 UrhG, Rn 22, 36.

769 F/N-Nordemann, § 97 UrhG, Rn 55.

§ 97 I 1 Fall 1 UrhG nicht gefordert werden[770]. Hier bestehen aber Möglichkeiten nach § 98 I UrhG soweit dessen spezielle Voraussetzungen vorliegen. Der Anspruch auf Beseitigung setzt weiter denklogischerweise voraus, dass der Eigentümer bereits in das UPR eingegriffen hat.

Gemäß § 97 I 1 Fall 1 UrhG setzt der Anspruch auf Beseitigung einer UPR-Verletzung somit lediglich die Verletzung des UPR und die Zumutbarkeit der Rechtsfolgenseite des Anspruchs voraus. Im Fokus steht also vor allem die umfassende Abwägung der beteiligten Interessen, die nun nicht mehr die Situation vor der Verletzungshandlung, sondern die Situation zum Zeitpunkt der Geltendmachung des Beseitigungsanspruchs zu berücksichtigen hat. Dieser ist der Zeitpunkt der letzten Tatsachenverhandlung[771]. Aus diesem Grund fließen erst an dieser Stelle die Interessen der Eigentümer am Erhalt eines etwa neu geschaffenen Werkes, erbrachter Aufwendungen, Kosten für den Rückbau oder ihre sonstigen Vermögensinteressen mit ein, die bei der Frage der Grenzziehung zwischen Sacheigentum und Urheberrecht, wie angezeigt, nicht erheblich sein konnten.
Bei der Frage der Zumutbarkeit der Rechtsfolge des Beseitigungsanspruchs hingegen geht es nicht um die Frage spezifischer Eigentumspositionen und ihrer Verletzung oder Abgrenzung voneinander, sondern um die Frage der Zulässigkeit einer Auferlegung von konkreten Belastungen durch ein staatliches Gericht, das sich nach dem generell geltenden Verhältnismäßigkeitsprinzip in seinem gesamten Handeln richten muss. An dieser Stelle wird also der Anspruchsgegner als ganzheitliches Rechtssubjekt verstanden und nicht als sich auf eine bestimmte Rechtsmacht berufender Streitteilnehmer. Die vom Urheber geforderte Rechtsfolge der Beseitigung der UPR-Verletzung durch den Eigentümer muss also auch hier legitim, geeignet, erforderlich und angemessen sein. Die Legitimität ergibt sich allerdings hier regelmäßig durch die bereits festgestellte Verletzungshandlung und wird daher regelmäßig indiziert sein. Bei der Frage der Geeignetheit und Erforderlichkeit der Maßnahme ist sodann das Verlangen des Urhebers nach den oben bereits aufgestellten Grundsätzen für diese beiden Prüfungspunkte zu bewerten[772]. Erst in der Frage der Angemessenheit erfolgt die Gesamtabwägung. Hierbei ist zu beachten, dass der Beseitigungsanspruch nicht schon dadurch abgewehrt werden kann, dass die Abwägung ergibt, dass die Interessen des Anspruchsgegners nach Einbezug seiner Erhaltungs-, Vermögens-

---

770 Walchner, S. 123.
771 W/B-Bullinger, § 14 UrhG, Rn 36, der die Fragen der zumutbaren Rechtsfolge aber wohl schon in der die Verletzung feststellenden Interessensabwägung behandeln möchte.
772 Siehe S. 121.

und sonstigen Interessen an der nun gegebenen Werkstückform überwiegen mögen. Vielmehr muss die Durchsetzung des Anspruchs für den Eigentümer eine Unzumutbarkeit darstellen. Aufgrund des absoluten Entstellungsschutzes wird diese aber beispielsweise für diese Fälle nicht festgestellt werden können, da sonst die Wertungen des Gesetzes völlig ad absurdum geführt würden[773]. Andersherum kann dies aber auch bedeuten, dass bei geringeren Beeinträchtigungen, die sich zwar in der zuvor durchgeführten Abwägungsentscheidung als Verletzung des UPR erwiesen haben, im Falle von enormen, möglicherweise den Anspruchsgegner finanziell erdrosselnden Beseitigungskosten der Anspruch trotz gegebener Rechtsverletzung unzumutbar erscheint. Gleiches wird man in solchen Fällen annehmen müssen, wenn der Eigentümer enorme Aufwendungen erbracht hat, deren Vernichtung ihn an die faktische Grenze der finanziellen Existenz bringen würde. Die Frage nach der Zumutbarkeit ist aber streng zu bewerten. Es ist nicht zu vorschnell zugunsten des Verletzers zu entscheiden. Insbesondere ist an dieser Stelle auch zu berücksichtigen, ob der Anspruchsgegner dem Anspruchssteller gegenüber im gesamten Verfahren fair gespielt hat, also ihn vor der Änderung etwa versucht hat, einzubinden, oder dies gerade versucht hat, zu vermeiden[774].
Es lässt sich demnach aber insgesamt keine genaue Grenze ziehen, wann ein Beseitigungsverlangen unzumutbar erscheint. Vielmehr kommt es auf die individuelle Leistungs- und Handlungsfähigkeit des Anspruchsgegners an. Dies zu kritisieren würde bedeuten, dass man das gerade auf den Einzelfall zielende Prinzip der zumutbaren und damit verhältnismäßigen Entscheidungspflicht des Staates ablehnte und es durch ein den Wertungen des Grundgesetzes widersprechendes Prinzip der absoluten Egalität der Rechtsteilnehmer im Ergebnis setzte. Dieses wiederum verkennt aber, dass der Einzelne nur vom Recht gleich – also nach den gleichen Rechts- und Grundsätzen – zu behandeln ist, sich hieraus aber kein Verbot der Beachtung seiner individuellen Situation postulieren ließe, solange nicht bei jedem Betroffenen diese mit in die Bewertung einfließt.

4. Der Anspruch auf Ersatz immaterieller Schäden gem. § 97 II 4 UrhG

Schließlich hat der Urheber im Falle einer Verletzung seiner Urheberpersönlichkeitsrechte die Möglichkeit des Anspruchs auf den Ersatz immaterieller Schäden. Gemeint sind alle Schäden, die nicht Vermögensschaden, sondern emotio-

---

773 Dagegen: W/B-Bullinger, § 14 UrhG, Rn 36.
774 W/B-Bullinger, § 14 UrhG, Rn 36.

naler oder seelischer Art sind[775]. Der Anspruch hierauf ist als Ausnahmevorschrift im Sinne des § 253 II BGB in § 97 II 4 UrhG besonders normiert[776]. Neben den allgemeinen Anspruchsvoraussetzungen bereitet die tatbestandliche Formulierung der Billigkeit des Anspruchs mit Bezug auf seine Begründung und seine Höhe in der Praxis Schwierigkeiten.

a) Allgemeine Anspruchsvoraussetzungen

Nach § 97 II 4 BGB ist allgemeine Voraussetzung für die Gewährung eines Anspruchs auf den Ersatz immaterieller Schäden das Bestehen einer schuldhaften Rechtsverletzung durch den Anspruchsgegner. Der Anspruch wird aber nur gewährt, wenn er zusätzlich dem Grunde und der Höhe nach billig erscheint[777]. Darüber hinaus werden für den Rechtsnachfolger des Urhebers nur solche Schäden erfasst, die noch zu Lebzeiten des Urhebers entstanden sind[778].

b) Billigkeit dem Grunde nach

Das Kriterium der Billigkeit ist als Aufforderung des Gesetzgebers an die Gerichte zu sehen, durch Güter- und Interessenabwägung den Anspruch auf immateriellen Schadensersatz im konkreten Einzelfall mit Leben zu füllen[779]. Nach für den Bereich des aPR entwickelten Grundsätzen, soll das Schmerzensgeld grundsätzlich der Billigkeit entsprechen, wenn der Anspruch auf schwerwiegende und nachhaltige Verletzungen beschränkt bleibe[780]. Im Umkehrschluss scheide ein Anspruch auf Ersatz immaterieller Schäden daher bei nur geringfügigen Verletzungshandlungen aus[781]. Der Verschuldensgrad und die Eingriffsintensität sollen somit Auswirkung auf die Billigkeit des Anspruchs haben[782]. Diese Unterscheidung geht aber aus § 97 II 4 UrhG nicht hervor[783]. Vielmehr kann bei geringfügigen Verletzungen des UPR ein Anspruch auf Schadensersatz in Geld da-

775 D/S-Dreier, § 97 UrhG, Rn 73; W/B-v. Wolff, § 97 UrhG, Rn 84.

776 D/S-Dreier, § 97 UrhG, Rn 73.

777 D/S-Dreier, § 97 UrhG, Rn 75.

778 M/S-Backhaus, § 97 UrhG, Rn 56.

779 Braschos, S. 97, der die Billigkeit nach den für aPR-Verletzungen geltenden Regeln ausgelegt sehen möchte; Schork, S. 60.

780 BGH in GRUR 1971, 525, 526 – Petite Jaqueline; W/B-v. Wolff, § 97 UrhG, Rn 86.

781 Schork, S. 57; Schricker-Wild, § 97 UrhG, Rn 77.

782 BGHZ 35, 363, 368, 370 – Ginsengwurzel; Schork, S. 57; W/B-v. Wolff, § 97 UrhG, Rn 86.

783 Nordemann in GRUR 1980, 434, 435; D/S-Dreier, § 97 UrhG, Rn 75. So ähnlich mit Einschränkung auch Schork, S. 60, der zwar eine über den Normalfall hinausgehende Verletzungshandlung für erforderlich hält, aber zu Recht darauf hinweist, dass diese Einschränkung dogmatisch nicht sicher begründbar ist.

her wegfallen, weil Naturalrestitution im Wege der Beseitigung noch möglich ist. In diesen Fällen wird dem Urheber nämlich regelmäßig kein besonderer Schaden entstanden sein, der durch die Beseitigungshandlung nicht abschließend ausgeglichen wäre. Denn nur vorübergehende und geringfügige Änderungen hätte der Urheber ohnehin hinnehmen müssen, da diese keine Verletzungshandlung darstellen, wie oben aufgezeigt. Erst wenn die Verletzung dergestalt ist, dass ein tatsächlicher Schaden entstanden ist, der im Wege der Beseitigung nicht mehr beseitigbar ist, kann richtigerweise weiterer Schadensersatz auch in Geld verlangt werden. Ein solcher Schaden kann selbstverständlich dadurch entstehen, dass durch einen langen Rechtsstreit das Werk in seiner veränderten Form sehr lange der Öffentlichkeit zugänglich war und der Urheber sein Recht auf Wiedergutmachung erst auf diesem Wege erlangen konnte. Die Dauer des Bestands der Verletzung führt hier zu der Gefahr einer zusätzlichen Kränkung[784]. Es kommt somit nicht auf die Schwere der Verletzung an, sondern auf deren Eigenart mit Bezug auf das UPR und dessen möglicherweise nachhaltiger Beeinträchtigung. Daher führt ein rechtswidriger Eingriff in das urheberrechtliche Änderungsverbot immer zur Billigkeit des Anspruchs dem Grunde nach, da der Gesetzgeber dieses Institut in mehreren Normen des UrhG als besonders wichtig hervorgehoben hat, indem er es neben § 11 UrhG als die es umfassende Generalklausel des UPR besonders normiert hat[785]. Auswirkungen auf die Prüfung der Billigkeit der Höhe des jeweiligen Anspruchs hat diese Festlegung allerdings nicht[786]. Zur Billigkeit dem Grunde nach hat die Rechtsprechung einige Gesichtspunkte hervorgehoben, bei deren alternativem Vorliegen der Anspruch billig sein soll. So soll dies der Fall sein, wenn der Verletzer gerade auf eine Rufschädigung des Urhebers abzielt[787]. Auch ist der Anspruch billig, wenn gerade wegen der Verletzung erhebliche Einkünfte erzielt wurden[788]. Ebenfalls spielen der Ruf des Urhebers sowie die Öffentlichkeit der Verletzung eine Rolle[789]. Abschließend ist auch die mangelnde Möglichkeit zur Beseitigung ein starkes Argument für die Annahme eines billigen Anspruchs auf Ersatz immaterieller Schäden[790]. Allerdings wird bei Verletzungen durch einen Eigentümer immer die

784 OLG Hamburg in UFITA 60 (1971), 322, 331 – Prinzessin Irene; Schork, S. 67, 68.
785 Nordemann in GRUR 1980, 434, 435; dagegen: Schricker-Wild, § 97 UrhG, Rn 77; W/B-v. Wolff, § 97 UrhG, Rn 77, die eine über das übliche hinausgehende Verletzung zur Annahme eines Anspruchs auf den Ersatz immaterieller Schäden fordern.
786 Schork, S. 59.
787 OLG München in NJW 1996, 135, 136 – Herrenmagazin; Schork, S. 65.
788 Schork, S. 65.
789 D/S-Dreier, § 97 UrhG, Rn 75; Schork, S. 66, 67.
790 Schork, S. 68.

faktische Möglichkeit zur Beseitigung bestehen. Denn wenigstens die Werkvernichtung ist stets möglich. Jedoch kann der Beseitigungsanspruch, wie dargestellt[791], aufgrund einer zugunsten des verletzenden Eigentümers ausgehenden Zumutbarkeitsprüfung mit Bezug auf die Beseitigungsrechtsfolge ausgeschlossen sein. In solchen Fällen führt der Ausschluss des Beseitigungsanspruchs richtigerweise zur Billigkeit des Anspruchs auf Ersatz immaterieller Schäden.

c) Billigkeit im Höheverfahren

Soweit eine Beseitigung der Rechtsverletzung infrage kommt, ist der Anspruch der Höhe nach billig, wenn die Gesamtabwägung der beteiligten Interessen nicht anders zu beantworten ist wie die Frage der Zumutbarkeit des Beseitigungsanspruchs, wie oben gezeigt[792]. In einem solchen Fall stellt sich nur die Frage, ob nach der Beseitigung noch Schäden immaterieller Art beim Urheber verblieben sind, die eines weiteren Ausgleichs, möglicherweise in Geld, bedürfen. Denn die eigentliche Beseitigung kann über den spezielleren Beseitigungsanspruch ja bereits erreicht werden, sodass § 97 II 4 UrhG nicht zur Anwendung gelangt[793]. Kommt eine Beseitigung aber aufgrund der beim Beseitigungsanspruch angesprochenen Abwägung nicht in Betracht, so kann diese auch nicht im Wege des § 97 II 4 UrhG erreicht werden.

Insgesamt muss der Anspruch des § 97 II 4 UrhG so bemessen sein, dass er der Höhe nach dem Verletzten nicht nur einen Ausgleich für die Verletzung gewährt, sondern ihm auch Genugtuung verschafft und Prävention vor erneuten Verletzungen gewährleistet[794]. Hierbei sind alle Interessen des Einzelfalls vom Gericht im Wege des § 287 ZPO zu berücksichtigen[795]. Insbesondere sind hier die Größe und Dauer der Verletzung sowie der Grad des Verschuldens und das Ausmaß der Folgen der Verletzung für die Urheber einzubeziehen[796]. Die Entschädigung soll hierbei den Verletzer nicht in wirtschaftliche Notlagen bringen. Allerdings variiert die Höhe der Entschädigung durchaus mit der finanziellen Leistungsfähigkeit des Schädigers[797].

---

791 Siehe S. 157 ff..
792 Siehe S. 157 ff..
793 D/S-Dreier, § 97 UrhG, Rn 75.
794 D/S-Dreier, § 97 UrhG, Rn 76.
795 Schork, S. 69.
796 BGH in GRUR 1971, 525, 526 – Petite Jaqueline; OLG Hamburg in UFITA 60 (1971), 322, 331 – Prinzessin Irene; Schork, S. 69.
797 Schork, S. 70.

5. Fazit

Musste eine Rechtsverletzung durch den Eigentümer festgestellt werden oder steht eine solche im Raum, so hat der Urheber die Möglichkeit der Abwehr oder Beseitigung der Rechtsverletzung sowie ihrer Kompensation. Hierzu stehen ihm die in § 97 UrhG aufgeführten Ansprüche auf Unterlassung, Beseitigung und Schadensersatz zur Seite.

Ist die Verletzung bereits erfolgt, kommen für die bereits erfolgte Veränderungshandlung keine Unterlassungsansprüche mehr, sondern nur noch Beseitigungsansprüche infrage. Erst wenn die Verletzung immaterielle Schäden hervorgerufen hat, die durch die Beseitigung der Änderungshandlung nicht mehr aufgehoben werden können, kommt ein billiger immaterieller Schadensersatz in Geld in Betracht. Das Gleiche gilt für den Fall, dass der Beseitigungsanspruch wegen Unzumutbarkeit ausgeschlossen ist. In die Unzumutbarkeitsprüfung sind alle beteiligten Interessen sowie hier erstmals die nach der Rechtsverletzung entstandenen Interessenlagen mit einzubeziehen.

Kapitel 8 – Fazit

1. Der dem UrhG zugrunde liegende Werkbegriff ist zweckneutral und einheitlich. Aus diesem Grund scheidet eine unterschiedliche Behandlung von Werkarten mit Bezug auf die Frage nach der Schutzfähigkeit eines Werkes im Einzelfall aus. Eine besondere Gestaltungshöhe etwa für Werke der angewandten Kunst aufgrund ihres Gebrauchszwecks ist dogmatisch nicht begründbar und wirft schwere verfassungsrechtliche Bedenken auf.

2. Bezugspunkt für die Beurteilung von Werkveränderungen ist das Werk in seiner vom Urheber geschaffenen Form. Die Beurteilung wird allein nach objektiven Kriterien vorgenommen.

3. Zwischen den Begrifflichkeiten der Beeinträchtigung und Änderung sowie Entstellung besteht ein Stufenverhältnis. Die Beeinträchtigung des Werkes stellt hierbei den Oberbegriff dar, der auch unkörperliche Veränderungen und Einwirkungen auf das Werk erfasst. Demgegenüber erfasst die Änderung schon begrifflich nur Beeinträchtigungen mit Substanzeingriff in das Werkstück. Die stärkstmögliche Form der Beeinträchtigung ist aber die Entstellung, die ihrerseits wiederum unabhängig vom Substanzeingriff festzustellen ist.

4. Die Werkvernichtung ist keine Form der Beeinträchtigung des Werkes und fällt daher nicht unter das urheberrechtliche Änderungsverbot.

5. Das Änderungsverbot besteht im Urheberrecht als allgemeiner Grundsatz, lässt sich nicht aus einzelnen Normen des UrhG allein ableiten und ergibt sich auch nicht aus dem Gesamtkontext aller urheberrechtlichen Normen, die mit Fragen der Änderungen von Werken befasst sind.

6. Die Feststellung der Beeinträchtigung des Werkes indiziert die Rechtswidrigkeit der Eigentümerhandlung. Die Vermutung ist widerlegbar. Infrage kommen hier vor allem das Fehlen der Öffentlichkeit der Veränderungshandlung, das Bestehen von zulässigen vertraglichen Änderungsvereinbarungen sowie die Zustimmung oder Genehmigung durch den Urheber.

7. Ist die Rechtswidrigkeit der Beeinträchtigungshandlung mangels Widerlegung indiziert, so muss in einer Gesamtabwägung zur Herstellung praktischer Konkordanz der beteiligten Rechtsgüter ermittelt werden, ob im Einzelfall eine

Rechtsverletzung zulasten der Urheber im Eigentümerhandeln zu erblicken ist. Einzubeziehen sind sämtliche gleichrangige Rechtspositionen. Konkret ist das Urheberrecht gegenüber dem Sacheigentum zum Ausgleich zu bringen. Beide Positionen gehen ihrerseits auf Art. 14 I GG zurück, weswegen die Aussagen dieser Verfassungsnorm mit Bezug auf die beiden Rechtspositionen zu ermitteln sind.

8. Der Eigentumsbegriff des GG beschreibt das Eigentum als umfassendes, privatnützige s, vermögenswertes und ausschließliches Herrschaftsrecht. Der zivilrechtliche Eigentumsbegriff bewegt sich sodann innerhalb dieser definitorischen Schranken, aber keinesfalls deckungsgleich individuell mit Bezug auf jedes Eigentumsrecht in seiner einfachgesetzlichen Normierung. Inhaltlich werden die Innehabung, die Nutzung und Verwertung sowie der Gebrauch des Eigentums geschützt. Die Verfügbarkeit ist hingegen kein konstitutives Kriterium. Für das Sacheigentum ist sie vollumfänglich durch die Konkretisierung aus § 903 BGB erfasst. Dies gilt nicht für das Urheberrecht.

9. Die Rechte der Baufreiheit und des Gebrauchs des Sacheigentums sowie der Sachmodernisierung stehen im Zusammenhang mit der Institutsgarantie des Art. 14 I GG und stellen daher für die Sacheigentümer einen besonderen Schutz gegenüber fremden Rechtspositionen dar. Dies gilt für die Modernisierungsinteressen aber nur, wenn ansonsten das „Ob" der Brauchbarkeit des Eigentumsgegenstands betroffen wäre.

10. Das Vermögen selbst fällt weder unter den verfassungsrechtlichen noch einen zivilrechtlichen Eigentumsbegriff.

11. Wirtschaftliche sowie sonstige finanzielle Interessen der Eigentümer sind als typische Vermögensinteressen nicht über die Eigentumsposition geschützt. Der allgemeine Vermögensschutz, den Art. 2 I GG gewährleistet, wird vom Urheberrecht, das in Art. 14 I GG beinhaltet ist, wirksam und verhältnismäßig beschränkt. Daher sind die genannten Interessenpositionen für die Frage der Abwägung der Eigentümer- gegenüber den Urheberinteressen für den Bereich der Angemessenheit einer Eigentümermaßnahme ohne Belang.

12. Auch ästhetische Interessen der Eigentümer sind grundsätzlich von ihrer Eigentumsposition aus Art. 14 I GG erfasst, wie schon aus § 903 BGB leicht zu

erblicken ist. Somit sind sie für die Abwägung der widerstreitenden Interessen auch beachtlich.

13. Sicherheitsinteressen der Eigentümer sind stets beachtlich. Beinhalten sie zusätzlich Rechtstreueinteressen, so tangieren sie regelmäßig die Frage der generellen Brauchbarkeit des Eigentumsgegenstands, sodass der Bereich der Institutsgarantie des Art. 14 I GG berührt ist und die Interessensituation besonderes Gewicht erlangt. Gleiches gilt für Fälle, in denen Sicherheitsinteressen durch das Interesse an der Erfüllung von gesetzlichen Schutzpflichten begründet werden. Im Falle einschlägiger Sicherheitsinteressen wird die Eigentumsposition oft durch berechtigte Interessen an der körperlichen Unversehrtheit oder der gefahrlosen Ausübung des Berufs verstärkt.

14. Interessen Dritter spielen grundsätzlich keine Rolle in der Abwägung der widerstreitenden Interessen. Dies gilt aber nur, solange der Gesetzgeber nicht eine Partei gesetzlich zur Wahrung eben dieser konkreten Interessenlagen verpflichtet hat. In einem solchen Fall werden diese Fremdinteressen zu Eigeninteressen der verpflichteten Partei und korrelieren mit einem Rechtstreueinteresse. Nur in diesem Sonderfall sind sie für die Abwägung beachtlich.

15. Den Religionsgemeinschaften kommen neben Art. 14 GG besondere Rechtspositionen zu. Sie sind im Umgang mit ihrem Eigentum über Art. 140 I GG i. V. m. Art. 137 III WRV besonders geschützt. Insbesondere für den Umgang mit Eigentum, das zu liturgischen Zwecken dient, sind sie gegenüber den normalen Eigentümern auch aufgrund von Art. 4 I und II GG und insbesondere bei den Res sacrae aus Art. 138 II WRV privilegiert. Die widmungsgemäße Funktion bei der Erfüllung der durch die Religionsgemeinschaft eigenständig gesetzten Aufgaben muss hierbei lediglich nach dem darlegungsbedürftigen Selbstverständnis der Gemeinschaft gegeben sein. Der Staat und seine Gerichte haben dieses sodann im Rechtsstreit auch mit Privaten zu beachten.

16. Liegt nach dem substanziiert dargelegten Selbstverständnis einer Religionsgemeinschaft oder eines gläubigen Eigentümers eine Änderung aus religiösen, liturgischen oder kultischen Interessen vor, so sind diese vom Eigentumsrecht der Gemeinschaft oder des gläubigen Eigentümers erfasst und müssen mit den Urheberinteressen abgewogen werden. Sind Res sacrae betroffen, so verstärkt sich das Schutzniveau abermals.

17. Das UPR ist gegenüber dem aPR ein wesensverwandtes Aliud und kein Spezialfall. Die Rechte unterscheiden sich im Schutzobjekt sowie in ihrer inhaltlichen Tragweite erheblich. Unterschiede ergeben sich auch bei der Frage der rechtlichen Kontinuität im Todesfall des Rechtsinhabers. Ein postmortales Verblassen des UPR findet gerade aus dogmatischen Gründen im Gegensatz zum aPR nicht statt, wenn man den Monismus des Urheberrechts ernst nimmt. Das UPR besteht also aus vom aPR bekannten Aspekten des Persönlichkeitsschutzes einerseits und weiteren Schutzaspekten des geistig- ideellen Immaterialgüterrechts andererseits. Diese hat der Gesetzgeber zu einem Mischrecht – auf dem Stand der damaligen Debatte um das geistige Eigentum und das Persönlichkeitsrecht der Urheber – zusammengeführt. Hierbei spiegeln die ideellen Schutzaspekte des UPR vor allem die Interessen des Urhebers an seinem Werk wieder, die gegenüber dem Rezipienten des Werkes vermittelt sehen möchte.

18. Das UPR entspringt verfassungsrechtlich allein Art. 14 I GG und steht hierbei in Verbindung mit Art. 1 I 1 GG. Eines Rückgriffs auf den das aPR tragenden Art. 2 I GG i. V. m. Art. 1 I 1 GG bedarf es hierbei nicht.

19. Für die Urheber sind vor allem die Integritäts- sowie Rufinteressen rechtlich beachtlich. Auf Aspekte der Kunstfreiheit können sie sich allerdings zum Integritätsschutz ihrer Werke nicht berufen. Kann der Urheber aber ein ideelles Zusatzanliegen geltend machen, das seinerseits rechtlichen Schutz neben dem Anwendungsbereich des urheberrechtlichen Eigentumsschutzes genießt, so erlangt seine ideelle Interessenposition ein zusätzliches besonderes Gewicht gegenüber der Eigentümerschaft.

20. Kein Interesse überwiegt generell das andere. Maßgeblich für die konkrete Entscheidung sind stets die Umstände des konkreten Einzelfalls, die im Rahmen einer Güter- und Interessenabwägung gegenüberzustellen sind. Insofern lassen sich starre, allgemeingültige Richtlinien, welche Änderungen per se zu gestatten sind, nicht aufstellen. Allerdings können Interessenlagen beschrieben werden, die regelmäßig den Ausschlag für die eine oder andere Seite ergeben, wenn keine außergewöhnlichen Gegenpositionen zu finden sind.

21. Die Abwägungsentscheidung muss dem Grundsatz der Verhältnismäßigkeit entsprechen. Die jeweilige Eigentümermaßnahme ist daher nur dann keine Rechtsverletzung des UPR, wenn sie einem legitimen Zweck dient und zu dessen Erreichung geeignet, erforderlich und angemessen ist.

22. Für die Eigentümer stellt die Entstellung des Werkes eine absolute Änderungsschranke dar. Ist eine Entstellung das Resultat der Eigentümerhandlung, so ist sie aufgrund der Rückbindung des UPR zu Art. 1 I 1 GG nie zulässig, da Entstellungen den Urheber im Kernbereich seines UPR in seiner Menschenwürde verletzen.

23. Die Interessen des Eigentümers gehen bei Interimslösungen und Provisorien regelmäßig vor. Das gilt umso mehr, wenn der Charakter der Änderungshandlung als solche deutlich erkennbar wird, da in solchen Fällen das urheberrechtliche Änderungsverbot nicht tangiert ist.

24. Unterschiede für die Beurteilung der Angemessenheit einer verändernden Eigentümerhandlung gegenüber dem UPR können sich nicht dadurch ergeben, dass der Eigentümer in ein Originalstück und nicht in eine Vervielfältigung eingreift.

25. Das Bestandsinteresse des Eigentümers setzt sich regelmäßig gegenüber den Urheberinteressen durch, wenn keine Entstellung vorliegt.

26. Die Gebrauchsinteressen der Eigentümer haben gegenüber der Urheberschaft ein hohes Gewicht. Hierbei ist es insbesondere aber zugunsten der Urheber ohne Belang, ob das Werk mit einem Gebrauchszweck geschaffen wurde oder nicht. Vielmehr besteht ein generelles Stufenverhältnis zwischen den Gebrauchserhaltungsinteressen der Eigentümer, ihren Modernisierungsinteressen sowie den am schwächsten geschützten Zweckänderungsinteressen.
Setzt sich das Interesse an der generellen Brauchbarkeit des Werkstücks noch regelmäßig gegenüber der Urheberschaft durch, so müssen Modernisierungen zwar möglich sein, jedoch können sie beim Vorliegen von überdurchschnittlichen Urheberinteressenlagen durchaus unangemessen erscheinen. Das Maß der Durchschnittlichkeit der Urheberinteressen bemisst sich hierbei an den für alle Abwägungen geltenden allgemeinen Grundsätze für die Gewichtung der Individualinteressen. Bei durchschnittlichen Zweckbauten werden die Modernisierungsinteressen der Eigentümer daher regelmäßig vorgehen. Zweckänderungsinteressen wiederum kann der Urheber auch ohne den Verweis auf ein überdurchschnittliches Urheberinteresse begegnen.

27. Ästhetische Interessenlagen stellen für die Eigentümer eine schwache Position gegenüber den Urheberinteressen dar. Mit dem Erwerb eines Werkstücks

akzeptiert der Eigentümer regelmäßig die Werkform und Werkgestalt, sodass ästhetisch motivierte Änderungen gegenüber der Urheberschaft stets einer besonderen Rechtfertigung bedürfen, da auch keinerlei Verbindung zu Brauchbarkeit oder dem Sachbestand als Kernanliegen des Sacheigentums besteht.

28. Änderungen aus Kostengründen, finanziellen sowie wirtschaftlichen Interessen spielen für die Frage der Angemessenheit einer Eigentümermaßnahme keine Rolle, müssen aber im Bereich der Erforderlichkeit sowie gegebenenfalls bei der Frage der Zumutbarkeit der Rechtsfolge beachtet werden.

29. Liegen bestands- oder gebrauchssichernde Eigentümerinteressen sowie Rechtstreueinteressen vor, so ist dem Eigentümerinteresse gegenüber dem Urheberinteresse regelmäßig der Vorzug zu geben. Gleiches gilt für die Fälle, bei denen der Eigentümer Änderungshandlungen unter Wahrnehmung der Interessen Dritter vornimmt, zu deren Beachtung er gesetzlich verpflichtet ist.

30. Insbesondere Bestandsinteressen an einem neu vom Eigentümer oder in seinem Auftrag fremd geschaffenen Werk finden keinen Eingang in die Angemessenheitsprüfung. Sie sind aber Teil der Prüfung der Zumutbarkeit einer möglichen Rechtsfolge.

31. Die deutsche Rechtsordnung unterscheidet bezüglich des Sacheigentums nicht zwischen privaten oder öffentlichen Eigentümern, sodass Interessen des Allgemeinwohls keinesfalls als Eigentumsinteressen in Anspruch genommen werden können. Eine Ausnahme ergibt sich nur bei konkreten gesetzlichen Anordnungen für den Eigentümer, der ihn auf ein konkretes Gemeinwohlinteresse zur Wahrnehmung verpflichtet. Der Verweis, dass die öffentliche Hand generell im Dienste sämtlicher Allgemeinwohlinteressen zu handeln habe, reicht ausdrücklich nicht aus.

32. Bei Änderungen aus Glaubensgründen muss lediglich die Notwendigkeit der Änderungshandlung vonseiten der Eigentümer substanziiert dargelegt werden. In einem solchen Fall sind die Änderungsmaßnahmen dann immer erforderlich und, soweit sie keine Entstellungen darstellen, auch immer angemessen im Sinne der Gesamtabwägung. Dies ergibt sich vor allem daraus, dass dann die Umgestaltung für die Gemeinde oder den Einzeleigentümer für die generelle Brauchbarkeit des Werkstücks in diesem Fall konstitutiv ist, also ein höchstes Schutzniveau gegenüber den Urheberinteressen genießt.

33. Für alle Abwägungen gelten unabhängig von der individuellen Interessenlage der Beteiligten allgemeine Grundsätze für die Gewichtung der Individualinteressen. Hierzu zählt, dass das Urheberinteresse gegenüber den Eigentümerinteressen generell mit der Eingriffsintensität und der Eingriffsöffentlichkeit sowie der Gestaltungshöhe des Werkes steigt.

34. Das Interesse an der raschen Beilegung des Rechtstreits, finanzielle und wirtschaftliche Interessen der Eigentümer, Interessen am Erhalt erbrachter Aufwendungen und Kostenersparnisinteressen im Hinblick auf einen etwa nötigen Rückbau von ansonsten rechtswidrig vorgenommenen Eigentümermaßnahmen, das Berufen auf eine ergangene Baugenehmigung sowie Erhaltungsinteressen aus kulturkonservatorischen Gründen sind für die Frage der Angemessenheit der Eigentümerhandlung und somit für die Frage der Rechtswidrigkeit des Vorgehens unbeachtlich. Das Gleiche gilt für die Frage, ob in ein Erststück oder Unikat eingegriffen wurde. Auch sind Interessen der Urheber an ihrem Gesamtwerk – als durch das Urheberrecht nicht geschützt – unbeachtlich. Abschließend können sich die Eigentümer nicht darauf berufen, dass der Urheber das im Werkstück verkörperte Werk im Auftrag geschaffen habe und daher seine Interessen aufgrund einer erfolgten Vergütung hintanstehen müssen.

35. Musste eine Rechtsverletzung durch den Eigentümer festgestellt werden oder steht eine solche im Raum, so hat der Urheber die Möglichkeit der Abwehr oder Beseitigung der Rechtsverletzung sowie ihrer Kompensation. Hierzu stehen ihm die in § 97 UrhG aufgeführten Ansprüche auf Unterlassung, Beseitigung und Schadensersatz zur Seite.
Ist die Verletzung bereits erfolgt, kommen für die bereits erfolgte Veränderungshandlung keine Unterlassungsansprüche mehr, sondern nur noch Beseitigungsansprüche infrage. Erst wenn die Verletzung immaterielle Schäden hervorgerufen hat, die durch die Beseitigung der Änderungshandlung nicht mehr aufgehoben werden können, kommt ein billiger immaterieller Schadensersatz in Geld in Betracht. Das Gleiche gilt für den Fall, dass der Beseitigungsanspruch wegen Unzumutbarkeit ausgeschlossen ist. In die Unzumutbarkeitsprüfung sind alle beteiligten Interessen sowie hier erstmals die nach der Rechtsverletzung entstandenen Interessenlagen mit einzubeziehen.

Vorschlag für einen Abwägungsfahrplan als Folge der Arbeit

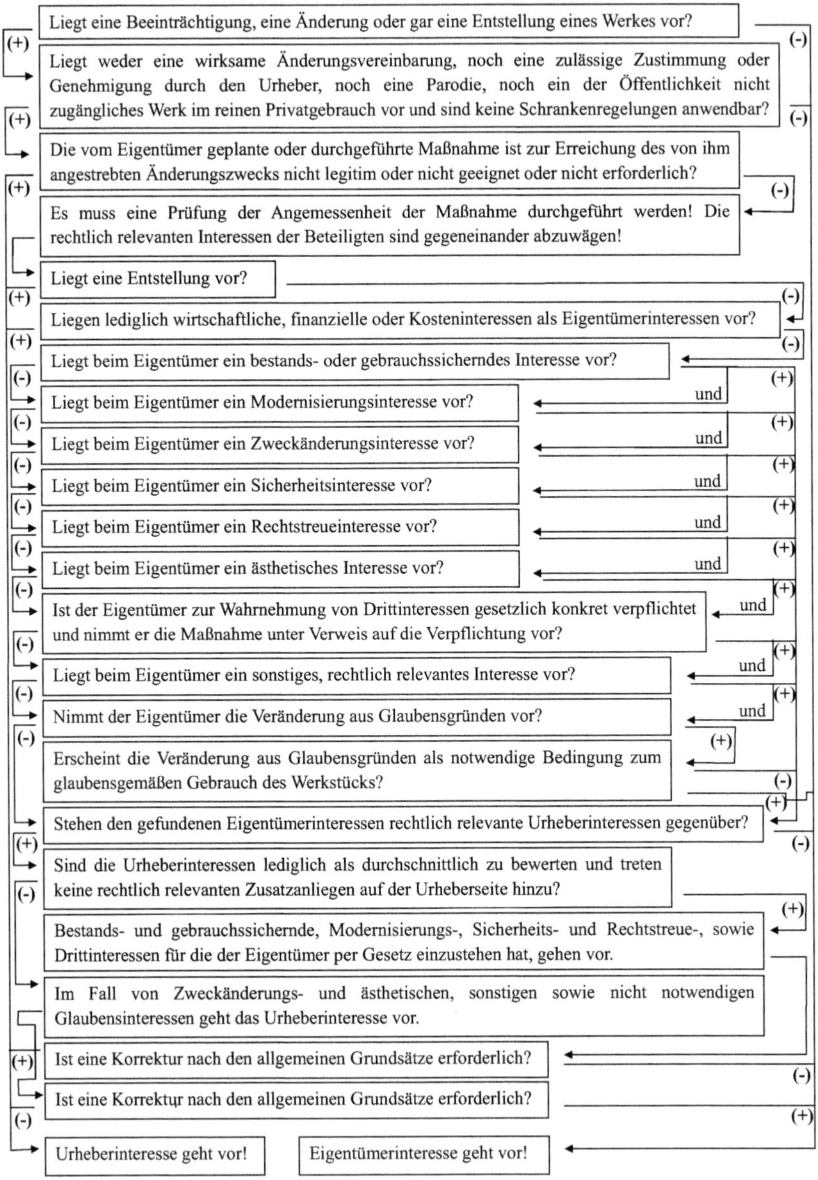

Literaturverzeichnis

Bachmann, Markus	Architektur und Urheberrecht, 1. Auflage, Freiburg 1979, (zitiert: Bachmann).
Badura, Peter	Staatsrecht, 3. Auflage, München 2003, (zitiert: Badura).
Barta, Janusz Markiewicz, Ryszard	Urheberrechtliche Fragen zur Restaurierung von Baudenkmälern in GRUR Int. 1986, 705, (zitiert: Barta/ Markiewicz in GRUR Int. 1986, 705).
Bielenberg, Peter-Eduard	Anmerkungen zu BGH in GRUR 1974, 675, 678 – Schulerweiterung, (zitiert: Bielenberg in Anmerkungen zu BGH in GRUR 1974, 675, 678 – Schulerweiterung).
Binder, Anja Kosterhon, Frank	Urheberrecht für Architekten und Ingenieure, 1. Auflage, München 2003, (zitiert: Binder/Kosterhon).
Braschos, Franz	Der Ersatz immaterieller Schäden im Vertragsrecht, 1. Auflage, Köln 1979, (zitiert: Braschos).
Bruchhausen, Karl	Die Revisibilität der Begriffe, „persönlich geistige Schöpfung“, „eigentümliche Erzeugnisse“ und „auf einem erfinderischem Schritt beruhen“ in Festschrift für Otto Freiherr v. Gamm, 1. Auflage, München 1990, (zitiert: Bruchhausen in FS v. Gamm).

Canaris, Claus Wilhelm	Grundrechte und Privatrecht in AcP 184 (1984), 201, (zitiert: Canaris in AcP 184 (1984), 201).
Classen, Claus Dieter	Religionsrecht, 1. Auflage, Tübingen 2006, (zitiert: Classen).
Czychowski, Christian	Anmerkungen zu OLG Stuttgart in GRUR-RR 2011, 56 – Stuttgart 21 in GRUR-Prax 2011, 15, (zitiert: Czychowski in GRUR Prax 2011, 15).
Detterbeck, Steffen	Öffentliches Recht für Wirtschaftswissenschaftler, 5. Auflage, München 2006, (zitiert: Detterbeck).
Deutsche Bischofskonferenz	Umnutzung von Kirchen – Beurteilungskriterien und Entscheidungshilfen vom 24.09.2003, Arbeitshilfen 175, (zitiert: http://www.ctu-uk.cz/downloads/ NBK_Umnutzung.pdf).
Dieselhorst, Jochen	Was bringt das Urheberpersönlichkeitsrecht? Urheberpersönlichkeitsschutz im Vergleich: Deutschland – USA, 1. Auflage, Frankfurt am Main 1995, (zitiert: Dieselhorst).
Dreier, Thomas Schulze, Gernot	Urheberrechtsgesetz; Kommentar, 3. Auflage, München 2008, (zitiert: D/S-Bearbeiter).
Dreier, Horst	Grundgesetz Kommentar Bd. 1, 1. Auflage, Tübingen 1996, (zitiert: Dreier-Bearbeiter).

Dreyer, Gunda Kotthoff, Jost Meckel, Astrid	Urheberrecht, 2. Auflage, Heidelberg 2009, (zitiert: HK-UrhR-Bearbeiter).
Eck, Matthias	Neue Wege zum Schutz der Formgebung, 1. Auflage, Köln 1993, (zitiert: Eck).
Erdmann, Karl Dietrich	Das Eigentum, Vorträge gehalten auf der Tagung der Joachim-Jungius-Gesellschaft der Wissenschaften in Hamburg am 10., 11., 12. Dezember 1987, 1. Auflage, Göttingen 1989, (zitiert: Böhmer, Eigentum).
Erdmann, Willi	Schutz der Kunst im Urheberrecht in Festschrift für Otto Friedrich Freiherr v. Gamm, 1. Auflage, München 1990, (zitiert: Erdmann in FS v. Gamm).
ders.	Werktreue des Bühnenregisseurs aus urheberrechtlicher Sicht in Festschrift für Rudolf Nirk zum 70. Geburtstag, 1. Auflage, München 1992, (zitiert: Erdmann in FS Nirk).
Evangelische Kirche im Rheinland	Grundsätze für gottesdienstlich genutzte Gebäude – Beschluss der Kirchenleitung vom 24.06.2005, (zitiert: http://www.ekir.de/ekir/674_36946.asp).
Fromm, Friedrich Karl Nordemann, Wilhelm	Kommentar zum Urheberrechtsgesetz, 10. Auflage, Stuttgart 2008, (zitiert: F/N-Bearbeiter).

Fechner, Frank	Geistiges Eigentum und Verfassung, 1. Auflage, Tübingen 1999, (zitiert: Fechner).
Federle, Markus Alexander	Der Schutz der Werkintegrität gegenüber dem vertraglich Nutzungsberechtigten, 1. Auflage, Baden-Baden 1998, (zitiert: Federle).
Goerlich, Helmut	Res sacrae und Rechtsweg in JZ 1984, 221, (zitiert: Goerlich in JZ 1984, 221).
Goldmann, Bettina C.	Das Urheberrecht an Bauwerken Urheberpersönlichkeits-rechte des Architekten im Konflikt mit Umbauvorhaben in GRUR 2005, 639, (zitiert: Goldmann in GRUR 2005, 639).
Grohmann, Hans	Das Recht des Urhebers, Entstellungen und Änderungen seines Werkes zu verhindern, Erlangen 1971, (zitiert: Grohmann).
Grunert, Eike Wilhelm	Werkschutz contra Inszenierungskunst, der urheber-rechtliche Gestaltungsspielraum der Bühnenregie, 1. Auflage, München 2002, (zitiert: Grunert).
Haberstumpf, Helmut	Zum Umfang der Verbietungsrechte des Verlegers in Festschrift für Gerhard Schricker zum 70. Geburtstag, 1. Auflage, München 2005, (zitiert: Haberstumpf in FS Schricker).

Haertel, Kurt Schiefler, Kurt	Urheberrechtsgesetz und Gesetz über die Wahrnehmung von Urheberrechten und verwandten Schutzrechten, 1. Auflage, Köln 1967, (zitiert: Haertel/Schiefler).
Hagen, David	Grundrechte im Privatrecht in JZ 1994, 381, (zitiert: Hagen in JZ 1994).
Hanau, Hans	Der Grundsatz der Verhältnismäßigkeit als Schranke privater Gestaltungsmacht, 1. Auflage, Tübingen 2004, (zitiert: Hanau).
Hesse, Konrad	Grundzüge des Verfassungsrechts der Bundesrepublik Deutschland, 20. Auflage, Heidelberg 1999, (zitiert: Hesse).
Heydt, Ludwig	Geschmacksmuster und Werke der angewandten Kunst in GRUR 1968, 530, (zitiert: Heydt in GRUR 1968, 530).
Hillgruber, Christian Epping, Volker	Beck'scher Online-Kommentar zum Grundgesetz, www.beck-online.de, (zitiert: Beck-OK-Bearbeiter).
Hock, Martin	Das Namensnennungsrecht des Urhebers, 1. Auflage, Baden-Baden 2003, (zitiert: Hock).
Honscheck, Sebastian	Der Schutz des Urhebers vor Änderungen und Entstellungen durch den Eigentümer in GRUR 2007, 944, (zitiert: Honscheck in GRUR 2007, 944).

Hösch, Ulrich	Eigentum und Freiheit, 1. Auflage, Tübingen 2000, (zitiert: Hösch).
Hubmann, Heinrich	Grundsätze der Interessensabwägung in AcP 155 (1956) 85, (zitiert: Hubmann in ACP 155 (1956), 85).
ders.	Das Persönlichkeitsrecht, 2. Auflage, Köln 1967; (zitiert: Hubmann).
Jakobs, Michael Ch.	Der Grundsatz der Verhältnismäßigkeit, 1. Auflage, Köln 1985, (zitiert: Jakobs).
Jahn, Beatrix	Das Urheberpersönlichkeitsrecht im deutschen und britischen Recht, 1. Auflage, Münster 1994, (zitiert: Jahn).
Jänecke, Alexander	Das urheberrechtliche Zerstörungsverbot gegenüber dem Sacheigentümer, 1. Auflage, Frankfurt am Main, 2003, (zitiert: Jänecke).
Jänich, Volker	Geistiges Eigentum – eine Komplimentärerscheinung zum Sacheigentum?, 1. Auflage, Tübingen 2002, (zitiert: Jänich).
Jarass, Hans Pieroth, Bodo	Grundgesetz für die Bundesrepublik Deutschland, 11. Auflage, München 2011, (zitiert: J/P-Bearbeiter).

Jayme, Erik	Rechtsschutz ikonographischer Programme am Beispiel romantischer Gärten, 1. Auflage, Wien 2001, (zitiert: Jayme).
Jeand'Heur, Bernd Korioth, Stefan	Grundzüge des Staatskirchenrechts, 1. Auflage, Stuttgart 2000, (zitiert: Jeand'Heur/Korioth).
Jestaedt, Matthias B.	Die Zulässigkeit der Änderungen von Werken der Baukunst durch den Inhaber des Nutzungsrechts nach § 39 UrhG, 1. Auflage, Gießen 1997, (zitiert: Jestaedt).
Kaser, Max	Das römische Privatrecht, 1. Das altrömische, das vorklassische und klassische Recht, 2. Auflage, München 1971, (zitiert: Kaser).
Kästner, Karl Hermann	Die zweite Eigentumsgarantie im GG in JuS 1995, 784, (zitiert: Kästner in JuS 1995).
Katzenberger, Paul	Urheberrecht und Datenbanken in GRUR 1990, 94, (zitiert: Katzenberger in GRUR 1990, 94).
Kuhmann, Christoph	Der Schutz der angewandten Kunst im deutschen und amerikanischen Urheberrecht, 1. Auflage, München 1989, (zitiert: Kuhmann).
Kur, Annette	Die Zukunft des Designschutzes in Europa – Musterrecht, Urheberrecht, Wettbewerbsrecht in GRUR Int. 1998, 353, (zitiert: Kur in GRUR Int. 1998, 353).

Larenz, Karl	Methodenlehre der Rechtswissenschaft, 6. Auflage, Berlin 1991, (zitiert: Larenz).
Levin, Marianne	Der Schutz für Formgebungen in GRUR Int. 1985, 713, (zitiert: Levin in GRUR Int. 1985, 713).
Locher, Horst	Das private Baurecht, 7. Auflage, München 2005, (zitiert: Locher).
Locher, Ulrich Lüke, Gerhard Walchshöfer, Alfred	Münchener Kommentar zur Zivilprozessordnung, 1. Auflage, München 1992, (zitiert: Müko-ZPO-Bearbeiter).
Maunz, Theodor Dürig, Günter	Grundgesetz, 61. Auflage, München 2011, (zitiert: M/D-Bearbeiter).
Mestmäcker, Ernst-Joachim Schulze, Erich	Kommentar zum deutschen Urhebergesetz, 55. Ergänzung, Neuwied 2011, (zitiert: M/S-Bearbeiter).
Metzger, Axel	Rechtsgeschäfte über das Urheberpersönlichkeitsrecht nach dem neuen Urhebervertragsrecht unter besonderer Berücksichtigung der französischen Rechtslage in GRUR Int. 2003, 9, (zitiert: Metzger in GRUR Int. 2003, 9).
Mizdalski, Florian	Zur restriktiven Auslegung der Urheberrechtsschranken vor dem Hintergrund des Art. 5 GG, 1. Auflage, Frankfurt am Main 2011, (zitiert: Mizdalski).

Möhring, Philipp Nicolini, Käte	Urheberrechtsgesetz; Kommentar, 2. Auflage, München 2000, (zitiert: Möhring/Nicolini-Bearbeiter)
Nahme, Hans-Dieter	Veränderungen an urheberrechtlich geschützten Werken der Baukunst und der Gebrauchskunst in GRUR 1966, 474, (zitiert: Nahme in GRUR 1966, 474).
Obergfell, Eva Inés	Entstellungsschutz post mortem? – Der Urheberrechtsfall „Stuttgart 21“ in GRUR-Prax 2010, 233, (zitiert: Obergfell in GRUR-Prax 2010, 233).
Obergfell, Eva Inés Elmenhorst, Lucas	„Unterirdisches Theater des Lichts und der Bewegung“ in ZUM 2008, 23, (zitiert: Obergfell/Elmenhorst in ZUM 2008, 23).
Osenberg, Ralph	Die Unverzichtbarkeit des Urheberpersönlichkeitsrechts, 1. Auflage, Freiburg 1985, (zitiert: Osenberg).
Palandt, Otto	Bürgerliches Gesetzbuch mit Nebengesetzen, 70. Auflage, München 2011, (zitiert: Palandt).
Papier, Hans-Jürgen	Besteuerung und Eigentum in DVBl. 1980, 787, (zitiert: Papier in DVBl. 1980, 787).
Pawlowski, Hans-Martin	Methodenlehre für Juristen – Theorie der Norm und des Gesetzes, 1. Auflage, Heidelberg 1981, (zitiert: Pawlowski).

Ulmer, Eugen	in Anmerkungen zu BGH in GRUR 1971, 35, 42 – Maske in Blau.
Rehbinder, Manfred	Urheberrecht, 16. Auflage, München 2010, (zitiert: Rehbinder).
Ridder, Helmut	Anmerkungen zu BVerfG in GRUR 1980, 44 – Kirchenmusik, (zitiert: Ridder in Anmerkungen zu BVerfG in GRUR 1980, 44).
Riesenkampff, Justus	Inhalt und Schranken des Eigentums an Werken der Baukunst, 1. Auflage, Baden-Baden 2009, (zitiert: Riesenkampff).
Rüll, Axel	Allgemeiner und urheberrechtlicher Schutz des ausübenden Künstlers, 1. Auflage, Baden-Baden 1998, (zitiert: Rüll).
Russ, Christian	Das Lied eines Boxers – Grenzen der Rechtswahrnehmung durch die GEMA am Beispiel des Falles „Henry Maske“ in ZUM 1995, 32, (zitiert: Russ in ZUM 1995, 32).
Sachs, Michael	Grundgesetz: Kommentar, 4. Auflage, München 2007, (zitiert: Sachs-Bearbeiter).
Sack, Rolf	Anmerkungen zur BGH-Entscheidung Treppenhaus-gestaltung in JZ 1999, 579, (zitiert: Sack in JZ 1999, 579).

Schack, Haimo	Geistiges Eigentum contra Sacheigentum in GRUR 1983, 56, (zitiert: Schack in GRUR 1983, 56).
ders.	Kunst und Recht, 2. Auflage, Tübingen 2009, (zitiert: Schack, Kunst und Recht).
ders.	Urheber- und Urhebervertragsrecht, 5. Auflage, Tübingen 2010, (zitiert: Schack).
Schaefer, Martin	Die urheberrechtliche Schutzfähigkeit von Werken der Gartengestaltung, 1. Auflage, Baden-Baden 1992, (zitiert: Schäfer).
Schmelz, Christoph	Die Werkzerstörung als ein Fall des § 11 UrhG in GRUR 2007, 565, (zitiert: Schmelz in GRUR 2007, 565).
Schöfer, Nicola	Die Rechtsverhältnisse zwischen dem Urheber eines Werkes der bildenden Kunst und dem Eigentümer des Originalwerkes, 1. Auflage, München 1984, (zitiert: Schöfer).
Schork, Christoph	Die Entschädigung immaterieller Schäden im Urheberrecht, 1. Auflage, Würzburg 2004, (zitiert: Schork).
Schricker, Gerhard	Die Einwilligung des Urhebers in entstellende Änderungen des Werkes in Festschrift für Heinrich Hubmann zum 70. Geburtstag, (zitiert: Schricker in FS Hubmann).

ders. | Urheberrecht: Kommentar, 4. Auflage, München 2010, (zitiert: Schricker-Bearbeiter).

Schulze, Gernot | Vernichtung von Bauwerken in Festschrift für Adolf Dietz zum 65. Geburtstag, 1. Auflage, München 2001, (zitiert: Schulze in FS Dietz).

ders. | Werturteil und Objektivität im Urheberrecht - Die Feststellung der urheberrechtlichen Schutzfähigkeit am Beispiel der „kleinen Münze“- in GRUR 1984, 400, (zitiert: Schulze in GRUR 1984, 400).

ders. | Urheberrecht der Architekten – Teil 2 – in NZBau 2007, 611, (zitiert: Schulze in NZBau 2007, 611).

Schweizer Bischofskonferenz | Empfehlungen für die Umnutzung von Kirchen und kirchlichen Zentren, Juli 2006, (zitiert: http://www.kath.ch/sbk-ces-cvs/pdf/reaffectation_d.pdf).

Skrzipek, Klaus | Urheberpersönlichkeitsrecht und Vorfrage, Göttingen 2004, (zitiert: Skrzipek).

Steinbeck, Anja | Anmerkungen zu BGH in GRUR 2008, 984 – St. Gottfried, (zitiert: Steinbeck in GRUR 2008, 984).

Thode, Reinhold; Wirth, Axel; Kuffer, Johann | Praxishandbuch Architektenrecht, 1. Auflage, München 2004, (zitiert: Thode/Kuffer).

Ulmer, Eugen	Urheber- und Verlagsrecht, 3. Auflage, Berlin 1980, (zitiert: Ulmer).
VELKD	Leitlinien des Theologischen Ausschusses der VELKD und des DNK/LWB 122/2003 – Was ist zu bedenken, wenn eine Kirche nicht mehr als Kirche genutzt wird?, (zitiert: Leitlinien des theologischen Ausschusses 122/2003).
v. Campenhausen, Axel	Staatskirchenrecht, 4. Auflage, München 2006, (zitiert: v. Campenhausen).
v. Gamm, Eva-Irina	Die Problematik der Gestaltungshöhe im deutschen Urheberrecht, 1. Auflage, Baden-Baden 2004, (zitiert: v. Gamm).
v. Gamm, Otto-Friedrich	Der Architekt und sein Werk. Möglichkeiten und Grenzen des Urheberrechts in BauR 1982, 97, (zitiert: v. Gamm in BauR 1982, 97).
ders.	Urheberrechtsgesetz: Kommentar, 1. Auflage, München 1968, (zitiert: v. Gamm, §).
von Mangoldt, Hermann	Kommentar zum Grundgesetz, 5. Auflage, München 2005, (zitiert: v. Mangoldt-Bearbeiter).
van Waasen, Raphael	Das Spannungsfeld zwischen Urheberrecht und Eigentum im deutschen und ausländischen Recht, 1. Auflage, Frankfurt am Main 1994, (zitiert: v. Waasen).

Wandtke, Artur-Axel	Die Rechtsfigur „gröbliche Entstellung“ und die Macht der Gerichte in Festschrift für Gerhard Schricker zum 70. Geburtstag, 1. Auflage, München 2005, (zitiert: Wandtke in FS Schricker).
Wandtke, Artur-Axel Bullinger, Winfried	Praxiskommentar zum Urheberrecht, 3. Auflage, München 2009, (zitiert: W/B-Bearbeiter).
Walchner, Wolfgang	Der Beseitigungsanspruch im gewerblichen Rechtsschutz und Urheberrecht, 1. Auflage, Köln 1998, (zitiert: Walchner).
Wallner, Christoph	Der Schutz von Urheberwerken gegen Entstellungen unter besonderer Berücksichtigung der Verfilmung, 1. Auflage, Frankfurt am Main 1995, (zitiert: Wallner).
von Welser, Marcus	Die Wahrnehmung urheberpersönlichkeitsrechtlicher Befugnisse durch Dritte, 1. Auflage, Berlin 2000, (zitiert: v. Welser).
Windthorst, Kay	Verfassungsrecht I, 1. Auflage, München 1994, (zitiert: Windthorst).

Schriften zum Handels- und Wirtschaftsrecht

Herausgegeben von Michael Kling, Herbert Leßmann und Ralph Backhaus

Band 1 Thomas Häuser: Die Eigenmittel der Kreditinstitute und mögliche Erweiterungen. 2000.

Band 2 Susanne Koch: Schutz vor kommerzieller Markenverunglimpfung durch das Markengesetz. 2001.

Band 3 Andreas Lachmann: Haftungs- und Vermögensfolgen bei Sitzverlegung ausländischer Kapitalgesellschaften ins Inland. 2000.

Band 4 Markus Fischer: Die freie Benutzung beim Schreiben künstlerischer Literatur. 2001.

Band 5 Frank Zingel: Ausbietungsgarantien. Rechtliche Probleme eines Kreditsicherungsmittels. 2001.

Band 6 Stephan Marienfeld: Konzernproblematiken bei der Publikumspersonengesellschaft. Dargestellt an den Beispielen der Mehrheitsentscheidungen, des Beirates und der Treuhandkonstruktion. 2001.

Band 7 Tobias Menzel: Werbebeschränkungen im Sport. Eine wettbewerbsrechtliche Untersuchung verbandsrechtlicher Werbebeschränkungen am Beispiel des DFB. 2002.

Band 8 Thomas Ullrich: Unternehmensmitbestimmung in der kapitalistischen Kommanditgesellschaft auf Aktien. 2002.

Band 9 Sebastian Jungermann: Der Beweiswert elektronischer Signaturen. Eine Studie zur Verläßlichkeit elektronischer Signaturen und zu den Voraussetzungen und Rechtsfolgen des § 292a ZPO. 2002.

Band 10 Axel Schilder: Schadensersatz bei Durchbrechung der Bindung an obligatorische Vertragsofferten. Eine vergleichende Untersuchung zum BGB und zum UN-Kaufrecht (CISG). 2003.

Band 11 Götz Wied: Gewinnversprechen von Versandfirmen. Rechtfertigung, Auslegung und Anwendungsprobleme des § 661a BGB. 2003.

Band 12 Timo Elsner: Die laufende Kontrolle der Tochtergesellschaften durch die Verwaltung der Muttergesellschaft. Eine Konkretisierung der aktiengesetzlichen Grundlagen. 2004.

Band 13 Elmar Mand: Das Recht der Kabelweitersendung. Kabelweiterleitung von Rundfunkprogrammen im Lichte des § 20 b UrhG. 2004.

Band 14 Thorsten Schaefer: Normenkonkurrenz beim Schutz von Marken und geschäftlichen Bezeichnungen. 2005.

Band 15 Frank Fricke: Zivilrechtliche Folgen von Verstößen gegen das SchwarzArbG. 2005.

Band 16 Christine Bunzel: Der Ersatz vergeblicher Aufwendungen im modernisierten Schuldrecht. 2007.

Band 17 Christian Severin: Auflassungsvormerkung und Eingriffsschutz. Zur Frage, ob dem Inhaber eines vormerkungsgesicherten Eigentumsverschaffungsanspruchs Sanktionsschutz gegen faktische Einwirkungen auf das vormerkungsbelastete Grundstück zukommt. 2008.

Band 18 Young-Jong Yi: Zur Strukturreform der koreanischen börsennotierten AG vor dem Hintergrund des deutschen und des US-amerikanischen Aktienrechts. 2008.

Band 19 Sandra Löwer: Inhaltskontrolle von Nutzungs- und Leistungsbeziehungen zwischen dem Idealverein und seinen Mitgliedern. 2008.

Band 20 Sandra Mießner: Providerhaftung, Störerhaftung und Internetauktion. 2008.

Band 21 Alexander W. Schilling: Passivlegitimation im gewerblichen Rechtsschutz und Urheberrecht. Die Bestimmung des Anspruchsgegners des urheber-, marken- und wettbewerbsrechtlichen Unterlassungsanspruchs anhand von Verkehrspflichten. 2010.

Band 22 Florian Mizdalski: Zur restriktiven Auslegung der Urheberschranken vor dem Hintergrund von Art. 5 GG. 2011.

Band 23 Isabel Reingardt: Das Schriftformerfordernis nach § 550 BGB. 2013.

Band 24 Manuel Diller: Der Interessenausgleich zwischen Eigentümern und Urhebern. Unter besonderer Berücksichtigung von Religionsgemeinschaften als Eigentümer urheberrechtlich geschützter Werke. 2013.